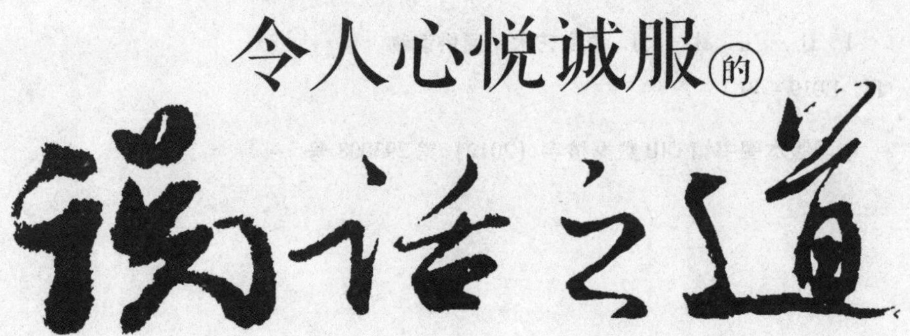

令人心悦诚服的说话之道

林文力◎编著

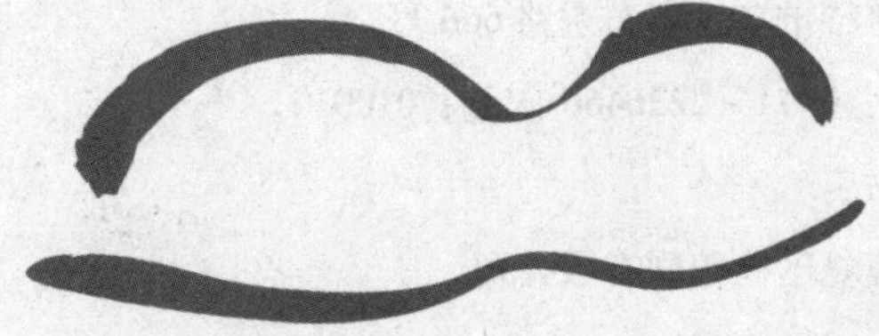

内蒙古出版集团 | 远方出版社

图书在版编目（CIP）数据

让人心悦诚服的说话之道 / 林文力　编著．——呼和浩特：远方出版社，2012.12

ISBN 978－7－80723－860－7

Ⅰ．让…　Ⅱ．林…　Ⅲ．语言艺术－通俗读物　Ⅳ．H019－49

中国版本图书馆 CIP 数据核字（2012）第 293008 号

让人心悦诚服的说话之道

著　　者　林文力

责任编辑　董美鲜

装帧设计　柏拉图创意机构

出版发行　内蒙古出版集团　远方出版社

社　　址　呼和浩特市乌兰察布东路 666 号

（电话：0471－2236466 邮编：010010）

经　　销　新华书店

印　　刷　北京毅峰迅捷印刷有限公司

开　　本　710mm×1000mm　1/16

字　　数　265 千

印　　张　18.5

版　　次　2013 年 1 月第 1 版

印　　次　2013 年 1 月第 1 次印刷

标准书号　ISBN 978－7－80723－860－7

定　　价　29.80 元

前言

美国人早在20世纪40年代就把“口才、金钱、原子弹”看做是在世上生存和发展的三大法宝，60年代后，又把“口才、金钱、电脑”看成是最有力量的三大法宝。其中，“口才”一直独冠三大法宝之首，足见其作用和价值。

可以说，口才能力的高低决定了人生的成败。有的人说起话来情理交融，热情奔放，听者是如沐春风；有的人说起话来尖酸刻薄，哪壶不开提哪壶，听者是进退两难；有的人说起话来吐词不清，主次不明，没完没了，听者是一头雾水；有的人说话声音清晰，表述简明扼要，通情达意，听者是赏心悦耳，如醍醐灌顶……这正所谓“一句话可以兴邦，一句话可以误国”。

好口才是我们一生中取之不尽、用之不竭的财富。一个拥有良好口才的人，在交际中往往人见人爱，花见花开；在职场中受到领导的器重，同事的佩服，客户的欢迎；在事业上如鱼得水，做任何事都能轻而易举地获得成功；在情场中也是活跃分子，总能赢得异性的青睐。国学实践应用专家翟鸿燊说："是人才的不一定有口才，有口才的人一定是人才，在美国谁会讲话，谁口才好，谁就当总统。"

那么，我们如何才能提高说话水平，让听者心悦诚服呢？首先要一语中的，做到"一语百步音，一言力万钧"；其次要学会倾听，明白"沉默是金，言多必败"的道理，只有听懂了对方的意图，才能满足对方的诉求，真正把话说到对方的心窝里……总之，通过口才知识的学习和实践，就能掌握针对不同场合、面对不同对象的说话技巧。

财富是用嘴巴创造的！为了帮助读者掌握让人心悦诚服的说话技巧，本书从社交语言艺术、职场说话艺术、商务社交口才、领导说话技巧、激情演讲口才、婚恋居家说话技巧六大方面进行全面、系统地讲解，并结合鲜活的案例进行分析归纳，招招点睛，句句独到，是读者修炼口才的最佳读本。

让人心悦诚服的说话之道

目录 CONTENTS

第一章 社交语言艺术——让你的人际关系更和谐

第四章 领导说话技巧——做一名出色的社会活动家

第五章 激情演讲口才——充分展示和表达自己的利器

第一章　社交语言艺术
——让你的人际关系更和谐

俗话说："良言一句三冬暖，恶语伤人六月寒。"强化语言、谈吐方面的修养，学习、掌握并运用好说话的技巧，对成功社交是至关重要的。只有善于言辞的人，才能使人乐于倾听并接受。

第一节　社交的第一张入场券

恰当的称呼与交谈敬辞

与人交往时称呼别人必不可少。常言道："言语是个人学问品格的衣冠。"一个相貌堂堂、看上去高贵华丽的人，如果一开口就说出粗俗不堪的话，那么别人对他的敬慕之心就会马上烟消云散。那么，在交谈中如何做到彬彬有礼、温文尔雅呢？首先是使用称呼要恰到好处。一般来说，要处理好以下 7 种关系：

1. 等级关系

当代社会中的等级关系，虽然不同于森严的封建等级，但是用合适的称呼体现出上下长幼，以示亲切或尊敬，也是必要的。对年长者、知名人士要用尊称；对上级领导者或其他单位负责人可称其职务；对职务低于自己的，也要选择有敬重含义的称呼，一般不宜直呼其名。

2. 心理关系

同样的称呼，有人乐于接受，有人则讳莫如深。渔民忌"沉"字，假如他正好姓陈，你若"老陈、老陈"叫个没完，他肯定会不高兴。同样是 30 岁的人，有人乐于被称为"老张"、"老李"，而对于正在寻找伴侣的 30 岁的人，不妨叫他"小张"、"小李"。

3. 地区关系

中国幅员辽阔，方言土语繁多，即使同一个称呼，也因地区不同而含义迥然。比如“侉子”这个称呼，南方有些地区指体魄健壮的男子，是敬重夸赞的称呼，而北方人习惯于把“侉子”与粗俗野蛮联系在一起。所以，来到异地他乡，不了解当地的方言土语，还是以“同志”相称较为妥当。

4. 主次关系

或称“先后关系”。在同时需要对不止一个人进行称呼时，一般来说应有个顺序，先长后幼、先上后下、先疏后亲。周总理在 1972 年 2 月 21 日宴请尼克松一行时的讲话，开头是这样的：“总统先生，尼克松夫人，女士们、先生们、同志们、朋友们!”这一系列称呼，既恰当又排列有序。

总之，在交谈中，恰当地使用称呼，有助于交谈的顺利开展，达到交谈的目的。

5. 场合关系

同一个称呼，在有些场合中使用就合适，换一个场合就不合适。比如：在一般场合叫“奶奶”、“妈妈”，自然而亲切；叫“祖母”、“母亲”，就生硬别扭。如果在一些比较庄重的场合，则以后者为宜。又如，一个人兼有几种身份，对他的称呼也要因时因地而定。

6. 时代关系

有些称呼带有旧时代的烙印，有剥削阶级思想意识的痕迹。比如“剃头的”、“伙夫”、“戏子”之类，都有轻蔑的含义，应该淘汰，而改称“理发员（或理发师傅）”、“炊事员（或厨师）”、“演员（或文艺工作者）”等。

不过另有一些称呼，如“先生”、“小姐”、“阁下”，在某些场合使用起来还是很得体的。中国面向世界开放以来，由于各国社会制度不同，在外事交谈中，称呼的使用还要考虑其他国家的习惯。

7. 褒贬关系

有的称呼本身就带有明显褒奖的感情色彩，如“老厂长”、“老模范”、“老同志”等。称呼别人的绰号，有时有亲切感，如陈赓将军就喜欢别人称他为“小木瓜”（头脑迟钝者）。但以别人生理缺陷为绰号，那是对别人人格的侮辱，是缺乏教养的表现。在恋人的称呼中，常有“傻瓜”、“坏蛋”之类，不但不会引起反感，反而极其喜欢，这是表达特殊感情的特殊称呼。

在人际交往中，你的言谈能否愉悦人的心情，另一个重要因素就是能否适时、恰当地使用敬辞。所谓敬辞，即含有恭敬口吻的用语。它既能表示你对对方的友好与敬重，又能使自己的辞色显得高雅、有礼貌。下面，我们就谈谈敬辞及其应用方面的一些问题。

从敬辞的作用看，可分为不同种类，主要有：表示谢意、感激、佩服的，如拜谢、拜服、高见、高论等；表示希望得到对方指教的，如赐教、候教、雅正、呈正、斧正等；表示询问的，如请问、高寿、贵庚等；表示情态、动作的，如恭候、奉陪、光临、拜望、惠存、笑纳、雅教等；表示请托的，如烦劳、劳驾、拜托、赏光、鼎力、俯就等；表示尊称的，如阁下、高足、仁兄、贤弟、大人、诸位等；表示歉意或请人原谅的，如失敬、失迎、海涵、包涵等。

从表达形式上看，敬辞又可分为口头的和书面的。前者如拜托、赐教、借光、烦劳、奉陪、高见、阁下、恭候、请问等；后者如驾临、枉驾、钧鉴等。口头敬辞可以作为书面敬辞在文章中应用，而书面敬辞除了特殊情况很少用作口头敬辞。

敬辞不管是口头的还是书面的，大多数出现在句子的开头或末尾，如“烦劳您顺便给我家里带个信儿去”、“借光，让我过去”，这是出现在句子开头的。“招待不周，还望海涵”、“本星期日下午在家候教”，这是出现在句子末尾的。当然，敬辞有时也出现在句子中间，如“承蒙鼎力协助，不胜感谢”、“我们已经恭候多时了”。

在我们了解、掌握的敬辞中，有的含义不止一种，如“高寿”作敬辞用，是问老人的年纪，如“老太爷高寿啦?”这个词除用作敬辞以外，还有长寿的意思。“俯就”作敬辞时，是请对方同意担任某种职务时用，另外，它还有迁就、将就的意思。“海量”作敬辞，是表示宽宏的度量，如“对不住的地方，还望您海量包涵”。此外，“海量”还可指很大的酒量，如“您有海量，还可多喝几杯”。“敬礼”则可表示一种立正、举手或鞠躬行礼的动作。

因此，我们要全面掌握和恰当使用敬辞，对有些敬辞的其他含义也不可忽视。另外，上面介绍的敬辞今天很多已废弃不用了，只要掌握了即可，不要乱用。

那么，在日常交谈中，怎样才能恰当地使用敬辞呢？以下几点是值得参考的：

（1）熟悉、记住那些常用的敬辞

俗话说“巧妇难为无米之炊”，我们只有熟悉、记住那些常用的敬辞，才能在交谈中脱口而出，既能愉悦人的心情，又能显示自己的口才与素养。

（2）弄懂意思，注意敬辞的应用范围

敬辞，一般多用于人和人之间的交往中，托人办事、表示感谢、请人指教、表示敬意、问人情况、表示诚挚等。当然，敬辞也有用于书面写作中的。少数敬辞有其特定的使用对象或场合。例如“高龄”，一般称老人的年龄（多指60岁以上）。“大人”和“膝下”一般称长辈，且多用于书信，如“父亲大人膝下”。“阁下”称对方，从前多用于书函中，今多用于外交场合，如“大使阁下”。

（3）适应人的心理需求

从社会心理学的角度来讲，人们在交际中都希望受到别人的尊重，乐于听含恭敬口吻的话语，而敬辞则正好适应了这种心理需求。因此，我们应该重视使用敬辞，该用的时候一定要用。

自我介绍的技巧

在社会活动中，互不相识的人见面总免不了要自我介绍。自我介绍包括对姓名、年龄、职业、住址、经历及特长等几个方面的介绍，应根据场合和需要的不同来决定其繁简，一般的朋友聚会只需说出自己的姓名、身份即可。

自我介绍时，态度要平和，要清晰地报出自己的姓名，并用微笑来表达自己的友好。同时还要掌握好分寸，不要有意抬高或贬低自己，这会让人产生反感，而不愿与你来往。

自我介绍实际上是一种自我推销，它给别人留下的是第一印象。一般来说，自我介绍时要注意以下几点：

1. 平和自信

初次交往，都想互相多了解对方，又都想被对方所了解。自我介绍时就要大大方方、不卑不亢，切不可羞答忸怩、吞吞吐吐、左顾右盼。应该勇于向他人展示自己，树立自信，让别人产生希望与你交往的愿望。

2. 繁简得当

应视交际的需要来决定介绍的繁简。一般来说，参加聚会、演讲、为他人办事、偶尔碰面、为单位公关等，自我介绍宜简约些，只要介绍姓名和工作单位即可；而在另一些场合，如求职、恋爱、找人办事、招标时投标、深交朋友等，则可以介绍得细致一点。

3. 把握分寸

介绍自己要有自谦和自识，自我介绍少不了介绍“我”，但要把握好分寸。有的人自我介绍时，左一个“我”右一个“我”，叫人听了反感；也有人把“我”的形象树立得很高大；更有甚者，一提到“我”时便洋洋得意，这样的自我介绍都不会给对方留下良好的印象。

掌握分寸，关键要以平和的语气说出“我”，要目光亲切、神态自然，这样才能使人从这个“我”字上感受到你自信、自立而又自谦的美好形象。切不可自吹自擂，一般不用“很”、“最”、“第一”一类的字眼，这样才能使对方对你产生信任感。

4. 巧言介绍

加深印象是自我介绍的目的。自我介绍首先要介绍自己的名字，并对“姓”和“名”加以解释，你解释得越巧妙，别人对你的印象就越深。这可以反映一个人的知识水平和性格修养，也可以体现一个人的口才。

一个人的姓名，往往有丰富的文化积淀，或折射出凝重的史实，或反映时代的乐章，或寄寓双亲对子女的殷切厚望。因之，巧解姓名有时也令人动情，加深印象。

例如：在全国“荣事达”杯节目主持人大赛中，一个名叫潘望的参赛选手是这样自我介绍的：“我叫潘望，早在孩提时代，我那只有小学文化的军人爸爸和教小学的妈妈就轮番地叮嘱我：‘望儿，你可是咱们家的希望啊!’为了不辱使命，肩负着双亲的重托，我脚踏实地、一步一个脚印地走来，直到今天，走到这个国家级的最高赛场。但愿老师们能给我这只盼望飞翔的鸟儿插上奋飞的翅膀。”在潘望的介绍中，父母的心愿并列呈现，谁不为之心动?

5. 独具特色

简单地介绍姓名留给人的印象非常平淡，只有使自己的自我介绍独具特色才能给他人留下深刻的印象。

谭飞是一个个子不高、戴着眼镜的电视节目主持人，他在向大家介绍自己时是这样说的：“我的眼睛不大还有点近视，但这丝毫不影响我的睿智与远见；耳朵虽小，更提醒我要耐心倾听观众的心声；嘴巴也不大，正说明我不夸夸其谈，唢呐和号角的孔都不大，但同样能怒吼与呐喊；个子虽然矮小了点，可潘长江先生说过：‘浓缩的都是精品。’有人说‘缺点在一定条件下也会成为优点’这话难免有些夸张，但‘缺点在一定条件下会成为特色’则是毋庸置疑的。”谭飞的介绍是借容貌自嘲，这种介绍技巧给他人留下了深刻的印象。

其实，掌握了自我介绍的艺术，你就打开了与人交往的大门，完美精彩、独具特色的自我介绍，能在他人的脑海中留下深刻强烈的烙印。

与陌生人一见如故的诀窍

一见如故，相见恨晚，历来被视为人生一大快事。善于跟素昧平生者打交道，让对方感到相见恨晚，不仅是一件快事，而且对工作、学习也大有裨益。那么，如何交谈，才能使对方产生相见恨晚的感觉呢？

1. 说好开场白

初次见面的第一句话，是留给对方的第一印象。说好说坏，关系重大。说第一句话的原则是：亲热、贴心、消除陌生感。常见的有这么三种方法：

（1）攀认式。例如：初次见面，同对方说："我和你姐姐是同学。""我是你父亲的同事。"等等，短短的一句话，就缩短了与陌生人之间的距离。其实，任何两个人，只要彼此留意，就不难发现双方有这样或那样的"亲"、"友"关系。

（2）敬慕式。对人尊重、敬慕会引起对方的好感，对初次见面者表示敬重、仰慕，这是热情有礼的表现。用这种方式必须注意：要掌握分寸，恰到好处，不能乱吹捧，不要说"久闻大名，如雷贯耳"之类的过头话。表示敬慕的内容应因人、因时、因地而异，应恰到好处，让听者感到自然。

（3）问候式。"您好"是向对方问候致意的常用语，如能因对象、时间的不同而使用不同的问候语，效果则更好。对德高望重的长者，宜说"您老人家好"，以示敬意；对年龄跟自己相仿者，称"老王，你好"，显得亲切；对方是医生、教师，说"李医生，您好"、"王老师，您好"，有尊重意味。节日期间，说"节日好"、"新年好"，给人以祝贺节日之感；早晨说"您早"、"早上好"则比"您好"更得体。

2. 寻找共同感兴趣的话题

说好第一句话，仅仅是良好的开端。要谈得有味，谈得投机，谈得其乐融融，双方就必须确立共同感兴趣的话题。有人认为，素昧平生，初次见面，何来共同感兴趣的话题？这就要在讲话时仔细观察对方，从他的兴趣、爱好、个性特点，到他的水平和心情处境入手，初次见面要做到这一点，就要由细微处见品性。

(1) 察颜观色，寻找共同点

一个人的心理状态、精神追求、生活爱好等，都或多或少地在他们的表情、服饰、谈吐、举止等方面有所表现。只要你善于观察，就会发现你们的共同点。

在火车上，一名中文教师见到对面座位上一个年轻人正在看一本世界名著，于是主动与他交谈："你是学什么专业的呀？"对方回答："我是学中文的。""哎呀，咱们是学同一个专业的，我也是学中文的，你们上学时学的什么版本……"

由于这位中文老师仔细观察，寻找到共同点便打开了交谈的思路。这就是在观察对方以后，发现都是学中文的这个共同点的。当然，察言观色发现的东西，还要同自己的情趣爱好相结合，自己对此也要有兴趣，才有可能打破沉寂的气氛。否则，即使发现了共同点，也还会无话可讲，或讲一两句就卡壳了。

(2) 以话试探，侦察共同点

陌生人相遇，为了打破沉默的局面，开口讲话是首要的。有人以招呼开场，有人以动作开场，一边帮对方做某些急需帮助的事，一边以话试探；有的通过借书借报，来展开交谈。

刘女士到医院里就诊，坐在候诊大厅里，邻座坐着的一位大姐很健谈，大姐主动问她："你是来看什么病的？听口音不像本地人，你老家是哪里的呀？"当她得知刘女士是山东青岛人时，很高兴地说："青岛非常美，我以前出差多次去过……"刘女士便问："那您在什么单位工作呀？"于是她们亲切地交谈起来，等到就诊时，她们已经是熟悉的朋友了，分手时还互邀对方做客。

这种融洽的效果看上去是偶然的，实际上也是有其必然原因的。只有通过"火力侦察"，发现共同点，交际才能自如。

(3) 听人介绍，猜度共同点

你去朋友家串门，遇到有陌生人在座，作为对于二者都很熟悉的主人，会马上出面为双方介绍，说明双方与主人的关系，各自的身份、工作单位，甚至个性特点、爱好等。细心人从介绍中马上就可发现对方与自己有什么共同之处。

一位县物价局的股长和一位县中学的教师，在朋友家见面了，主人把这对陌生人做了介绍，他们发现他们都是主人的同学这个共同点，马上就围绕"同学"这个突破口进行交谈，相互认识和了解了，以至变得亲热起来。

这当中重要的是在听介绍时要仔细地分析、认识对方，发现共同点后再在交谈中延伸，不断地发现新的共同关心的话题。

(4) 揣摩谈话，探索共同点

为了发现陌生人同自己的共同点，可以在需要交际的人同别人谈话时留心分析、揣摩，也可以在对方和自己交谈时揣摩对方的话语，从中发现共同点。

在公共汽车上，小张不慎踩到了旁边一位老者的脚，她忙道歉说："对不起，对不起！"老先生笑着说："你是哈尔滨人吧？"小张奇怪地点点头，老先生忙说："我曾经在那里工作了3年，那是10年前的事了，现在哈尔滨变化挺大吧?”这样一路下来，小张同老先生谈得很投机。后来才得知，老先生就是小张上学的学校的老教授，后来小张还多次拜访过老先生，受益很多。

可见通过细心揣摩对方的谈话，可以找出双方的共同点，使陌生的路人变为熟人，进而发展成为朋友。

(5) 步步深入，挖掘共同点

发现共同点是不太难的，但这只是谈话的初级阶段所需要的。随着交谈内容的深入，共同点会越来越多。为了使交谈更有益于对方，必须一步步地挖掘深层次的共同点，才能如愿以偿。

寻找共同点的方法还有很多，譬如面临的共同的生活环境、共同的工作任务、共同的行路方向、共同的生活习惯，等等，只要仔细发现，陌生人无话可讲的局面是不难打破的。

3. 找准时机，适时切入

陌生人之间交谈，除了了解对方，让对方多开口，还要看准情势，不放过应当说话的机会。适时地自我表现，能让对方充分了解自己。陌生人如能从你的谈话中引起共鸣、获取教益，双方会更亲近。

还可以利用媒介物找出共同语言，缩短双方距离。如你见一位陌生人手里拿着一本厚书，可问：“这是什么书啊？这么厚，您一定十分用功!”对别人的一切显出浓厚兴趣，通过媒介物引发他表露自我的心情，交谈就会顺利进行。

和陌生人谈话的开场白结束后，特别要注意话题的选择。那些容易引起争论的问题，要尽量避免。为此，当你选择某种话题时，要特别留神对方的眼神和小动作，一旦发现对方有厌倦、冷淡的情绪时，应立即转换话题。

4. 了解对方的心理

要使对方对你产生好感，留下不可磨灭的深刻印象，还必须察言观色，掌握其心理。例如，知道对方的子女今年高考落榜，因而举家不欢，你就应劝慰、开导对方，说说“榜上无名，脚下有路”的道理，举些自学成才的实例。如果对方子女决定明年再考，而你又有自学高考的经验，则可现身说法，谈谈高考复习需注意的地方，还可表示能提供一些较有价值的参考书。在这种场合，切忌大谈榜上有名的光荣。即使你的子女已考入名牌大学，也不宜宣扬，免得引起对方的反感。

5. 设计好告别语

能给对方留下深刻印象的告别语，会使对方感到意犹未尽，希冀下一次的交谈。例如：“祝您成功，恭候佳音！”——良好的祝愿会使对方受到鼓舞；“今天有幸结识您，愿从此常来常往！”——热情洋溢的语言会使对方受到感染；“听君一席话，胜读十年书。”——赞扬的语言令对方获得充分的肯定；“送君千里，终有一别，谢谢你的盛情款待。”——感谢的语言令对方感到温暖；“如果什么时候路过这里，请到我的家做客，再见。”——邀请式的结束语使人感受到尊重，同时为以后的交往打下了伏笔。“您觉得我还有哪些地方需要改进？怎样做好呢？”——征询式结束语令对方备感亲切。

第二节　展示良好的个人形象

用言谈举止树立良好形象

初到一个新的环境中去，每个人都有紧张、陌生感，这就需要从一开始就树立良好的形象。

你们萍水相逢，互不了解，而你的外在形象与说话方式首先毫不客气地作为第一信号打入了对方的眼底。机敏的人会在这一瞬间凭着心理定势给你对号、打分。有的人费尽心机，却一辈子老不景气；有的人办什么事都那样得心应手，物顺人从，似乎鸿运天降。其中的奥秘就在于他的整体形象起到了举足轻重的作用。言谈举止是一个人精神面貌的体现，要开朗、热情，让人感觉随和亲切，平易近人，容易接触。

很多人在社交中总担心没有出众的言谈来打动大家，吸引别人的注意，以至于造成精神上的紧张，使表情、动作都变得十分僵硬，这都是自尊心太强造成的。因此，应放松心情，保持自己的既有特点，而不要故意矫揉造作。有的人在亮相时昂首阔步，气势逼人，在跟别人握手时又像钳子般有力，跟人谈话时死死盯住对方……这样故作姿态，不仅会令别人感觉难受，连你自己也觉得别扭。其实最好的办法是保持你原有的个性和特质。

言谈要有幽默感。在社交中，谈吐幽默的人往往取胜；没有幽默感的人在社交中往往会失败。在交际场合，幽默的语言极易迅速打开交际局面，使气氛轻松、活跃、融洽。在出现意见有分歧的难堪场面时，幽默、诙谐便可成为紧张情境中的缓冲剂，使朋友、同事摆脱窘境或消除敌意。此外，幽默、诙谐还用来含蓄地拒绝对方的要求，或进行一种善意的批评。平时应多积攒一些妙趣横生的幽默故事。

言谈举止是一个人精神面貌的体现，要开朗、热情，让人感觉随和亲切，平易近人，容易接触。

用信心打磨自己

1. 树立自信

要想使自己的语言表达水平得到正常发挥，或者提高自己的语言表达水平，除了确认自我价值外，还要树立能够把话讲好的信心。

不善言谈的人大都有这样的感觉，不敢在众人面前讲话，一开口讲话，心就直跳，脑子里一片空白，什么也想不起来，也不知该如何讲下去。这实际上是说话怯场的表现。和众人谈话怯场是很常见的事。

美国心理学家艾伯特·威根，写过一段回忆录，写的是自己怯场时的感受：“随着那致命的一日步步逼近，我几乎吓得病倒了。每次一想到这件恐怖的事，我就头晕目眩，两颊发热，必须躲到教室后面，把脸贴在冰凉的墙上，希望冷却那烫人的火红。一直到上大学，老毛病还是没有改。有一次，我仔细地牢记一篇讲词的开端：‘亚当斯和杰佛逊不再重现。’当我面对台下一张张仰起的脸孔时，我的头又开始转了，转得我自己不知置身何处。我努力想要说出第一句话，结果说成‘亚当斯和杰佛逊已经去世’。然后我就说不下去了，所以我就低头一鞠躬，在掌声中沉重地回到我的座位。接着主席起立说：‘哦，艾伯特，我们很遗憾听到这个悲哀的消息，不过我们会节哀顺便的。’一语未终，可以想象到全班哄堂大笑，当时地底下如果有个洞，我就会钻进去，一辈子再也不出来了。”

这位心理学家艾伯特·威根后来也成为了著名的演说家。心理学研究表明，每个人在谈话时，或多或少有一定的怯场表现，我们不要过分指责自己。如果老是问自己：“为什么要怯场呢?”就会失去克服怯场的信心和勇气。日本有位学者认为，当一个人在说话时感到自己怯场了，老是问自己：“怯场啦！怎么办呀?”就会更紧张地说不出话来，如果想开一点，鼓起勇气对自己不停地说：“换了任何一个人遇此情景，都有可能怯场!”心里反而会平静下来。然后，我们可以试着忘却当时的气氛，想一想我们往日说话的情景，把其他听众想象成我们平时交谈的对象，放松一些，把开始的紧张渐渐地忘掉，自己怎么想就怎么说，要想到自己平时是多么善于谈话，给自己多一分信心，多一分勇气。我们可以不时地对自己说：“我一定能讲好。”

2. 临危不乱

在谈话时，一时出现我们意想不到的情况，是常有的事。这时候，如果你显得心慌意乱，语无伦次，都会给你的谈话大打折扣而陷入交流的被动局面。你完全可以不慌不忙，边思考边悠缓的交谈，根据不同情况采用机智的说话策略，使自己摆脱困境。比如：

一天，国王阿克巴问比尔巴："我的手掌上为什么不长毛?"比尔巴有意讽刺国王说："您经常用这双手向穷人和婆罗门学者进行施舍，因为摩擦所以手掌上不长毛。"国王先是一喜，接着就明白过来了。他想了一套办法想整治一下比尔巴，就问他："你的手掌上为什么不长毛?"这下该轮到比尔巴为难了，如果他答不上来，国王会严厉地责罚他。机智的比尔巴回答说："我的手总是不断地接受施舍，这样摩擦也不长毛。"国王又问："我们宫中其他人的手掌上为什么也没有毛?"比尔巴回答说："答案很清楚，当您给我和其他人施舍时，宫中那些可怜虫羡慕得直搓手，结果这一摩擦，他们的手掌上也就没有毛了。"尽管国王一步步逼问，善辩的比尔巴却将它化险为夷。

你在谈话的时候，表现出自己自然的风格才是最好的，要努力发展你的个性，而不是去发展别人的，这样才能临场不乱，应对自如。

克服谈话时的卑怯心理

在别人伶俐的口舌、独到的见解、逼人的语势面前，有些朋友产生卑怯心理，或缄口沉默，或支吾其辞，一副笨嘴拙舌的样子。作为谈话场面的一分子，出现此类窘境，不仅有碍自身能力的发挥，也不利于各抒己见的良好气氛的形成。下面具体谈谈几种说话卑怯现象及克服方法。

1. 说话卑怯现象有三种

(1) 在别人独到见解面前的卑怯现象

对每一个谈话者的发言，我们感到都是真知灼见，给人以启迪，甚至有振聋发聩之效。整个谈话场面此类发言层出不穷，我们置身其中，不觉心有所动：别人的水平那么高，见解那么独到、深刻、精辟，我是无法比及的。我要保持沉默，不要说出来闹了笑话，败了别人的胃口，淡了场面的品味。结果越想越别扭，错过了许多说话的机会，把自己弄成了多余的角色。其实谈话有若干人参与，每个人都会围绕话题认真思考，发表一己之见。这是他认识最深刻、最急于发表出来、感觉上最应与别人交流的东西，自有其精辟、深刻之处，这是很正常的。我们只要认真听取他人意见，并进行积极思考，也会有自己的见解和认识，发表出来也会对他人产生启迪作用。如果仰面看人，自惭形秽，小觑自己，怎能不出现卑怯现象呢？

某校文学社经常组织文学沙龙活动，别看这些青年学生稚气未脱的样子，但谈起文学话题，个个高谈阔论，不乏精彩之论。某女生自入社以来很想与同学们交流，可每次活动她都在别人的高见面前丧失信心，有些意见到了嘴边又犯起嘀咕，打了退堂鼓。

其实这个女生在文学上还是有见解的，创作上也有所收获。稍加分析，我们就会发现她是在别人独到见解面前产生错觉，出现卑怯心理。如果她能意识到这些，同样会发表令人耳目一新的见解。

（2）在别人说话优势面前的卑怯现象

人有千姿百态，其说话也各具特色，它的方式、角度、特点都不尽相同，说话形式的差异表现为说话时的争奇斗艳，这就形成一个人的说话优势。比如有的口齿伶俐，有的严谨清晰，有的音色悦耳、抑扬顿挫……在别人这些优势面前，有人可能会想：我能有这样的说话能力吗？我如何比攀得上他呀？如果听听我的发言，岂不大煞风景，让人难堪？还是不说为好，免得丢人现眼。其实这是心理上对别人说话优势放大所致，是被对方镇住了，不知不觉地将自己的说话劣势与对方优势进行参照。实际上每个人都有自己的优势，坚持自我，认真说话，同样会赢得别人的良好反应。有一个年轻人说话一板一眼，虽语速缓慢，却很清晰，富有节奏感，还是很能打动人的。可他在大家面前总是说话不多，那卑怯的样子让大家大惑不解。后来大家才知道，他十分仰慕别人说话的幽默俏皮、轻松灵巧，感到自己相形见绌。他只看到了别人说话的优势，却忽视了自己的优势，由此产生卑怯心理，实在大可不必。

（3）在别人心理优势面前的卑怯现象

说话表面看是一种嘴皮子功夫，实际上与人的思维状况和心理面貌密切相关。而说话能力、思维状况是稳定因素，心理面貌则是变化因素。因此，一个人的心理面貌常常是一个人说话水平发挥程度的决定因素。面对不同的说话对象和说话关系，说话心理常会出现微妙变化。地位、身份、关系是影响这种变化的重要因素。比如一个领导，他在部属面前谈话就具有心理优势，说起话来，思路大开，气畅语酣，妙语连珠，能充分发挥，通常能超过平常水平。此时我们会感佩不已，觉得对方说话水平就是高人一筹。自己未等开口，早已先泄了气，应有的水平也削了一半，只好怯懦洗耳恭听，勉强说几句也气弱语虚，缺少底气。

2. 说话卑怯现象的克服

（1）从生理的角度进行心理调节

生理与心理是互动互制的。心理的变化会引起生理的相应变化；同理，生理的调节也会对心理产生影响。当说话产生怯懦现象时往往难以控制，通过生理上的一些调节措施往往能取得良好效果，比如通过深呼吸、搓手、舒展四肢、走动、洗涮等方式，都可以使卑怯紧张的心理消除、缓解。有个青年在公众场合说话出现卑怯心理时，采用漱口、扭拧皮肤等独特方式缓解和转移自己的卑怯情绪，效果也很显著。一次面对几位专家，他开口发言时口舌哆嗦，他喝了几口水，狠扭了自己几下，顿时卑怯心理没了踪影。

（2）以心理暗示进行心理放松

心理的毛病用心理的方法去矫治最直接最有效。心理卑怯现象是心理夸张性感受所致，必须让心理感受重新归位。要达到这一要求，需要采用心理暗示的方式，对对方做客观、正确的认识，对自己做准确、公正的评估，这样就能保持清醒，树立信心。如当别人说话显示出我们所无法达到的优势时，我们可做这样的暗示：这是他的优势所在，我同样也有优势，一样是他比不上的。一个女孩对一个善搭腔会交友的青年羡慕不已，但她暗示自己：我擅长演说，他比得上我吗？结果她在这个青年面前不再有卑怯心理，守住了方寸。

（3）加强对对方的认识，提高自信心

说话的卑怯现象，从本质上说是对对方评估过高引发的。过高地评价对方，从而看轻自己，产生距离意识和崇拜意念，此时既卑且怯，也就自然而然了。我们要加强对对方的认识，切勿对对方过高认定，更不要神化，要还其本来面目，把他看作一个平常人。同时，谈话者都是平等关系，发言时也以讲民主为宗旨，不要人为地把双方关系拉开。正确认识自我，摆正自己位置，提高自信心，这样还谈得上卑怯心理吗？有个青年教师生性懦弱，在领导和德高望重的老教师面前常有卑怯现象。如果他能把对方看成平等的交往对象，视作自己的同事，卑怯现象就会彻底消除。

（4）克服表现欲望，注重表达效果

有时我们说话产生卑怯现象，并不是小觑自己的缘故，而是极强的表现欲望造成的。说话之初就想着一鸣惊人，压倒他人；当发现别人口才卓绝、见解精到时，心理上产生失落感、挫折感，情绪上就受到冲击而一落千丈。对此，要培养朴实、自然的说话风格，把自己的意思圆满地表达出来就行了，期望值不要太高。只要心态平稳，卑怯意识也无从谈起。有个教师参加省里的一个教研会，发言时挥洒自如，从容自若。一个初出茅庐的青年人何以如此练达？关键是他心态平稳、正常，没有过高的期望。

（5）增强责任感，消除退却情绪

在别人出色的表现面前，一旦产生了卑怯现象怎么办？打退堂鼓草草收场，难免尴尬，也会给以后说话带来恶性循环。此时要增强说话的责任感，以力陈己见为职责，坚持下去决不退却，怯懦心理反会得到克服。人往往就是一口气，顶了下去，口舌也随之麻利起来，卑怯现象会自动克服。

在谈话中尽展人格魅力

1. 豁达开朗展个性

一位老者在乘船时，听一些旅游者讲起关于在鱼肚子里发现珍珠宝物的故事，无聊之时，他凑上去说："我给你们讲一个真实的故事吧。我年轻的时候，曾和一位漂亮的女演员谈过恋爱。后来，我到国外分公司任职，一去就是两年，我和女演员的联络因此也越来越少。在回国之前，我特意买了一枚钻石戒指，准备给女朋友一个惊喜，然而半路上得知，一个月前，女演员已和某男影星结了婚。我一气之下把戒指扔进了大海。几天后，我回到了国内某市，在一家餐馆喝闷酒，鱼端上来了，我心烦意乱地塞进嘴里，刚嚼了两下，忽然牙被一个东西硌了一下。你们猜，我吃着了什么？""戒指。"大伙一齐说道。"不！"老人诡秘地一笑："是一块鱼骨头。""哈……"人群突然爆发出爽朗的笑声。现场气氛也随之活跃起来，众人为有这样一位虽然陌生但却豁达开朗的老人加入谈话队伍感到高兴。

豁达开朗，是一种乐观积极的人生态度，在谈话中传达给听者的是健康向上的精神力量，人们从中不仅能获得快乐，还能减轻某些方面的痛苦和压力，在赢得别人好感的同时赢得了友谊。这正是谈话的人格魅力之所在。

2. 宽容忍让展胸襟

解放军某部新战士小燕在一次班务会发言时，无意中涉及到了老兵小李的某些问题；小李误认为小燕是有意在班长面前出她丑，便连珠炮似的数落了小燕一番。事后有人对小燕说："你怎么不顶她？"小燕说："事情终会弄明白的，即使小李不明白，你们大伙不也都明镜似的吗？"打这以后，小李还经常向别人散布说小燕这人专会巴结班长，爱表现自己。对此，小燕也一笑了之，她说："我帮班长干活是应该的，别人不帮大概是有原因的，要么累了，要么有别的事要做，班长有事我帮助做，别人有事我也没看热闹啊，时间长了她会了解我的。"果然，经过一段时间的朝夕相处，小李对小燕的人品有了全新的认识，主动向小燕赔了不是，全班同志也都乐意和小燕共事，甚至只要小燕参加勤务劳动时，大伙都不好意思偷懒了。

宽容是生活中永不坠落的太阳，是获得友谊的灵丹妙药。在谈话中，由于种种原因，难免会遇到他人的误解甚至招致攻击。此时，如能保持宽容的心态，先从自身找找毛病，再从长远考虑问题，待云开雾散、真相大白之时，误解你的人就会把心掏出来给你看，旁人也会为你宽容忍让的风度报以钦佩的目光。

3. 微言大义展锋芒

某县国税局，连年完不成税收任务，仅他上任那年上半年全县就欠税350多万元。7月，张局长临危受命，上任后即展开了深入细致的调查摸底工作。在此前提下，召集17个纳税大户举行座谈会，张局长开宗明义地说道："我是个转业干部，天生的二杆子脾气，我到这儿任国税局长，一不图官，二不图钱，就图个痛痛快快干工作。我初来乍到，能不能踢好头三脚，还要看各位买不买账。一句话，政策以外的钱我一分不收，该纳的税一个子儿也不能少，而且一天也不能再拖，谁觉着为难，自己看着办，下周的这个时间我要结果。"会后，在17家纳税大户的带动下，上半年欠收的所有税款一周内全部完成。

在谈话当中，有时需要苦口婆心地讲道理，而有时则不需长篇大论，紧要处点到为止，正所谓言简意赅、微言大义。张局长简短的几句话，不仅展现了军人果断的性格和干练的作风，而且字里行间展露着锋芒。在这样的气势下，有谁愿与"初来乍到"的新局长过不去呢？所以，张局长上任伊始来个"开门红"也是顺理成章的事儿了。

4. 义正辞严展自尊

一天，某车间主任将几位年龄稍大些的女工叫到办公室说："根据厂长办公会议精神，咱车间要减几个人，我考虑你们几位年纪大些，打算让你们先退下来。"闻听此言，几位女工一时间愣了，这就意味着下岗嘛。李女士站出来说："当初订的用工合同里不是这样的表述吧。我们年纪相对大些这是事实，但我们工作效率高、工艺好这也是事实，你凭什么叫我们退下来？"主任见说得在理，又扯出一条理由来："你们几位身体不是有病吗？这也是为你们着想啊。"李女士当仁不让："有病也没有要求领导照顾，也没有耽误正常工作，更没有躺在车间白拿钱，我们哪点理亏啦？现在不都兴竞争吗？咱可以竞争上岗，这么退下来我不同意。"这时，其他几位女工也纷纷附和，车间主任只好收回成命。

谈话中的人格魅力不仅展现出达观开朗或宽容忍让的一面，有时坚持原则、据理力争更能展现出一个人的人格魅力。李女士的辩驳有理有据，义正辞严，既维护了自身的利益，同时也展示了自己的尊严。

5. 一言九鼎展品质

某厂职工小方，经常向同事炫耀自己在市房管所有熟人，能办房产证，而且花钱少、办事快。开始人们还信以为真，有些急于办理房产证的同事便交钱相托，但时过多日，不见回音，问到小方，他才说："近来人家事儿太多，再等等。"拖得时间长了，同事们对他的办事能力产生怀疑，便向他要钱，他找理由说："谋事在人，成事在天。懂不懂？你的事儿虽然没办成，可我该跑的跑了，该请的请了，你不能让我为你掏腰包吧？"言下之意，钱没啦。从此以后，小方的话再也没人信了，以至于人们在闲暇聊天时，只要小方往人群里一站，大伙好像有一种默契似的，始终缄默不语，继而纷纷散去。

在谈话中，我们一般崇尚"一言九鼎"、"落地砸坑"、"张嘴就能见到肠子"的直爽性格，而不喜欢转弯抹角的弯弯绕，更讨厌貌似有口无心、直言快语，实则机关算尽、言而无信的滑头。谈话中的每一个观点都是对一个人品质的检阅，每一项承诺都是对其人格的担保，言而有信才能取悦于人。可见，说话算数，也是谈话中展现人格魅力不可或缺的要素之一。

6. 仪态万方展性情

两位大学生前往应聘某公司部门经理。甲着装整洁，谈吐有致；而乙衣冠不整，与主考官交谈时总显出不屑一顾的神态，令主考官大为不满，应聘结果可想而知。谈话作为一种交流手段，要达到预期目的，须建立在对谈话对象充分尊重的基础上，一般应做到：

（1）着装整洁。整洁着装如同一道绚丽的风景，令人赏心悦目。

（2）举止端庄。包括谈话者合适的姿态和谈话中适度的手势。

（3）语气亲和。谈话的语气不同于演讲，更不同于舞台对白，它是一种纯生活化的语言交流，过分懒散或过于亢奋都显得对人不恭。

（4）眼神集中。在谈话中，表现一个人对谈话对象以示重视的神态，莫过于眼神集中；左顾右盼、魂不守舍肯定不会博得对方的好感。

当然，展现你的人格魅力，并不是要你在众人面前故作姿态，把自己的毛病加以掩饰，或是压抑自己、改变自己的性格，而是正视自己的不足，克服性格中的消极因素，光大性格中的积极因素，让你的人格魅力架起与人沟通的桥梁。

第三节　左右逢源的说话技巧

真诚地赞美他人

生活中，赞美不仅能改善人际关系，而且能改变一个人的精神面貌和情感世界。赞美的过程，是一个沟通的过程。通过赞美，得到了对方的欣赏和尊重，自己享受了自尊、成功和愉快，精神面貌犹如芝麻开花，节节向上，充满着盎然的生机。

曾有一种说法一度颇为流行，那就是“赞扬能使瘦弱的躯体变得强壮，能给恐惧的内心以平静和信赖，能让受伤的神经得到休息和力量，能给身处逆境的人以务求成功的决心”。实验心理学对酬谢和惩罚所做的研究也表明，受到赞扬后的行为，要比换了训斥后的行为更为合理，更为有效。关于赞扬为何能促使动物和人类获得提高，这在科学上尚未完全搞清楚。不过，赞扬确实能释放出动物和人类的某种能量来。

你如果通过真诚的赞扬来激励对方，来给对方打气鼓励的话，那么对方——无论是孩子、妻子、丈夫，还是下属、上司、职工等都会自然地显示出友好和合作的态度来。赞扬之于人心，如阳光之于万物。在我们的生活中，人人需要赞扬。这是出于人的自尊需要。经常听到真诚的赞美，感到自身的价值获得了社会的肯定，有助于增强自尊心、自信心。

赞美别人，仿佛用一支火把照亮别人的生活，也照亮自己的心田，有助于发扬被赞美者的美德和推动彼此友谊健康地发展，还可以消除人际间的不合和怨恨。赞美是一件好事，但绝不是一件易事。赞美别人时如不审时度势，不掌握一定的赞美技巧，即使你是真诚的，也会变好事为坏事。所以，开口前我们一定要掌握以下技巧。

1. 因人而异

人的素质有高低之分，年龄有长幼之别，因人而异，突出个性，有特点的赞美比一般化的赞美能收到更好的效果。老年人总希望别人不忘记他“想当年”的业绩与雄风，同其交谈时，可多称赞他引为自豪的过去；对年轻人不妨语气稍为夸张地赞扬他的创造才能和开拓精神，并举出几点实例证明他的确能够前程似锦；对于经商的人，可称赞他头脑灵活，生财有道；对于有地位的干部，可称赞他为国为民，廉洁清正；对于知识分子，可称赞他知识渊博、宁静淡泊……当然这一切要依据事实，切不可虚夸。

2. 情真意切

虽然人都喜欢听赞美的话，但并非任何赞美都能使对方高兴。能引起对方好感的只能是那些基于事实、发自内心的赞美。相反，你若无根无据、虚情假意地赞美别人，他不仅会感到莫名其妙，更会觉得你油嘴滑舌、诡诈虚伪。例如，当你见到一位其貌不扬的小姐，却偏要对她说："你真是美极了。"对方立刻就会认定你所说的是虚伪之至的违心之言。但如果你着眼于她的服饰、谈吐、举止，发现她这些方面的出众之处并真诚地赞美，她一定会高兴地接受。

真诚的赞美不但会使被赞美者产生心理上的愉悦，还可以使你经常发现别人的优点，从而使自己对人生持有乐观、欣赏的态度。

3. 详实具体

在日常生活中，人们有非常显著成绩的时候并不多见。因此，交往中应从具体的事件入手，善于发现别人哪怕是最微小的长处，并不失时机地予以赞美。赞美用语愈详实具体，说明你对对方愈了解，对他的长处和成绩愈看重。让对方感到你的真挚、亲切和可信，你们之间的人际距离就会越来越近。如果你只是含糊其辞地赞美对方，说一些"你工作得非常出色"或者"你是一位卓越的领导"等空泛飘浮的话语，不仅容易引起对方的猜疑，甚至产生不必要的误解和信任危机。

4. 合乎时宜

赞美的效果在于见机行事、适可而止，真正做到"美酒饮到微醉后，好花看到半开时"。

当别人计划做一件有意义的事时，开头的赞扬能激励他下决心做出成绩，中间的赞扬有益于对方再接再厉，结尾的赞扬则可以肯定成绩，指出进一步的努力方向，从而达到"赞扬一个，激励一批"的效果。

5. 雪中送炭

俗话说："患难见真情。"最需要赞美的不是那些早已功成名就的人，而是那些因被埋没而产生自卑感或身处逆境的人。他们平时很难听一声赞美的话语，一旦被人当众真诚地赞美，便有可能振作精神，大展宏图。因此，最有实效的赞美不是"锦上添花"，而是"雪中送炭"。

6. 独辟蹊径

恰到好处的赞美其中奥妙无穷，"懂行"是一个重要法则。"懂行"的实质是抓住赞美的事和物的实质，不说外行话，让别人听起来在行、老练。许多人常犯外行的错误，见了什么都说好，见了谁都说高，有的是不懂装懂，有的是只知其一，不知其二，语言不到位，说不到点子上，切不中要害，缺乏力度。

做一个内行的赞美者，要懂专业知识。常言道："隔行如隔山。"现代社会中，专业分工很细，各专业相对独立，自成相对封闭的系统。如果知识面狭窄，无疑就成了"门外汉"，找不到赞美的话题。

俗语说，各行都有各行的行话。曲艺中有吹、拉、弹、唱，其中又有丰富的内涵；相声中有说、学、逗、唱；围棋中有边、角、星、目等；书法中有筋、骨、神、锋，这些都是某一领域中的行话。在一定的场合，你用专业术语予人以赞美，让人觉得你是"圈内人"，你的赞美才会让人觉得可信。

此外，赞美并不一定总用一些固定的词语，见人便说"好"。有时，投以赞许的目光、做一个夸奖的手势、送一个友好的微笑也能收到意想不到的效果。

赞扬的效果还在于见机行事、适可而止，真正做到"美酒饮到微醉后，好花看到半开时"。

适度的夸奖和表扬

夸奖表扬要适度、如实，不可浮夸。尤其在团队当中，管理者表扬下属要恰如其分，要掌握表扬用语的分寸，不能任意夸大情节，评价失实，随意拔高。

表扬不是搞文艺创作，不能像文艺作品那样虚构、夸张，必须有一说一，有二说二。对那些确实值得夸奖的人和事做到恰如其分地表扬能起到鼓励他人的作用。相反，如果你夸奖时随意把事实夸大，把人家的七分成绩说成十分，把人家本来很朴素的想法拔高到理想化的境界，评价失实，只能产生消极作用。比如：

采矿工人在大年夜坚守岗位，仅一个大夜班采了260吨矿石，虽与平常非节日的大夜班车数相比不差上下，但在大年夜能采出那么多的矿石，说明职工们工作热情高涨，放弃了在大年夜与家人团圆的大好日子而辛勤工作，也确实是件了不起的事情，是值得领导表扬的。

可有个矿业公司经理为表彰工人们的成绩，提高其他岗位工人的积极性，便张贴了一张喜报，上面说到“昨晚，采矿工人以矿为家，发扬了无私奉献的精神，大夜班出矿320吨，创我公司大夜班出矿历史最高纪录。”

像这样的浮夸，只会造成被表扬者产生盲目自满的情绪，误以为自己真有夸大的那么好，也会造成人们的逆反心理。因为人们崇敬的是真楷模，而不是人为拔高了的典型。对于名实不副的样板，人们会由不服气到反感进而生厌。另外此种浮夸还容易助长人们不务实、图虚名的不良风气。

由此看来，夸奖赞扬别人要实事求是。在职场中，领导对下属的夸奖是对其工作的肯定和认可，对于激励下属、树立领导威信具有不可替代的重要意义，是调节上下级关系的“润滑剂”，但要收其灵验之效，领导者首先要明辨是非，善别良莠，将自己的夸奖建立在事实根据的基础上。这样，铁证如山，大家才能心服口服，自觉效仿，上下级之间，同级之间关系也会保持和谐和团结。对于领导者来说，要做到实事求是，以功行赏，首先必须掌握公正这一原则。不管是谁，只要他出色地完成了一项工作，甚至仅仅提供了一条有创意的思路，都应该受到表扬。相反，即使是“皇亲国戚，无功也不行赏”。也就是说，夸奖一定要坚持表扬的无私性、真实性，只有这样才能发挥赞扬的效力。

把握分寸的激励

激励是以语言信息的反作用力作为刺激，激起对方按照说话人的意向说话或回答问题。也就是俗话所说的“请将，不如激将”，故也可俗称“激将法”。这是用来引发别人在不愿表态、讲话时，讲出话来的一种有效方法，借以打开对方的“话匣子”。其实，在影视剧排练场上，导演经常用这一方法来激励演员在真恨、真悲、真哭的情境中说出话来。在外交、商务谈判中，也不乏用这种方法，以刺激对方做出有利于我方的反应。所以，激励得当可使你在做事时能起到请君入瓮的效果。

激励用在职场，是领导活动的一个重要部分。通过对下属的激励，可以最大限度地提高下属的工作效率。因为下属好比一块原石，领导必须“雕琢”它，让它成为有价值或价值更大的艺术品。

有人说：“过度的压力可以让天才变白痴，适当的激励却可让白痴变天才。”这句话确实是一语中的，充分说明了激励力量的神奇。

激励的类型有多种，其中反语式激励最有效。它是以正话反讲，用故意扭曲的反语信息和反激的语气表达自己的意见，以激起对方发言表态，达到预期目标的方法。例如，下面一家中外合资公司的总裁与一家乡镇企业厂长的洽谈：

厂长："总裁先生赢利的魄力，的确比我们这些乡下佬大得多，简直是一个大如牯牛，一个小如毫毛。这么大的魄力，虽然让我们佩服，但我们实在不敢奉陪，只能回收土地，停止合作。"

总裁："好吧，我再让利一成？"

厂长："不行，按我方投资比例，应当让利两成。"

总裁："行，本公司原则上同意……"

上例中，厂长不说对方"黑心贪利"，而说其反语"魄力大"，又以"不敢奉陪"的"哀兵"战术以退为攻，激发对方就范入瓮。

与这种反语式激励法相比，及彼式激励也较有效。及彼式激励法是以一种推己及人，将心比心的心理效应，激发对方做角色对换，设身处地理解他人的处境。

揣着同情心的批评

与人共事，不可能那么一帆风顺，总会有别人出错时需要你提出批评指示。"人非圣贤，孰能无过？"但这个"过"怎样指出来，也是一门艺术。批评他人时，一定要讲究策略。一时冲动就口无遮拦，是十分愚蠢的做法。我们需要真诚的赞美，也需要善意的批评。

有一个爱好摄影的人，拿了一叠他自己的摄影作品去拜访一位摄影家，请他批评指正。摄影家把他的作品看了一遍，很热心地告诉他哪一张曝光时间长了一些，哪一张光圈小了一些，哪一张取景需要变换角度……当这位摄影家正在指正的时候，来请教的人总是找一番理由来为自己辩解。不是说当时天气不佳，就是说取景时找不到合适的立足之地等，如此，啰嗦了半天。

当那个摄影爱好者走了以后，摄影家觉得又好气又好笑。他说：“我真傻，何必说那么多的话呢。”其实这种结果是完全能想象得到的，现在的有些青年人就不愿意虚心接受批评。

几年前，史密斯先生的侄女约瑟芬离开她在美国加州的家，到纽约去做史密斯先生的秘书，那时她才19岁，刚高中毕业，对于商业常识和生意上的事一点儿也不了解。然而，她待人做事却颇为老练。有一段时间，她经常犯一些错误。有一次，史密斯先生真想批评她几句，但再一想，她年纪轻，阅历浅，不可太苛求，于是改用和颜悦色的方法对她说：“现在你做错了事，自然是难免的。我在你这个年纪的时候，做的错事比你多得多，所以我相信将来随着年龄的增长你一定会增长才干的。现在你照着这样做不是好多了吗?”先承认自己有错，然后再指出别人的错误，令人易接受。

人们做错了事，或做了件吃亏的事，除非他自己主动告诉你时，才会坦白地承认错误，但如果是你主动指出他的错误，那么他一定找出种种理由加以辩解。你可以在周围的朋友或家人中试试看，无论是小疏忽或大错误，没有几个人能在别人指出后立即坦率地、不为自己解释地承认错误。所以，批评他人时，一定要讲究方法，态度要诚恳。

由于不同的人对于同一的批评，会有不同的心理反应，因为不同的人，性格与修养及对问题的看法都是有区别的。

我们可以根据人们受到批评时做出的不同反应，将人分为迟钝型反应者、敏感型反应者、理智型反应者和强个性型反应者。反应迟钝的人即使受到批评了也满不在乎；反应敏感的人，感情脆弱，脸皮薄，爱面子，受到斥责则难以承受，他们会脸色苍白，神志恍惚，甚至会从此一蹶不振，意志消沉；具有理智的人在受到批评时会感到有很大的震动，能坦率地认错，从中汲取教训；具有较强个性的人，自尊心强，个性突出，“老虎屁股摸不得”，遇事好冲动，心胸狭窄，自我保护意识强，心理承受能力差，明知有错，也死要面子，受不了当面批评，并且也不会轻易改正其缺点。

针对不同特点的人要采用不同的批评方式。对自觉性较高者，应采用启发做自我批评的方法；对于思想比较敏感的人，要采用暗喻批评法；对于性格耿直的人，采取直接批评法；对问题严重、影响较大的人，应采取公开批评法；对思想麻痹的人应采取警示批评法。在进行批评时切忌一视同仁，方法单一，死搬硬套，应灵活掌握批评的方法。

正确的批评要求细密周到，恰如其分。普遍性的问题可以当面进行批评，对于个别现象就应个别进行。另外，也可以事先与之沟通，帮他提高认识，启发他进行自我对照，使他产生“矛头不集中于‘我’”的感觉，主动在“大环境”中认错。

同时，批评不可全盘否定。别人犯的什么错误就应对其错误加以批评，使其及时改正，不可一概而论。

第四节　特殊场景下的说话技巧

巧妙突破谈话障碍

在现实生活中，那些自负、不擅于交际的人往往是那些强迫别人接纳己见的人。无视他人感受，这是使得他人苦于与其交往的根本原因。这种现象尤常见于上司与部属之间，一般来说，部属常由于职务较低的关系，或是自己不擅交际而克制自己的情感，处于被动地位。而主管则因职位高、具有高度自信，为维护“主管”形象易于严肃刻板，难以迂尊降贵与部属亲切往来，如此一来，便妨碍了两者之间的交往，甚至因此难以建立工作上的默契。

1. 交往有深有浅，不必过分要求公平待遇

传统观念一向要求人们尽力做到“兼善天下”，尽心尽力获得每个人的好感，因此总设法寻求一视同仁的方法。然而，人皆有好恶之心，即使自我勉强也很难平等。平心而论，在办公室中是否真能以同等的心态面对每位共处的同事，相信大部分人都无法肯定回答。

2. 交往有深浅并非错误

与亲密的好友相处，必须投注相当的精神与情感。而一个人的精力毕竟有限，勉强自己以全副精力维系与每个人的情感，试想如此侧重人情又有何余力处理事务呢？再说，交朋友是双方面的感情交流，若只是单方面地投入感情，则可能造成误会、干扰等情形，反而令对方产生困惑及不自在。譬如单方面地刻意与上司交往，却得到冷漠的响应，或许上司以为你为了升迁而巴结，一旁观看的同事则误会你谄媚逢迎。如此岂非得不偿失，反倒使双方陷入猜忌之境？

其实，说话没有什么诀窍，只要能抓住重点，便可达到预期的效果。也不必刻意讨好对方，只要研究谈话内容，能够抓住对方心理，往往一句话就能促进彼此的友谊。

因而，不论与上司、同事或部属交往，皆应视情况而论，如对方能乐于接受自己示好，则可继续深交，否则大可保持点头之交。若一味使自己局限于“公平的人际关系”的桎梏中，则有限的时间、精力将限制你进一步接近真正的朋友。

因为交往是靠双方面的情感交流，所以付出与获得是相等的。为求健康美好的人生和获得知心好友，首先必须舍弃“希望所有人都喜欢我”的观念，以自我的好恶为交往准则，一旦遇到值得珍惜的好友，便应好好表现自己的热情，把握交往的机会。

画龙点睛的说话艺术

在人际交往中，需要讲究说话的艺术，而说好“画龙点睛”的话至关重要。所谓“画龙点睛”的话就是要以简洁的语言表达丰富的含义，以少胜多，一语中的，对打造你智慧的人生、塑造良好的社交形象，有着不可低估的作用。这里略说几种画龙点睛的说话艺术：

1. 巧设迷宫法

碰到一些棘手的问题，任你冥思苦想，也难找出解决问题的最佳途径，这时你不妨运用巧设迷宫之法，让对方就范，使问题迎刃而解。据说文成公主与松赞干布的婚事，曾有一段鲜为人知的佳话：

文成公主美丽且聪慧，她选驸马时提出一个条件：求婚者谁能提出问题难倒她，她就嫁给谁。尽管前来求婚的公子王孙络绎不绝，然而个个都是乘兴而来，败兴而归。面对对答如流、口惹悬河的公主，松赞干布却别出心裁：“请问公主，为了使你成为我的妻子，我应当提个什么问题才能难倒你呢?”文成公主经松赞干布这一问，二话没说，便欣然应允了这门婚事。

松赞干布没有像其他公子王孙那样老老实实地提问题让公主去答，而是独辟蹊径，以商量的口吻，貌似请教，实则智设迷宫，让文成公主进退两难：如果你能告诉我一个可以难倒你的问题，那么我就可以用这个问题难倒你，使你成为我的妻子；如果你不能告诉我一个可以难倒你的问题，那么我这个问题就难倒了你，你也要做我的妻子，告诉也好，不告诉也罢，都将成为我的妻子。松赞干布之所以能力挫众敌，赢得文成公主的芳心，正是他跳出了传统思维的模式，运用巧设迷宫的点睛之法，使文成公主进退维谷，束手就范，从而成就了这桩美满姻缘。

2. 模糊应答法

对于对方的提问，非回答不可，但又不便明确做出回答，你便可试用“模糊应答”的说话艺术，以摆脱纠缠，走出困境。

美国第13任总统约翰卡尔文·柯立芝以少言寡语出名，常被人们称作“沉默的卡尔”。他在总统任期快要结束时，发表了有名的声明：“我不打算再干这个行当了。”记者们觉得他话里有话，老是缠着他不放，请他解释为什么不想再当总统了。实在没有办法，柯立芝把一个记者拉到一边对他说：“因为总统没有提升的机会。”

柯立芝对记者的解释乍一看上去，确实就像是真实的回答，因为总统是一个国家的最高官员，当然不可能提升，但这一回答又能给记者什么信息？什么都得不到。记者明知得不到明确答案，也无由再追问下去。柯立芝机智作答，运用“模糊应答”这一画龙点睛的说话艺术，轻松地避开记者的纠缠，走出窘境，同时展现了他的幽默机智。

3. 出奇制胜法

在有些竞争场合，有人突然向你提出一些高难度的问题，你若轻率作答，极易落入俗套，若能运用“出奇制胜”这一画龙点睛的说话艺术，出言不凡，独出心裁，便能一举夺魁。曾闻这样一个故事：

“香港小姐”竞选决赛时，为了测试参赛小姐谈吐应对的技巧，司仪问参赛的杨小姐：“杨小姐，请问，假如要你在下面的两个人中选择一个作为你的终生伴侣，你会选择谁呢？这两个人一个是肖邦，另一个是希特勒！”回答说选肖邦，便落入俗套，说选希特勒，又难免挨人骂，怎么可以选一个杀人魔王做自己的终身伴侣，同流合污呢？可是这两个人中又非得选择一个，这就把杨小姐逼入困境。只见杨小姐说：“我会选择希特勒的。”台下观众顿时骚动起来，有人问她：“你为什么要选择希特勒？”她回答得很巧妙："我希望自己能感化希特勒。如果我嫁给希特勒，第二次世界大战肯定不会发生，也不会死那么多人了。"

面对司仪的奇问，一般人都会陷入"山重水复疑无路"的困境，可是聪明的杨小姐避开从众意识，运用"出奇制胜"的说话艺术，一语惊四座。她的解释更是精彩绝伦，不但使自己走出困境，走进"柳暗花明又一村"的美妙境界，而且表现出自己的不同凡响，表现出她超人的治夫才能，令众位竞争者自愧不如，令在场的观众赞美不绝。

4. 借言推辩法

与一些不怀好意的强劲敌手谈话，要思维敏捷，借用对方话题、观点和思路积极反驳，使对方处于无言以对的被动位置。

有一次，周恩来总理与前苏联领导人赫鲁晓夫进行会晤，批评赫鲁晓夫在苏联全面推行修正主义路线，赫鲁晓夫没有直接回答这一问题，而是就当时颇为敏感的阶级出身问题对周总理进行攻击。他说："你批评得很好。但是你要知道，我是出身于工人阶级，而你却是出身于资产阶级。"言外之意就是指责周总理是资产阶级的代言人。听到这些话，周总理只是稍微停顿了一下，然后平静地回答："是的，赫鲁晓夫同志，但至少我们两人有一个共同点——我们都背叛了我们各自的阶级。"此言一出，使赫鲁晓夫不得不自食苦果。

周恩来总理在这里正是运用了"借言推辩"的说话艺术。周总理并没有就人的阶级出身与阶级立场问题与赫鲁晓夫进行辩论，而是以赫鲁晓夫提出的阶级出身问题巧妙推论提出两个人的共同点"我们都背叛了我们各自的阶级"。这样反击力度反而更加大。

交际中的"兜圈子"技术

在日常交际中，一般说，直言快语，是人的真诚所在，是受欢迎的。但有时候，效果并不佳，轻者损害人际关系的和谐，重者造成麻烦，违背言语交际的初衷。而有时有意绕开中心话题和基本意图，从相关的事物、道理谈起，即"兜圈子"，却常能收到较理想的交际效果。请看下列三例：

一位年轻媳妇，见小姑穿一件新的羊毛衫，猜想是婆婆买的，故意高声对小姑说："呵，从哪里买来的羊毛衫，真漂亮！"婆婆在一旁答话："从对面商场买的，刚到的货。我先买一件，让你们穿上试试，要看中了，下午再买一件。你们俩一人一件。"

一天，某青年教师早早回家做了一锅红枣饭。妻子下班回来，端起碗，高兴地问："这枣真甜啊，哪来的?"丈夫说："乡下姨妈捎来的。"妻子不无感慨地说："姨妈想得可真周到啊，年年捎枣来！"丈夫说："那还用说，我从小失去父母，就是姨妈把我抚养大的嘛！"妻子说："她老人家这一生也真够辛苦的。"稍停，丈夫忽然叹了口气，说："听捎枣的人说，姨妈的老胃病又犯了，我想……""那就接来呗，到医院好好治治。"不等丈夫把话说完，妻子说出了丈夫想说还未说出的话。

晚饭后，几位青年人去拜访某教授。谈到夜深，教授接着青年人的话题说："你提的这个问题很值得研究，明天我去A城参加一个学术会，准备就这个问题找几位专家一块聊聊。"几位青年立刻起身告辞："很抱歉，不知道您明天还要出差，耽误您休息了。"

第一例中的年轻媳妇见小姑穿上了新的羊毛衫，猜想是婆婆买的，也想要一件，但又不好意思说出口，于是转向小姑夸羊毛衫，"环顾左右而言他"，达到目的。

第二例青年教师想接姨妈来城里治病，但不直说，而是通过吃枣饭、忆旧情，造成一种适宜的氛围，然后再说姨妈生病，而让妻子接过话题，说出接姨妈的话。这样的说话方式比直说高明多了。

第三例教授明天出差，要早点休息，但碍于情面，不好直言辞客，而接过对方话题一兜，即达到了辞客的目的。话语委婉得体而不失礼仪。由此看来，说话兜圈子，有时候确实是必不可少的。它能起到直言快语所不能起到的作用。

著名语言学家王力先生曾说过兜圈子是一门说话的艺术。要正确运用这门艺术，首先要善于分辨言语交际的具体情况，做到当兜则兜，不当兜还是直说为好。言语交际中兜圈子主要有如下几种情况：

（1）顾及情面，有些话不便直说，可以兜。比如婆媳之间、恋人之间、两亲家之间等，均是刚刚建立起来的情感宝塔，基础欠牢固，交往中双方都比较谨慎、敏感，言语中稍有差错，都会带来不快或产生误解、造成矛盾。第一例的那位年轻媳妇，如在娘家面对亲生母亲，大可不必兜圈子；但在婆家，面对婆婆，就不好直说要东西了。而她的兜圈子，既达到了要羊毛衫的目的，又不失情面。

（2）出于礼仪，有些话不便直说，可以兜。中国是一个历史悠久的文明古国，素称“礼仪之邦”，具有文明礼貌的社交风尚。人们在言语交际中，十分注意话语的适切、得体。私人场合、知己朋友，说话可以直来直去，即使说错了，也无伤大雅。在公共场合，对一般关系的人，特别是晚辈对长辈，下级对上级，对待外宾，说话就要特别讲究方式、分寸。为了不失礼仪，说话就常需兜圈子。第三例的那位教授的话，就与特定的交际场合、对象、自身的身份相称，实现了和谐的沟通。试想，如果直言明天出发，改日再谈，虽可以达到辞客的目的，但却易置对方较为尴尬的处境，也有失教授慈祥和蔼的一面。

（3）某个意思，直接挑明，估计对方一时难以接受，在这种情况下，为了强调事理，征服对方，就可把基本观点、结论性的话先藏在一边，而从有关的事物、道理、情感兜起。待到事理通畅、明白，再稍加点拨，自能化难为易，达到说服对方的目的。第二例的那位教师就是针对这种情况而兜圈子的。如果他直言接姨妈来城里治病，妻子不一定同意。而通过吃枣饭、谈红枣、忆旧情，事理人情双关，形成了接姨妈的充分理由，水到渠成，所以不用自己讲，妻子说出了他的心里话。

由于对方的情绪、思想所致，难以与之进行交际。如人们所熟悉的《触龙说赵太后》，触龙的言语成功就在于他采用了兜圈子这种艺术手段。

酒席上的说话技巧

酒作为一种交际媒介，迎宾送客，聚朋会友，彼此沟通，传递友情，发挥了独到的作用，所以，探索一下酒桌上的“奥妙”，有助于交际的成功。

1. 众欢同乐，切忌私语

大多数酒宴宾客都较多，所以应尽量多谈论一些大部分人能够参与的话题，得到多数人的认同。因为每个人的兴趣爱好、知识面不同，所以话题尽量不要太偏，避免唯我独尊，天南海北，神侃无边，出现跑题现象，而忽略了众人。

特别是尽量不要与人贴耳小声私语，给别人一种神秘感，往往会产生“就你俩好”的嫉妒心理，影响喝酒的效果。

2. 瞄准宾主，把握大局

大多数酒宴都有一个主题，也就是喝酒的目的。赴宴时首先应环视一下各位的神态表情，分清主次，不要单纯地为了喝酒而喝酒，而失去交友的好机会，更不要让某些哗众取宠的酒徒搅乱东道主的意思。

3. 语言得当，诙谐幽默

酒桌上可以显示出一个人的才华、常识、修养和交际风度，有时一句诙谐幽默的语言，会给客人留下很深的印象，使人无形中对你产生好感。所以，应该知道什么时候该说什么话，语言得当，诙谐幽默很关键。

4. 劝酒适度，切莫强求

在酒桌上往往会遇到劝酒的现象，有的人总喜欢把酒场当战场，想方设法劝别人多喝几杯，认为不喝到量就是不实在。“以酒论英雄”，对酒量大的人还可以，酒量小的就犯难了，有时过分地劝酒，会将原有的朋友感情完全破坏。

5. 敬酒有序，主次分明

敬酒也是一门学问。一般情况下敬酒应以年龄大小、职位高低、宾主身份为序，敬酒前一定要充分考虑好敬酒的顺序，分清主次。假使与不熟悉的人在一起喝酒，也要先打听一下身份或是留意别人如何称呼，这一点心中要有数，避免出现尴尬或伤感情的局面。

敬酒时一定要把握好敬酒的顺序。在席上有求于某位客人时，对他自然要倍加恭敬，但是要注意，如果在场有更高身份或年长的人，则不应只对能帮你忙的人毕恭毕敬，也要先给尊者长者敬酒，不然会使大家都很难为情。

6. 察言观色，了解人心

要想在酒桌上得到大家的赞赏，就必须学会察言观色。因为与人交际，就要了解人心，左右逢源，才能演好酒桌上的角色。

7. 锋芒渐射，稳坐泰山

酒席宴上要看清场合，正确估价自己的实力，不要太冲动。尽量保留一些酒力和说话的分寸，既不让别人小看自己，又不要过分地表露自身，选择适当的机会，逐渐放射自己的锋芒，才能稳坐泰山，不致给别人产生“就这点能力”的想法，使大家不敢低估你的实力。

与女士初次交谈应有礼有节

初次见面，如果对方是位女士，则不免令谈话者，尤其是男士感到不知从何谈起。许多男士由于缺乏对女士的了解而使交谈无法进行，陷入了尴尬的境地。

其实，同女士在一起，她虽然看上去矜持、温柔、话语少，但她正在用她特殊的眼光“审视”你，这就是女性特有的直觉和洞察力。她可以从你的举止谈吐来分析你的内心世界，因此同女士交谈要注意几个问题：

1. 要让对方感到你有文明、有修养

如果是在客厅的沙发上，不要仰卧在那里，四肢随意伸开，这会让女士认为你不懂得礼貌，行为放肆，缺乏男士风度。谈话时，眼睛不可以盯住对方不放，让人感到紧张，认为你粗鲁、贪婪。改变视线时要缓慢，不可上上下下打量，也不能突然将眼神闪开，或突然注视，这样容易让女士产生你心术不正的感觉。常常听到有的女士提起某一男士，不满地说：“什么东西，第一次见面眼睛紧盯着不放，真让人讨厌。”

2. 不可轻易询问敏感话题

初次见面，由于你不了解女士的生活背景，不要轻易询问她年龄、婚姻及薪水情况，可以先问一问她的父母、家人、学历、工作等情况。如果你对她一见如故，迫切要了解她的私生活，可以问：“你是同父母住在一起吗?”如果对方对你有好感，且愿意相交的话，会主动如实告诉你的。且不可初次见面就问“你丈夫在什么单位工作?”“你同丈夫感情还好吗?”一类让人反感的话。

3. 赞扬要适当

女士大都喜欢听赞扬的话，但赞扬不可太露骨，要含蓄一些。对于那些年轻貌美、性格开朗的女性，可以赞扬她容貌的靓丽，如“你长得真漂亮，很清纯”。对那些内向性格的女性，不可直言赞扬，而应委婉地说：“你很文静，也很漂亮。”否则你会被认为“不正经”、轻佻。对相貌平平的女士，则可以称赞：“你很有气质，一看便知是一位知识女性。”“一看你就能感到你是一个善良纯朴的女性。”这样说对方会感到非常高兴。

4. 多谈与她相关的问题

女士大都乐于谈论与自己有关的事情，如她的爱好、她的家人、她的交往、她的工作，等等，这些都是希望让对方了解的。即使是那些性格如男士的女经理、女强人，也喜欢别人对她的为人处事、工作作风加以赞美。如果能抓住这个特点，在谈话中加入几句相关的内容，你就会获得她们的认可。如“你的工作作风像男士一样干练。”“你的管理能力就是在男人中也是一流的。”等等。

5. 语言不要太夸张

女性的观察力很强，但她们对具有逻辑推理的幽默语言有时反应却要慢一些，她们得慢慢地理解、消化。所以第一次同她讲话，尽量不要用一些夸张语言和说一些俏皮话，否则容易产生误解。例如“你今天的发式真漂亮，连白云见了都会躲起来。”这样的话让女士听起来马上会敏感地同“白发”、“乱发”联想，而不会联想到“秀发如云”。

6. 注意女士讲话的表情

女性在讲话的开头，往往回避对方的目光，可一旦进入交谈，女性首先进入“角色”，会非常注意你的表情，而且时时看着你。如果你始终避着对方的眼光，她会觉得你有“女子气”，讨厌她。所以在交谈中，你应多注意她的神色。但别盯住一个地方。可以用眼神交流，表现对她谈话的认同，并不时地肯定她的谈话，使她感觉到你对她的话很感兴趣。

7. 多说些安慰话

女人比男人更需要同情，对方如果向你诉说一件心事，你千万不要就事论事地讲一通，而应首先站在她的立场上，对她表示同情，并宽慰女士的感情，这样再讲道理她就容易接受。例如：

关欣是一位记者，一日到某地采访，遇到了阻力，弄得她很不愉快。当她见到当地的一位负责人时，她感到很委屈，忍不住抱怨了几句。这位负责人首先称赞了关欣，对她的辛苦表示同情，继而解释了一下原因，使关欣感到心理平衡了。他是这样说的："关记者，真不好意思，您初次来我们这么偏僻的地方采访，一路上非常辛苦，没有休息就去工作，还遇到了这么一档子事，真让我过意不去，事情是这样的……您别着急，下午我陪您去。"几句话，就让关欣抱怨的心情一扫而光。

8. 适时结束交谈

女子不轻易拒绝别人，而往往用沉默、注意力转移或假装没听见来表示婉转推辞。遇到这种情况，你应立即结束交谈，或者转到其他话题。不要等到人家下了"逐客令"，你再起身告辞，那会很没面子的。

9. 把握谈话的方向

女士大多善于表达，谈话的需要比男性强，但这种需要大多出于感情的满足，所以女性交谈时容易忘记正事、正题，这就需要男性及时将话题转到要谈的事情上。男士要充当谈话的引导者，否则会使交谈变得漫无边际。

总之，与女士的初次交谈，要有礼有节，这样才能给对方留下美好的印象，才能为今后的交往提供可能。

第五节　社交中的语言忌讳

交际中的说话原则

现代人的交际沟通的方式有很多种，写信、电子邮件、小卡片、谈话等，不过在里面最直接的方式就是谈话。谈话既要讲技巧，又要讲原则。如果只是随口说说，想到什么说什么，那这种方式一定会得罪很多人。下面就是交际中说话的原则要点：

1. 多道人之长，不揭人之短

有个女孩子告诉她同事，说其有口臭，闻起来像是死鱼的味道。那位同事一时间脸涨得通红，从此就敬她而远之，态度冷淡。而这个女孩子还在一旁抗议："我只是开玩笑而已!"

在现实生活中，有很多时候往往因为一句话，使得你和他人的距离可远可近，和他人的关系可有可无。如果你常常因为说错话、得罪人，或者是不知道自己该说些什么、该怎么说，那么你的沟通能力就必须有所加强才行。不论在日常生活或是工作场所，良好的沟通都是人际关系的第一步，有了良好的沟通才有机会和他人建立起互动的关系。

2. 三思而后言

常言道：会说话的人，想了再说；不会说话的人，说了再想。手快效率高，嘴快是非到。所以要三缄其口，防止祸从口出。

在我们和人沟通的过程中，往往会因为一句话而引起他人的不悦，所以要避免说错话才行。最好的方法，就是根本不去说那句话。为了避免发出不当的批评，在你说任何话之前，都该先想想自己想说什么、该说什么。很多人往往心直口快，根本没想到自己犀利的言词可能对别人造成的伤害。因此说话不能不经过大脑，在要说出口之前，先想想看“如果别人对我这样说，我会作何感想?”“我的批评是有害的还是有益的?”在很多的情况下，如果能多花一些时间，设身处地为他人着想，你就不会说错话，不会引起他人的不悦。

3. 失言时立刻致歉

勇于认错是很重要的，所以一旦发现自己的言语伤害到他人的时候，千万不要厚着脸皮不肯道歉。每个人偶尔都会说错话。可是自己一定要察觉自己说了不该说的话，然后马上设法更正。留意他人的言语或其他方面的反应，藉以判断是否需要道歉。如果你确实说错话了，就必须立刻道歉，勇于承认错误，不要编一大堆借口，以免越描越黑。

4. 和别人谈话，不要和别人比赛

有的人和人交谈时，时常把它看成是一种竞赛，一定要分出个高下。如果你常在他人的话里寻找漏洞，常为某些细节争论不休，或常纠正他人的错误，借以向人炫耀自己的知识渊博、伶牙俐齿，那么你一定会给人留下深刻的印象，不过那是不好的印象。这些人往往忽略了沟通的技巧，因为他们把交谈当成了辩论，而不是信息、想法与感觉彼此交换的过程。

所以为了与他人有更好的沟通，这种竞赛式的谈话方式必须被舍弃，而采用一种随性、不具侵略性的谈话方式。这样当你在表达意见时，别人就比较容易听进去，而不会产生排斥感。

5. 与人交谈莫问私事

在西方社会中，人们的一切行为都以个人为中心，个人利益是神圣不可侵犯的。这种准则渗透在社会生活的各个方面。人们日常交谈，不喜欢涉及个人私事。有些问题甚至是他们所忌谈的，如询问年龄、婚姻状况、收入多少、宗教信仰、竞选中投谁的票等都是非常冒昧和失礼的。

西方国家的人看到别人买来的东西，从不去问价钱多少？见到别人外出或回来，也不会去问上一句“你从哪里来?”或“去哪儿?”至于收入多少，更是不能随便问的事，谁想在这些方面提出问题，定会遭人厌恶。美国人往往用“鼻子伸到人家的私生活里来了”这句话来表示对提问人的轻蔑。

现在中国人也越来越重视对待谈“私事”。因此，与人交谈莫问私事是最明智的。

6. 挑对说话的时机

这句话的意思主要是当你要表达意见之前，必须先确定对方已经准备好，愿意听你说话了。否则你只会浪费力气，对牛弹琴，白白错过了让别人接受你意见的大好机会。既然我们得选择良好的时机，那什么时候开口才是最好的呢？其实要遇到最好的时机很困难，但是要遇到适于交谈的时机却不是难事。比如，在公共场所或有其他朋友、同事在场时，应避免谈论涉及隐私或一些敏感的话题。还有当对方感到烦躁时，也尽量避免继续谈论下去。

7. 对事不对人

举例来说，你是否有朋友很难缠，老是让你气得半死？有些人就是爱抱怨、生性悲观、拖拖拉拉、老爱编一大堆借口。如果你朋友这些行为已经威胁到你们之间的友谊，你就有权开口提醒他。此时最重要的是，你必须指明自己讨厌他哪些行为，而不是一味地想改变他的个性。一个人要改变某些特定、确切的行为，要比改变个性容易多了。

8. 了解别人的感觉

如果能先试着了解对方的感觉，我们也就能比较巧妙地说出一些难以启齿的话。比方说，如果你的父母亲很担心你的投资计划不够周全，你就不要对他们说："你们为什么不能只管自己的事情，老是把我当成三岁小孩？那是我的钱，我爱怎么用就怎么用！"这种充满稚气的典型防卫性反应无法增加父母亲对你的信心。你应该想想父母说这话时心中的感觉。也许他们只是想阻止你冒失的投资，以免你重蹈他们的覆辙。而也有可能是你父母对自己往后的财务状况感到忧虑，却又不知道如何告诉你。所以当面对别人的批评或某些让你不悦的行为，你只要能找出背后真正的原因或需求，就能够用另外一种说词去化解一场冲突。

9. 聆听他人的回馈

一个人要和别人交谈，不仅自己要懂得如何去说，而且要懂得如何去聆听。缺乏聆听的技巧，往往会导致轻率的批评。一个人会任意地批评或发出不智的言论往往是因为他不管别人要说什么，只想主控整个对谈的场面。如果你仔细聆听别人对你意见的回馈或反应，就能确定对方有没有在听你说话，得知对方是否已了解你的观点或感觉。而你也可以看出对方所关心、愿意讨论的重点在哪里。

说话谨记忌讳

社交礼仪的目的与作用本在使得本来的顽梗变柔顺，使人们的气质变温和，使他敬重别人，和别人合得来。在此过程中，说话要特别小心，避开忌讳，不然有可能大祸临头还浑然不觉。

清朝雍正年间，江西主考官查嗣庭出试题为"维民所止"。"维止"二字被认为是把“雍正”的头去掉，因而被下狱。后在狱中病死，被戮尸，家人也被杀或流放。

在封建社会，汉字里避讳字很多，特别是帝王的名字要避讳。康熙、雍正帝用兴文字狱来镇压具有反满思想的知识分子的案件，就有七八十起。秦始皇姓嬴名政，因此就把其他的“政”和同音的“正”改读平声，如“正月”的“正”就得读为“征”。雉是一种羽毛漂亮的鸟，但西汉的吕后名“雉”，于是，是鸟的雉便改名叫“野鸡”，鸟的名也不能同皇后的名字相同。在封建社会里，不仅帝王的名字有严格的避讳，儿子与父亲的名字也不能有一字相同，甚至连写文章也很忌讳。司马迁的父亲名谈，在他所著的我国第一部纪传体通史《史记》中，就通篇找不到一个“谈”字。唐朝著名诗人李贺，才华横溢，就因为他父亲名晋肃，而“晋”与“进”同音，竟禁止李贺考进士。大文人韩愈为此打抱不平，特地写了一篇有名的《讳辩》，但李贺终于还是未能参加应考，最后郁郁早逝。可见，古代名字里的这种避讳，带有浓烈的封建专制色彩，有的甚至是残酷和反动的。

消除称呼、名字等避讳中的封建糟粕，无疑是十分必要的。但有些流传至今且仍为人们习惯心理所忌讳的称呼或风俗，虽然还带有某种封建色彩，可为了礼貌和尊重他人起见，也是应该注意的。这种现象，只有随着文化的发展，科学的普及和社会的进步，而让它逐步改变、自行消亡。比如我们坐渔民的船，船家就特别忌讳说“陈”与“帆”的，因为这与“沉”和“翻”的字同音。又比如我们称呼未婚少女习惯叫“姑娘”，如果是在湖南常德地区喊少女为“姑娘”就会被认为是调戏妇女，因为那里的“姑娘”是“妻子”的谦称。天津的老者称年轻姑娘为“大姐”，而姑娘却心安理得，你一定会感到惊奇。但只要你再一了解会明白，这原来是当地习惯的礼貌称呼，天津人一般都按小辈、孩子的称呼叫人。假如有人认为这种忌讳是落后的、不文明的，非要硬性去改变它，恐怕不会有什么好效果。

我国是一个有悠久历史的大国，礼仪多，忌讳也多。如果不加以注意，不避忌讳，即使不是故意说的，也容易使人伤感，影响到社交的效果。

由于种种原因，有些词和词语是不能或不便说出来的，就需要一个同义词或近义词去代替。人们把“拉屎”说成“大便”、“大解”、“上厕所”，这样就雅一些。妇女怀孕不好意思说出口，用一个别致的词语叫“有喜了”。这样，既避免了粗鄙俗气，又不失教养，显得彬彬有礼。

在使用语言进行交际时，有些情况下的语言避讳不可不注意。比如朋友中间有一个“秃顶”，就不能对着人家老说什么“秃头”或“光头”的。如果家里来客人，体型又矮又胖，就不能说“矮子”、“胖子”，否则会挫伤人家的自尊心。言谈中，淫词秽语、不健康的口头禅更应禁忌。见到青年女子，一般不应问对方年龄、婚否。径直询问别人的履历、工资收入、家庭财产等私生活方面的问题易使人反感。切莫对心情惆怅的人说得意话、得意事。若对方曾犯过错误或有某种缺陷，言谈时要避免刺激性的话语。对别人不愿回答的问题不要追问，不要刨根问底，如果一旦触及，应立即表示歉意，巧妙转移话题。

探望病人，是每个人都要碰到的事，这完全是出于对病人的关怀，但更要注意病人的忌讳，否则会好心人办坏事。有个女青年去探望久病的姨妈，她关切地询问：“您饭量可好?”不想这一句问候话，却使病人的脸上立即堆满了愁容，她忧心忡忡地说：“唉，不要谈它了!”接着就没词了，结果造成了很尴尬的局面。原来，病人病情很重，最苦恼的就是吃不下饭。探视病人时，当看到病人面容憔悴，切不可吃惊地问“你的脸色怎么这样难看”之类的话，否则，除加重病人的思想负担外，没有其他任何用处。平时同人交谈，一般不要涉及疾病、死亡等事情。在喜庆场合，更要避免不吉祥的词语。虽然人们知道，生老病死是不可抗拒的规律，但从感情上说，仍忌讳说死。恩格斯在马克思墓前演说中谈到马克思逝世时说：“他在安乐椅上平静地睡着了！——但已经是永远地睡着了。”给人们留下了深刻的印象。在北京话中，“没能熬过来”、“终于没挺住”、“吹灯儿了”等均是表示死亡之意。有人统计，在北京话中关于死的婉语就不下30种。这些婉语中的大多数还是可取的。

为使交谈谈得顺畅、融洽，还要注意个别特殊的禁忌，否则就会给社交增添周折。

说一个例子：某大公司的一位男同志热心地为另一同志结婚筹款赠送礼品。他笑嘻嘻地向本单位一位四十几岁的女同志请求，要她“合伙”，没想到这位女同志竟伤心地哭了起来。这位男同志不知所措，愣住了。原来，她至今还未结婚，而且她在恋爱上受过很大的刺激，别人的喜庆勾起她辛酸的往事。而那个经办人未注意避忌，触动了她伤感的神经，弄得大家都很尴尬。

人类在进步，社会在发展，但不可能也不会消亡所有的忌讳。忌讳反映在待人接物上，也可以说它是“礼仪”的补充。在社交中，注意语言的忌讳，是敬重别人和有修养的表现，同时也会提高社交的成功率。

改掉不良的谈吐习惯

1. 你是否使用鼻音说话

这是一种常见且影响极坏的缺点，当你使用鼻腔说话时，你就会发出鼻音。如果你使用大拇指和食指捏住鼻子，你所发出的声音就是一种鼻音。在电影镜头里，如果演员扮演的是一种喜欢抱怨、脾气不好的角色，他们往往使用的就是鼻音的说话方式。如果你使用鼻音说话，当你第一次与人见面时，就不可能吸引他人的注意。你让人听起来像在抱怨、毫无生气、十分消极。不过，如果你说话时嘴巴张得不够，声音也会从鼻腔而出。当你说话时，上下齿之间最好保持半寸的距离。鼻音对于女人的伤害比对男人更大，你不可能见到一位不断发出鼻音，却显得迷人的女子。如果你期望自己在他人面前具有极大的说服力，或者令人心荡神怡，那么你最好不要使用鼻音，而应使用胸腔发音。

2. 你说话的声音是否过尖

当我们受到惊吓或者恐惧时，当我们大发脾气时，当我们呼唤孩子时，往往会提高嗓门，发出一种尖叫声。女人尤其如此，这也许是因为他们整日面对着无数的刺激。尖锐的声音比沉重的鼻音更加难听，也许人们老远听见你的声音就避而远之。

你可以通过镜子表现自己的这一缺点，你说话时脖子是否感到紧张呢？血管和肌肉是否像绳索一样凸出？下颚附近的肌肉是否看起来明显紧张？如果出现上述情形，你可能就会发出像海鸥一样的声音。

3. 你说话的声音是否过低

你的声音是否听起来令人感到疲乏、萎靡不振，你的声音是否听起来显得苍老，是否缺乏一种活力、气势、力量、热诚与激昂？你说话时，他人是否不断地叫你重复？

喁喁细语是传递秘密消息或者谈情说爱时的一种表达方式，在公共场合中，可能只有一种正式的低声细语，那就是在教堂里的祷告，即使他人听不到你的声音，但也知道你在说些什么。

低语是一种丧失了大部分语调和共鸣的声音。正如一阵微风轻轻吹过。你可以试着发出几种声音，在夜间听听自己的声音，你也可以将手指放在喉头上，以正常的音量说几句话，如果完全没有嗡嗡之声，那说明你说话的声音过低。

但不要将低语与柔和清晰的说话混为一谈，即使你以最低的音量说话，你的声音也需要助力，你也能将最低音与最高音之间的各种音调运用自如。如果你是为了寻求一种特别的效果而故意低语，这不能说是一种缺陷，在电影里我们也可以见到类似的镜头，其中的窃窃私语令在最后排的观众也听得真真切切。

也许女人会认为，说话让人听不见正是一种女性特有的温柔。事实上，这只是一种表面的做作，并非真正的温柔。如果你说话的目的是与人沟通，千万注意自己的声音要表达适度，这样才能进行有效的交流。

4. 你的嘴唇是否僵滞

如果你说话时嘴唇动得不够明显，就会口齿含糊不清。嗫嚅者说话时就是如此，他们就如低语者一样，说明秘密时仍要设法在秘密中保守秘密。他们嘴唇懒散，无法清楚地表达自己。他们的字句都粘在一起，有时甚至连整个词都给省掉，让他人根本无法听清，甚至产生误解。

同样的，你也可以在镜子中练习一下说话，如果你嘴唇几乎不动，你就是个嗫嚅者。以下是奥登·纳许的某些名言：

“我深信人们在毕业或注册之前，应该学习如何高声说话，口齿清晰。”

“要是听见口齿不清的嗫嚅，将会使我的听觉混乱。”

“这种咬字不清、发音低浊、随意含糊的话语会导致可怕的误解与错失。”

“不论具有何种口音，显露出你的男子气概，并保持语意清晰，这是很简单的事。”

“……只要把塞在你口中的毛巾拿出来。”

5. 你是否有口头禅

在我们平常与人讲话或听人讲话之时，经常可以听到“那个、你知道、他说、我说”之类词语，如果你在说话中反复不断地使用这些词语，那就是口头禅。口头禅的种类繁多，即使是一些伟大的政治家在电视访谈中也会出现这种毛病。

有时，我们在谈话中还可以听到不断的“啊”、“呃”等声音，这也会变成一种口头禅，请记住奥利佛·霍姆斯的忠告——切勿在谈话中散布那些可怕的“呃”音。如果你有录音机，不妨将自己打电话时的声音录下来，听听自己是否出现这一毛病。一旦弄清自己的毛病，那么在以后与人讲话的过程中就要时时提醒自己注意这一点，当你发现他人使用口头禅时，你会感到这些词语是多么令人烦躁，多么单调乏味。

6. 你的动作是否过多

检查一下自己，你是否在说话途中不停地出现以下动作：坐立不安、蹙眉、扬眉、扭鼻、歪嘴、拉耳朵、扯下巴、搔头发、转动铅笔、拉领带、弄指头、摇腿等。这些都是一些影响你说话效果的不良因素。当你说话时，听众就会被你的这些动作所吸引，他们会看着你的这些可笑的动作，根本不可能认真听你讲话。

有一位公司老板，当他进行公共讲话时，总是让自己的秘书与观众站在一起，如果他的手势太多，秘书就会将一支铅笔夹在耳朵之上以示提醒。当然我们不可能人人做到如此，但在你讲话时，完全可以自我提示，一旦意识到自己出现这些多余的动作，赶紧改正。

7. 你的眼神是否心不在焉

当你与别人握手致意时，你们便彼此建立了一种身体的接触，眼神的交汇作用也同样重要，通过相互传递一种眼神，你们便可以建立一种人际关系。

眼神不仅可以向他人传递信息，你也可以从他人的眼神中接收到某些信息。你似乎听到他们在说：

“真有意思！”

“真令人讨厌。”

“我明白了。”

“我被你给弄糊涂了。”

“我准备结束了。”

“我十分乐意听你讲话。”

“我不想和你讲话。”等。

当你说话的时候，你的眼睛是否也在说话？或者你故意回避他人的视线，而不敢与他人相对而视，因为那会令你觉得不适？你是否会边说边将眼睛盯在天花板上？你是否低头看着自己的双脚？你看到的是一簇簇的人群，还是一个个的人？总之，再没有比避开他人视线更易失去听众了。

谈性须掌握分寸

人们在日常交往中，性是一个躲不开的话题。性是个敏感的话题，又是一个人们感兴趣的话题。在和朋友、同事谈论性的时候，一定要谨慎，时机、对象、分寸都要掌握得恰到好处，不然就会使大家感到尴尬，自己觉得被动，甚至引起纠纷，酿成悲剧。下面两点建议可供参考：

1. 点到为止，切忌粗俗

古人讲的四大喜事是：久旱逢甘雨，他乡遇故知，洞房花烛夜，金榜题名时。“洞房花烛”的确是人生的一大喜，不但新人眉飞色舞，亲戚朋友也是笑逐颜开，人们在祝贺朋友新婚时，送礼之外总是喜欢和新人开玩笑。不少人认为最开心的玩笑，就是带有性色彩的玩笑。个别人喝几杯酒之后，嘴就没了遮拦。

小王在为同事新婚祝贺时说：“在你们‘性’生活开始的时候，我为你们敬上一杯。”马上有人插科打诨说：“是新生活，不是性生活。”“我普通话说得不好，‘新’和‘性’不分。”羞得一对新人恨不得找个地缝钻进去，许多年长者也露出了不悦之色。

类似这样的玩笑就太过了，这一类人应该自省。当然，开些无伤大雅的玩笑是完全可以的。只要不伤大雅，点到为止，往往还能增添一番情趣。比如一群小姐妹去看结婚不久的好友，临别时新郎新娘一再挽留多坐一会儿，其中一个女孩说：“挺晚的了，别耽误你们休息。”说得其他小姐妹哄堂大笑，打着闹着冲出新人的家。新娘和新郎不但不会反感，还会有一种说不清的情愫涌上心头。

2. 异性之间谈性，最须掌握分寸

从某种意义上说，没有性别，也就无所谓“性”了。孟子认为“男女授受不亲，礼也”是有一定道理的。在人际交往中，就应该充分考虑到男女之间的差异，尤其是谈到性这个敏感的话题时，更要三思而后言之。具体而论又可分为四种情形：

第一种是已婚男性和已婚女性之间。一般说来已婚男女，对性的问题相对看得开，有的认为开几句带有性色彩的玩笑也无所谓，反正都是过来人了。个别的特别粗野放肆，甚至只有夫妻之间才能说的话，在众目睽睽之下，也能说得出，脸不红心不跳。这就太过了，要掌握好度。

第二种是已婚男性和未婚女性之间。已婚男性和未婚女性谈性的问题，大都比较慎重。但也有个别的已婚男子认为自己已立业成家，又没有什么非分之想，动动嘴没有什么了不起的。比如某已婚男士，对一个熟悉而开朗的姑娘说：“你真性感，我要是晚生十年，非追你不可。”性感对女性来说可以勉强解释为“富有女人味”，但用来赞美姑娘，终究不妥。已婚男士要自尊自爱，更要充分考虑到未婚女青年的心理承受能力。

第三种是未婚男性和已婚女性之间。这种情况下，谈性的主动权多在女性身上。已婚女性一般都处在嫂子的位置上，未婚男子也真的把她们当成嫂子，婚姻方面的事也愿意找她们当参谋，处在嫂子位置的女性当红娘的最多。所以说已婚女性和未婚男性谈性的机会更多一些，话题也更广泛。这是因为已婚女性不很在乎，未婚男青年也比未婚女青年心理承受能力强得多。值得指出的是，已婚女性和未婚男性谈性方面的事应该收敛，不应发散，范围不宜太大，程度也不宜太深，否则会引起不必要的麻烦。

第四种是未婚男性和未婚女性之间。未婚男女直接谈性的机会极少，将要涉及这一话题时，双方都会本能地避开。即使谈了，也多是谈别人，而且是蜻蜓点水式的。比如一群小伙和姑娘去春游，一个男青年问：“小赵怎么没来?”“她呀，‘老朋友’来了。”一个女青年答。男青年心领神会，不会再往下问。未婚男女交谈最好远离性的问题。尤其是单独相处时，最好是不涉及这个问题，女青年更不要主动谈这个问题。不论是在什么情况下，都要把握住以下两点：

第一，性和肮脏下流不能画等号，大可不必谈“性”色变。

第二，谈性的问题毕竟忌讳较多，千万不能津津乐道，乐此不疲。

第二章　职场说话艺术
——好口才决定好前程

“病从口入，祸出口出”，人混在职场，话怎么说，说什么，都有很大的讲究。有些人业务能力很强，却迟迟不得志，就是在关键的时刻不能说恰当的话。卓越的说话技巧，不仅能让你在职业生涯中做到上亲下和，左右逢源，而且还能让你名利双收。

第一节　职场交际语言基本功

办公室交际谈吐礼仪

办公室礼貌用语不仅在工作交往和人际关系中占据着重要的位置，而且具有专业性的要求，能随着时间、场合、对象的不同，而表达出各种各样的信息和丰富多彩的思想感情。

说话礼貌的关键在于尊重对方和自我谦让。须做到以下几点：

1. 使用敬语、谦语、雅语

（1）敬语。亦称“敬辞”，它与“谦语”相对，是表示尊敬礼貌的词语。除了礼貌上的必须之外，能多使用敬语，还可体现一个人的文化修养。

敬语的运用场合如下：

第一，比较正规的社交场合。

第二，与师长或身份、地位较高的人交谈。

第三，与人初次打交道或会见不太熟悉的人。

第四，会议、谈判等公务场合等。

我们日常使用的敬语有“请”字，第二人称中的“您”字，代词“阁下”、“尊夫人”、“贵方”等。另外，还有一些常用的词语用法，如初次见面称“久仰”，很久不见称“久违”，请人批评称“请教”，请人原谅称“包涵”，麻烦别人称“打扰”，托人办事称“拜托”，赞人见解称“高见”等。

（2）谦语。亦称“谦辞”，它是与“敬语”相对，是向人表示谦恭和自谦的一种词语。谦语最常用的用法是在别人面前谦称自己和自己的亲属。例如，称自己为“愚”、“家严、家慈、家兄、家嫂”等。自谦和敬人，是一个不可分割的统一体。尽管日常生活中谦语使用不多，但其精神无处不在。只要你在日常用语中表现出你的谦虚和恳切，人们自然会尊重你。

（3）雅语。是指一些比较文雅的词语。雅语常常在一些正规的场合以及一些有长辈和女性在场的情况下，被用来替代那些比较随便，甚至粗俗的话语。多使用雅语，能体现出一个人的文化素养以及尊重他人的个人素质。

在待人接物中，要是你正在招待客人，在端茶时，你应该说：“请用茶。”如果还用点心招待客人，可以用“请用一些茶点。”假如你先于别人结束用餐，你应该向其他人打招呼说：“请大家慢用。”雅语的使用不是机械的、固定的。只要你的言谈举止彬彬有礼，人们就会对你的个人修养留下较深的印象。只要大家注意使用雅语，必然会对形成文明、高尚的社会风气大有益处，并对我国整体民族素质的提高有所帮助。

2. 日常场合应对

（1）与人说话保持适当距离。说话通常是为了与别人沟通思想，要达到这一目的，首先必须注意说话的内容，其次必须注意说话时声音的轻重，使对话者能够听明白。这样在说话时必须注意保持与对话者的距离。说话时与人保持适当距离也并非完全出于考虑对方能否听清自己的说话，另外还存在一个怎样才更合乎礼貌的问题。从礼仪上说，说话时与对方离得过远，会使对话者误认为你不愿向他表示友好和亲近，这显然是失礼的。然而如果在较近的距离和人交谈，稍有不慎就会把口沫溅在别人脸上，这是最令人讨厌的。有些人，因为有凑近和别人交谈的习惯，又明知别人顾忌被自己的口沫溅到，于是先知趣地用手掩住自己的口。这样做形同交头接耳，样子难看也不够大方。因此，从礼仪角度来讲，一般保持一两个人的距离最为适合。这样做，既让对方感到有种亲切的气氛，同时又保持一定的社交距离，在常人的主观感受上，这也是最舒服的。

（2）恰当地称呼他人。无论是新老朋友，一见面就得称呼对方。每个人都希望得到他人的尊重，人们比较看重自己业已取得的地位。对有头衔的人称呼他的头衔，就是对他莫大的尊重。直呼其名仅适用于关系密切的人之间。你若与有头衔的人关系非同一般，直呼其名来得更亲切，但若是在公众和社交场合，你还是称呼他的头衔会更得体。对于知识界人士，可以直接称呼其职称。但是，对于学位，除了博士外，其他学位，就不能作为称谓来用。

（3）善于言辞的谈吐。不管是名流显贵，还是平民百姓，作为交谈的双方，他们应该是平等的。交谈一般选择大家共同感兴趣的话题，但是，有些不该触及的问题，比方对方的年龄、收入、个人物品的价值、婚姻状况、宗教信仰等还是不谈为好。打听这些是不礼貌和缺乏教养的表现。

3. 办公室说话要注意的事项

（1）不要跟在别人身后人云亦云。领导赏识那些有自己头脑和主见的职员。如果你经常只是别人说什么你也说什么的话，那么你在办公室里就很容易被忽视。要有自己的头脑，不管你在工作单位的职位如何。

（2）办公室里有话好好说，切忌把与人交谈当成辩论比赛。在办公室里与人相处要友善，说话态度要和气，即使是有了一定的级别，也不能用命令的口吻与别人说话。说话时，更不能用手指着对方，这样会让人觉得没有礼貌。虽然有时候大家的意见不能够统一，但是有意见可以保留。如果你要发挥自己辩才的话，可以用在与客户的谈判上。如果一味好辩逞强，会让同事们敬而远之。

（3）不要在办公室里炫耀自己，不要做骄傲的孔雀。如果自己的专业技术很过硬，如果你是办公室里的红人，如果上司非常赏识你，这些都不该成为你炫耀的资本。骄傲使人落后，谦虚使人进步。再有能耐，在职场生涯中也应该小心谨慎。倘若哪天来了个更加能干的员工，那你一定马上成为别人的笑料。

（4）办公室是工作的地方，不是互诉心事的场所。我们身边总有这样一些人，他们特别爱侃，性子又特别直，喜欢向别人倾吐苦水。虽然这样的交谈能够很快拉近人与人之间的距离，但心理学家调查研究后发现，事实上，只有1%的人能够严守秘密。所以，当你的生活出现个人危机如失恋、婚变之类，最好还是不要在办公室里随便找人倾诉；当你的工作出现危机，如工作上不顺利，对上司、同事有意见有看法，你更不应该在办公室里向人袒露胸襟。任何一个成熟的员工都不会这样“直率”的。自己的生活或工作有了问题，应该尽量避免在工作的场所里议论，不妨找几个知心朋友下班以后找个地方好好聊。

合理把握与同事说话的分寸

在同事之间要建立良好融洽的人际关系，必须经常相互沟通。而要做到相互沟通，除了相互帮助、相互谅解之外，得体恰当的语言也是非常重要的。许多争吵，甚至发生在平素关系非常密切的同事之间，很大一部分原因就是说话不讲艺术，使对方误解，以致造成同事间的隔阂。那么同事之间怎样交谈比较恰当呢？

1. 要注意对方的年龄

对年长的同事，最好谦虚些、服从些。当然，尊敬是最起码的，年长的同事往往是高你一辈的，经验比你丰富得多。与他谈话，切不可嘲笑其“老生常谈”、“老掉牙了”，应该持尊重的态度。即使自己不认为正确也要注意聆听，而后再提出自己的意见。对于年长的人，最好不要轻易问他们的年龄，因为有些人往往很忌讳这一点，问起他们时，常使他们感到难堪和颓丧。所以，在与年长的同事谈话时，不必提起他的年龄，而只去称赞其干的事情，你的话肯定会温暖他的心，使他重新感到自己还年轻，还很健康。

对于年龄相仿的同事，态度可以稍微随便些，但也应该注意分寸，不可出言不逊，伤人自尊。在与自己年龄相仿的异性同事说话时，尤其注意，不宜乱开玩笑，态度暧昧，以免引起一些不必要的猜疑。

对于年纪比你小的同事，也要注意一定的分寸。应该保持慎重、深沉的态度。年纪较小的同事，有些人思想可能太冒进，或知识经验不及你，所以与他们谈话时，注意不要对其随声附和，降低自己的身份。但也不要同他们进行辩论，不要执意坚持自己的意见。只需让他知道，你希望他对你有适当的尊敬，他就会因此而保持适当的态度和礼仪。但是千万不要夸夸其谈，卖弄经验，在自己的知识范围外信口开河。否则一旦被他们发觉，就会降低对你的信任与尊重。

2. 要注意对方的地位

和地位高的人谈话，常使自己有一种自卑感，从而呆滞木讷，思想迟缓。但有人为改变这种情况，却走到了相反的极端，即对上级高声快语，显得粗鲁无礼。这两种态度都是不可取的。与地位高于你的同事谈话，不管他是不是你的顶头上司或其它部门的领导，都应采取尊敬的态度。一则他的地位高于你，二则他的能力、知识、经验、智能也显然比你高，应该向他表示敬意。需要注意的是，与地位高的人谈话，必须维持自己的独立思想，不要做一个应声虫，使他认为你唯唯诺诺，没有主见，要以他的谈话为主题，听话时不要插嘴，应该全神贯注。他让你讲话时，要尽量讲题内话，态度应轻松自然、坦白明朗，回答问题要适当。

与地位较低的人谈话，也不要趾高气扬，应该和蔼可亲，庄重有礼，避免用高高在上的态度来同他谈话。对于他工作中的成绩应加以肯定和赞美，但也不要显得过于亲密，以致使他太放纵。不要以教训的口气滔滔不绝地讲个没完，使对方感到厌烦。

3. 要注意对方的性别特征

交谈时，要注意性别不同，方式亦大为不同。同性别的同事之间的谈话当然要随便些，而对于异性同事，谈话就应特别当心。当然并不是指要处处设防，步步为营，但起码“男女有别”还是不错的。比如一位女同事，身材肥胖，你千万不能“胖子、胖子”地乱叫；但换了位男同事，叫他几声“胖子”他可能丝毫不介意。再比如一次公司的聚会上，有一位新来的女同事是个老处女。即便你是为了关心她起见，也不能走上去问她：“你看起来很显老，到底多大了？”真这样做了，恐怕这位女同事要记恨你一辈子了。

女同事与男同事讲话，态度要庄重大方，温和端庄，切不可搔首弄姿，过于轻佻。男同事在女同事面前，往往喜欢夸夸其谈，谈自己的冒险经历，谈自己的事业及自己的好恶，更喜欢发表自己的意见，让听者感到惊奇与钦佩。所以男同事需要的是一个倾听者。女同事在很多时候也要当一个倾听者，请注意切勿太唠叨，声音太大，不要总想找机会打岔，纠正对方或对家里的长短抱怨不停……但是，如果对方令你难以忍受，那么请巧妙地打断他的话或干脆直截了当地告诉他：“对不起！我还有事。”

4. 要考虑对方与自己的亲疏关系

倘若对方不是相知很深的同事，你也畅所欲言，无所顾忌。那么，对方反应该如何呢？你说的话，是属于你的，对方愿意听你的么？彼此关系浅薄，交情不深，你与之深谈，则显得你没有修养；你说的话是关于对方的，你不是他的挚友，不配与其深谈，反倒是忠言逆耳，显得你冒昧；你说的话是关于国家政治方面的，对方主张如何，你并不清楚，却偏高谈阔论，容易招惹一些不必要的麻烦。

因此在一个公司内，要同身边的同事搞好关系，谈话则必须注意对象的亲疏关系。对关系不深的同事，大可聊聊闲天，海阔天空吹一吹，而对于个人的私事还是不谈为好。但这并不等于对任何同事都要遮遮盖盖，见面绝不超过三句话，而只说些不痛不痒的虚话。如果是交情匪浅的同事，则可以不断地交流思想，促膝谈心，互相关心对方的生活与私事，替对方出出主意，排忧解难。这样，还可以增进彼此间的团结与友谊，更有利于工作。但需要注意的是：不要学小人说三道四，东家长西家短，拣些“某领导的韵事”、“某同事的野史”谈起来没完。这样，不但破坏同事的名誉，而且影响同事间的团结。

5. 要注意对方的层次与性格特征

你与同事交谈，首先要明白他的个性。对方喜欢委婉的话，你说话应该讲求一点方式方法；对方喜欢直来直去，你大可不必与之绕来绕去，摆迷魂阵；对方喜欢钻研学问，你应该说比较有水平的话，而对方文化层次较低，你就应该与之谈些家长里短的俗事；对方如果喜欢推心置腹，你就应该多说些诚恳质朴的话。当然，这并非是“六月天，孩儿脸”，一天三变，而确实是搞好同事关系的良策。比如：

某甲生性耿直，说话直来直去，无所隐瞒，偏偏碰上了喜欢说话绕弯的某乙。一天清早，某乙刚从厕所出来，正遇上某甲。某甲就大声问道：“从哪儿来?”某乙见有他人在场，且有两位女同事，便随手一指：“从那儿来。”某甲却不明白：“那儿是哪儿?”某乙只好含糊说：“WC。”“WC”原意是英文厕所的缩写，某甲偏偏不知，又不甘心，继续大声问：“WC是什么东西?”某乙见他人都注目两人，便悄悄扯扯某甲衣服，小声道：“1号。”某甲环顾四周，正好1号房间是某女同事的宿舍，大为惊讶：“大清早你上小王屋里干什么?”某乙面红耳赤，无地自容。

上述虽为一个笑话，但也可以证明，对不同的人讲不同的话实在重要。如果某甲讲究一点说话方式，不再寻根究底地问下去，或者，某乙讲话干脆一点，告诉某甲说：“厕所。”双方就不会纠缠不清，弄得两人都非常尴尬。

6. 要注意对方的心境

与同事谈话，应该注意，什么时候是相宜的时候。比如，对方正在紧张繁忙的工作的时候，你不要去打扰他；对方正在焦急时，你也不要去同他闲聊；对方如果正陷于悲痛之中，你更要选择适当的话题。假如你在这些情况下不分场合地去扰乱他，一定会碰一鼻子灰。

对方心境不同，应该有针对性地选择不同的话题。遇到同事得意时，应该同他谈得意的事；遇到同事正在失意，应该适时抚慰，同他谈你自己的失意事。如果同失意的人大谈得意之事，不但显得你不知趣，而且让对方感到你是在挖苦他，他与你的感情，不能变好，只能变坏。同得意之人谈你的失意，他说不定会怪你扫他的兴，即使表面上对你表示同情，内心也许会怀疑你想请他帮忙。你刚开口，他就设了防，使你无法久谈。所以，最恰当的方法还是：无论你得意还是失意，都不要忘形。不必对人轻言，遇到知己的同事再作倾诉。对方心情不同，你也应给予不同的交谈，相信定会密切同事间的关系。

与不同品性的人说话的技巧

现实生活中，尤其是在职场上，有些人内心方正，有些人内心圆滑，有些人对外方正，有些人对外圆滑。从这个角度考察，人物呈现四种形态：内方外方，内方外圆，内圆外圆，内圆外方。因此，和不同品性的人交往，要用不同的交际之道。

1. 对内方外方的人要诚实委婉

在职场的日常交往中，有些人直来直去，有棱有角，从而不太讨人喜欢。他们往往性太直，情太真，血太热，气太傲。他们往往处世认真，不留余地；做事投入，过于突出；活力四射，难免张扬；才华过人，忘记平衡。内方外方的人，表里如一、秉公立世，是对这些人的美丽评价。“不为五斗米折腰”，是这类人创下的可歌典故。忠心耿耿的屈原、刚直无私的包拯，是这类人的典型代表。

同这种品性的人物交往，一要诚实。内方外方的人不会口蜜腹剑，不会阳奉阴违，是个值得信赖、值得尊重的人物，所以要待之以诚，关心爱护。如果对他们虚伪猜忌，往往会使他们产生强烈反感情绪，并且他们还会把这种不满表现在脸上，使你们之间的心理距离扩大。二要委婉。内方外方的人做事不灵活，言辞不善于变通，往往会使一些人陷入难堪境地，所以和他们交往，要注意婉转。当看到内方外方的人口无遮拦、尖锐抨击时，要采用一个合适的方式转移主题，或者幽上一默，赞扬一句，巧妙地加以引导。内方外方的人是心地纯正、刚直无私的人，不应该因为他们曾经“刺伤”过你，就对他们计较，就对他们发火。

有位内方外方的大作家，在如日中天的时候，接到一位青年的来信。这位青年说，要同他合写一部小说。大作家看后，心中有点生气，他在信中毫无保留地写道：“先生：你怎么如此胆大包天呢？竟然想把一匹高贵的马和一头卑贱的驴子套在同一辆车上。”这位青年灵机一动，在回信的开头写道：“尊敬的阁下：您怎么这样抬举我呢，竟然把我比作马？”在信的后半部分，这位青年将自己的写作特长、潜力，合作的必要性、可行性以及对青年成长的影响等一五一十地写出来。大作家接到信后，哈哈大笑起来，立即回信道：“我的朋友：您很有趣，请把文稿寄过来吧，我很乐意接受您的建议。”

在这个事例中，青年曲解原意，幽默风趣，言辞诚恳，出奇制胜，说服了大作家。

2. 对内方外圆的人要有礼有节

当直来直去会伤害别人自尊心的情况下，当有棱有角会使自己陷入难堪境地的情况下，当方方正正不能达到满意效果的情况下，有些人会采用圆滑变通的策略。明明是正确的，应该义无反顾地坚持，但因为坚持的阻力太大，就违心地装聋作哑；明明是错误的，应该理直气壮地驳斥，但为了一己私利，就压抑着默不作声。这些人，就是内方外圆的人。他们洁身自好，处世练达，谨小慎微，既有原则性，又有灵活性。因为聪明强干，而又锋芒不露，喜怒不形于色，在复杂的人际、利益关系中，亦往往游刃有余。在大厦将倾之际，内方外圆的人会和内方外方的人共同构成支撑濒危建筑的梁柱。洞明世事的诸葛亮、谦虚自律的曾国藩，是这类人物的典型代表。

同这种品性的人物交往，一要有礼有理。内方外圆的人虽然表面随和，但内心却是厌恶粗鲁，仇视邪恶，无礼无理的人是不能和这类人结为至交的。如果想缩短同这类人的心理距离，就必须表现出你的积极、健康、向上的交往心态。耻于见人、低三下四的言行举止，尽量在这些人面前少出现，如此，才能得到这类人物的认同。二要有节有度。内方外圆的人，即使对他人相当反感，也不会把不满情绪表现在脸上，他表面上对你很友好，但他的内心究竟如何却使你捉摸不透。因此，同他们交往，要讲究分寸，把握适度，不要因为他的脸上挂着微笑，就得寸进尺，忘乎所以。

一位富有的华侨雷先生，想到贫穷落后的故乡考察办厂。接待他的王乡长非常热情，先是请他到酒店小聚，雷先生抹不过面子，只好“入乡随俗”了。但雷先生不擅饮酒，几杯下去，就面红脖粗，摇头拒饮了。可是王乡长为表达自己的“地主之谊”，哪能不让其喝足呢？于是说尽好词，劝其“再进”、“再进”一杯酒。雷先生不忘自己的谦谦君子风范，就勉强地多喝了几杯。酒后，王乡长为表达自己的“好客之情”，力邀雷先生“OK”一番，本来雷先生不喜欢唱歌，但为了不伤及王乡长的自尊心，便陪着他折腾了一个晚上。第二天，雷先生留下了1000元钱，用以支付昨天的招待费，便离开了这块贫瘠的家园。王乡长非常纳闷，雷先生一直兴致勃勃，为什么会突然离开呢？唉！

王乡长不明白雷先生的特点：内心方正，看不惯王乡长的强人所难，看不惯王乡长浪费时间；对外却又圆通，不去当面指责，不丢自己风度。如果王乡长在接待雷先生一事上有礼有节，恰到好处，那结果又会怎样呢？

3. 对内圆外圆的人要有板有眼

生活中，有些人长于研究“人事”，偏重于个人私利，该低的头就低，该烧的香就烧，该拉的关系就拉，该糊涂的事就糊涂，该下手时就下手。

不但为人处世圆滑老到，而且内心对自己并无什么约束、戒律，很少去追问人生真正的意义。他们遇到好事、露脸的事、有利的事，就去抢；遇到坏事、无名的事、无利的事，就去推。这种品性的人物，便是内圆外圆的人。内圆外圆的人一般不会同情弱者，救济穷人，甚至为了私利，还会算计人，歪曲人。这种人的代表，当属一些市井无赖，街头小人。由于他们缺少顶天立地的气概，所以一般不会成大器。

同这种品性的人交往，要有板有眼。由于他们内心深处，并无什么必须遵守的做人原则，所以，可能干出表面华丽亮堂，实则损人利己的伎俩。对他们的不当做法，应该明确指正，不要因为太爱面子，便不好意思将实情说出口，使自己受委屈。另外，与内圆外圆的人合作，要有所保留，有所提防，不要过于相信他们。内圆外圆的人非常清楚自己的缺点，所以也害怕别人不讲义气，不守诺言。

某公司的陈晓，是典型的内圆外圆的人。有一件事就很能够说明这个问题。某同事到外地出差，他笑嘻嘻地请这位同事给他捎带某某商品。等到同事把买来的商品送到他手上后，陈晓却恰到好处地忘记给钱。过了十天半月，陈晓非常严肃地、跟没事人似的问道："我给你钱了吧？你可别不好意思。"谁能为百八十块钱儿跟他认真呢？这样，陈晓就白白赚了同事一个小便宜，他为自己略施小计获得成功高兴不已。

在这个事例中，陈晓抓住了人们的弱点，去获取个人的私利。对此，陈晓的同事不应该不把实情说出口，他应该明确指出陈晓确实没有给钱。如此的话，既不会使自己受到损失，也不会得罪陈晓这个人。

4. 对内圆外方的人要灵活变通

有些人张口是人民利益，闭口是党纪国法，但骨子里装的却是男盗女娼、个人私利。他们在台上慷慨激昂，俨然一副正人君子模样，台下却干些乌七八糟、见不得人的丑事。这种人在领导眼前、群众面前浑身都是一派正气，但自己心里却非常清楚自己是一个什么样的人物。这样品性的人，便是内圆外方的人。因为搞言行两张皮，玩弄两面术，所以极具欺惑性。生活大舞台上，有许多出色的“演员”，或披着华丽外衣的恶人，都是这种内圆外方的典型代表。他们很会包装自己，如果剥开这层包装，就会原形毕露。“金玉其外，败絮其中”，是给他们的恰如其分的评价。

同这种品性的人交往，要灵活变通。由于他们嘴上一套，心里一套，所以和他们打交道，既不能不听他们说的，又不能完全相信他们说的。如何交往，运用什么策略，采用什么方式，说出什么内容，要根据当时情况灵活变通，切不可被他们的“精彩论述”迷住了双眼，进入了死胡同。与这类人交往，首要的任务是根据各个方面的信息，分析出他的真实内心，然后再对症下药，巧妙引导。如此的话，就能够把他们带到正确的交往轨道上来。

李元想在出国留学之前和恋人小薛办理结婚登记手续，可是接待他们的民政局婚姻登记处严主任说：“李元啊，你离登记年龄还差两个月呀！法律有规定，别说差两个月，就是差两个小时都不行。”没办法，两个人一脸惆怅地回到家里，闻听此事的他家邻居、在公安局上班的迟科长说：“身份证上也没有精确到出生时辰呀，怎么会差两个小时都不行呢？这个严主任定是个口是心非的人。按照我们地方规定，像你们这种情况，是应该予以照顾的。这样吧，明天你们再去一趟，就说你的叔叔、民政局李局长的同学、公安局迟科长说严主任神通广大，体恤民情，会积极争取领导支持，给一个照顾指标的。”第二天，这种说法果然发生了效力。严主任沉思了半天，对他俩说：“昨天下午，我们才接到上级文件，情况特殊的青年男女应该予以照顾。这样吧，你们填一下登记表格。”事情就这样顺利办好了。

这位严主任是个典型的内圆外方品性的人。他表面上把自己装扮成一个道貌岸然、不循私情的人物，肚子里却装满了大鬼小鬼，为树“形象”，假话连篇。李元两人根据迟科长的提示，做了一下变通，从而使问题得到解决。我们社会要想健康发展，就应该坚决勿使严主任这样的人物担当重任。但若你真遇上这类人物，说话千万要灵活变通。

第二节　职场沟通交流技巧

积极与上司沟通

即使你的工作完成得很好，你的业绩也不错，但你的上司仍有可能不喜欢你。那是因为你只知道埋头做自己的工作，却不注意和上司沟通，没有关注上司怎么看你。所以，不管你是什么样的职员，都要知道怎样让你的上司喜欢你、器重你、提拔你。想要获得这样的效果，你至少要注意和上司的沟通交流，具体可依照下面提供的建议去做：

1. 主动报告你的工作进度

上司的心中往往有些疑虑：下属每天好像都很忙，但又不知道他们在忙些什么，又不好意思经常去问。因而，做下属的一定要主动报告自己的工作进度，让上司放心，不要等事情做完了再讲。有时小小的一点错误，发展到后面就会变得很大，所以最好早早地向上司汇报你的工作进度，一旦有错误，他可以及时地纠正你，避免犯大错误。

作为一个下属，你有多少次主动向上司报告你的工作进度？须知，经常地向上司报告，让上司知道你的工作进度，让他放心，才能让他继而对你产生好感。对上司来说，管理学上有句名言：下属对我们的报告永远少于我们的期望。可见，上司都是希望从下属那里得到更多的报告。因此，做下属的越早养成这个习惯越好，上司一定会喜欢你向他报告的。

2. 回答上司的询问时要做到问必答、答必详

许多员工在回答上司问题时不太注意回答方式，一些回答方式可能让上司暗地里觉得受不了。“张小姐，昨天下午说过的那个报表今天一定要交给我。”“知——道——了，老——总，你没看到我在写吗?”如果下属这样子回答上司的问题，上司可能当时不说，但一定会非常的不喜欢。也许就因为那天你的言语让他不舒服，导致他对你心生厌恶。

如果上司问你话，一定要有问必答，最好还是问一句，答三句，让上司清楚地了解情况。你回答的比上司问的要多，可以让上司放心；若你回答的比上司的问话还要少，则会让上司忧虑，这不是一个聪明员工的做法。

回答上司的问题时，有一件小事不能随便。上司进来问我们话时，我们立即站起来回答是基本的礼貌，很多人没有这种习惯，上司问话时依然“稳坐钓鱼台”。这一点，日本的公司员工做得很到位。日本上司在问下属问题时，下属通通都是马上站起来回答。通常我们中国的员工对上司讲话不够礼貌，更不要说有问必答而且清清楚楚了。这虽然是个小细节，但想要让上司喜欢你、满意你，在这上面还是不能随便的。

3. 学习上司的能力，了解上司的语言

做下属的，脑筋要转得快，要跟得上上司的思维。

他能有资格当你的上司，肯定有他自己的一套方法，有比你厉害的地方。因此，你不仅要努力地学习知识技能，还要向你的上司学习，这样才会听得懂上司的言语。当他说出一句话时，你能知道他的下一句话要讲什么吗？这就需要你知道他的言语，能够跟得上他的思维。若不努力地学习上司的优点，那当你的上司已想到十年之后的发展宏图，你才看到下个月的计划时，你跟他的差距就会越来越大，此时，想要他重用你、提拔你是不可能的事情。

不想当将军的士兵不是好士兵。做下属的有想超越他上司的想法，是非常可贵的。员工想要超越自己的老板却并非易事。想要超越自己的老板，首先要学会老板的本事，然后再谈超越。你若连老板的那一套都没有

学会，何谈超越呢？因此，一名优秀的员工要不断地学习，学习你的上司，不断充实自己，才会提升自己，获得上司的赏识和提拔。

4. 对自己的工作主动提出改善意见

这是最难做到的事情。如果你的上司说："各位，我们来研究一下工作流程是否可以改善一下？"严格说来，这样的话，不应该由你的上司来讲，而应该由你说出。所以每过一段时间，你应该想一下，工作流程有没有改善的可能？如果你是你所干工作的专才，而你的上司不是，却由他提出了改善计划，想出了改善办法的话，你应该感到羞愧。

你敢说你的工作流程都很完善吗？事实上，任何一个工作流程都不是十全十美的，都有改善的可能。最糟糕的是，大家都无所谓，安于现状，不对它进行改善。一个组织没有进步，是工作没有起色的重要原因。大家都不想改善，而你却做到了，你就同他人不一样，上司也会喜欢你、看重你。

职场说话怎样八面玲珑

有些人在与自己同等级、同层次的人讲话时，表现比较正常，行为举止都会比较自然、大方。但是，在与比自己地位高的人交往时，就可能感到紧张，表现比较拘谨，并且自卑感强；相反，在与社会地位低于自己的人讲话时，就会表现得比较自如、自信，甚至比较放肆。

有些人在自己的上级面前从不敢"妄言"，在同一科室也不多说话，可是在自己的下级或所管班组面前讲话时，则落落大方，侃侃而谈。有的则在一般人面前总是摆出一副能者的架势，可是一见到权威就显得十分驯服和虔诚。

下级在发表评论时，应当善于掌握分寸。点个头、摇个头都会被人看作是对上级的"指示"接受或拒绝，所以，轻易的表态或过于绝对的评价都容易失误。

那么，怎样把这些关系摆正，把话说得完美无缺呢？

如上级认为下级的汇报中有什么不妥，表达更要谨慎，尽可能采用劝告或建议性的措词："这个问题能不能有别的看法，例如……""不过，这是我个人的意见，你们可以参考。""建议你们看看最近到的一份材料，看看有什么启发？"这些话，起了一种启发作用，主动权仍在下级手中，对方容易接受。

下级对上级说话，则要避免采用过分胆小、拘谨、谦恭、服从，甚至唯唯诺诺的态度讲话，改变诚惶诚恐的心理状态，而要活泼、大胆和自信。下级跟上级说话，成功与否，不只影响上级对你的观感，有时甚至会影响你的工作晋升和前途。

跟上级说话，要尊重，要慎重，但不能一味附和。"抬轿子"、"吹喇叭"，等等，只会有失自己的人格，却得不到重视与尊敬，很可能引起上级的反感和轻视。假如要抬举上级，一定要掌握火候，我们都知道，中国人爱面子，尤其是官场某些领导，把面子看得尤为重要。他们很注重下属对自己的态度，往往以此作为检验下属对他尊重不尊重、会不会办事的一个重要标准。从历史上看，因不识时务、不会看领导脸色行事而触了霉头的人不在少数，其中，也包括一些忠心耿耿的人，如战国时的伍子胥、三国时的许攸都是因为"冲撞"领导而遭杀头的。现实中一些人有意无意地给领导丢面子、损害领导的权威、常常刺伤领导的自尊心的也大有人在，因而也常常遭到穿小鞋受冷落的报复。

其实，这不能全怪领导，即使宽容的领导也希望下属维护他的面子和权威，而对刺激他的人感到不舒服、不顺眼。唐太宗李世民是以善于纳谏著称的明君，但也曾因魏征当面指责他而感到生气。

一次，他在宴请群臣后，酒后吐真言，对长孙无忌说："魏征以前在李建成手下共事，尽心尽力，当时确实可恶。我不计前嫌地提拔任用他，直到今日，可以说无愧于后人。但是，魏征每次劝谏我，当不赞同我的意见时，我说话他就默然不应。他这样做未免太没礼貌了吧？"长孙无忌劝道："臣子认为事不可行，才进行劝谏；如果不赞成而附和，恐怕给陛下造成其事可行的印象。”太宗不以为然地说：“他可以当时随声附和一下，然后再找机会陈说劝谏嘛！这样做，君臣双方不就都有面子了吗?”

唐太宗的这番话流露出他对尊严、面子和虚荣的关注，反映了领导者的共同心理。

面子和权威之所以如此重要，根本原因在于他们把面子与领导的能力、水平、权威性密切挂钩。一位牌技不高的科长在同下属打扑克时，常因输得一败涂地而对玩牌的人破口大骂，很明显地暴露出对下属“手下不留情”的不满。渐渐地，下属们不再同他一起打扑克，怕刺伤科长的自尊心。其实像这位科长一样小心眼的领导者在生活中比比皆是，可谓防不胜防。所以平时娱乐时，一些人不喜欢和领导在一起，这方面的因素无疑是个主要原因。

常言说：“官大一级压死人。”无论哪一级的领导，都比较讲究面子，对自己的威信也十分重视，对下属说的话也十分在意。

与上级领导进行交谈，常常会遇到一些难以处理的问题，这时候应该权衡利弊。权衡利弊不是当老好人，而是能把话说得委婉一点。这样既能保住领导面子，又不致得罪领导，这种办法春秋时的优孟使用得很好。

俗话说，人在屋檐下，不能不低头。得罪领导与得罪同事不一样，轻者会被领导批评或者大骂一番；若遇上素质不高、心胸狭窄的人可能会打击报复，暗地里给你穿小鞋，严重者甚至会一辈子压制一个人的发展。杨雄在《法言·修身》中谈到“四轻”的危害时讲“言轻则招忧，行轻则招辜”，从与领导相处的角度讲，不慎言笃行，一旦冲撞了领导，就会影响你的进步和发展。所以，为维护领导的权威，我们必须做到以下几点。

1. 领导理亏时，给他留个台阶下

常言道：得饶人处且饶人，退一步海阔天空。对领导更应这样。领导并不总是正确的，但领导又都希望自己的所作所为是正确的。所以，没有必要凡事都与领导争个孰是孰非，给领导留个台阶下，维护领导的面子对你以后跟领导办事会大有益处。

2. 领导有错时，不要当众纠正

如果错误不明显无关大局，其他人也没发现，不妨装聋作哑。如果领导的错误明显，确有纠正的必要，最好寻找一种能使领导意识到而不让其他人发现的方式纠正，让人感觉领导自己发现了错误而不是由下属指出的，如一个眼神、一个手势，甚至一声咳嗽都可能解决问题。

3. 百保不如一争

会办事的下属并不是消极地给领导保留面子，而是在一些关键时候或“露脸”的时刻给领导争面子，给领导锦上添花，多增光彩，取得领导的赏识。

“东北王”张作霖在一次给日本“友人”题词时由于笔误，把“张作霖手墨”的“墨”字写成了黑，有人说：“大帅，缺个土。”正当张作霖一脸窘相时，另一个人却大喝一声：“混蛋，你懂什么！这叫‘寸土不让’！大帅能轻而易举地将‘土’拱手送给别人吗?”

一句话既保住了张作霖面子，又恰到好处地在上司面前露了一手，结果，这人后来成了张作霖离不了的得力助手。

现代社会流行这样一句话，你以为你是谁？这话很有道理。你与领导发生矛盾或者发现领导有某种毛病时，一定要先想到自己的地位和身份。

在保持独立人格的前提下，你应采取不卑不亢的态度。在必要的场合，你也不必害怕表达自己的不同观点，只要你从工作出发，摆事实，讲道理，领导一般会予以考虑的。

再说上级的个性你应该多了解一些。上级固然是领导，但他首先是一个人。作为一个人，他有他的性格、爱好，也有他的语言习惯等。如有些领导性格爽快、干脆，有些领导则沉默寡言，事事多加思考，你必须了解清楚，不要认为这是“迎合”，这正是运用心理学的一种学问。此外，与上级谈话还要选择有利时机。

上级一天到晚要考虑的问题很多。所以，假若是个人琐事，就不要在他埋头处理大事时去打扰他。你应该根据自己的问题重要与否，去选择适当时机反映。

向上级汇报工作的窍门

作为上司来说，判断其下属是否尊重他的一个重要的因素，就是下属是否经常向他请示汇报工作。心胸宽广的上司对于下属懒于或因忽视而很少向其汇报工作也许不太计较，甚至会好心地认为也许是下属工作太忙，没有时间汇报；也许是认为本来就是他们职责内的事，没必要汇报；或者是这段时间心情不好，他们不敢来汇报等。但对于怀疑型的上司来说，如果出现这种情况，他就会作出各种猜测：下属是否在这段时间内偷懒，没有完成工作；下属是不是根本就没把他这个领导放在眼里；下属是不是想给他的上司打“小报告”，等等。对于这种上司，下属应该勤于汇报工作，哪怕你只是完成了整个工作的一小部分。如果不经常请示汇报工作，还会埋没你的成绩；经常请示汇报工作，让上司知道你干了什么，效果如何，这样还可以显示出你对他的尊重，让他有当领导的感觉。如果遇到困难和麻烦，上司还可在人力物力上支持你，比你闷着头干要强上千百倍。

向上司汇报工作时要塑造一种谦虚谨慎、不骄不躁的形象和风格。在语气上，不卑不亢，要用平缓的语气，应避免慷慨激昂。汇报之前，先动手拟好汇报的主要内容，不能太简单，也不能太啰嗦，关键的是要说到点子上。没有哪一个上司会喜欢啰哩啰嗦而又政绩平平的汇报者。汇报有时采用书面汇报，有时采取口头汇报。无论采用什么样的汇报方式，汇报的书面材料一定要准备好，即使是口头汇报，在汇报过后，将一份书面报告交给他，他会感到你这个人工作认真，而且有条理性。任何一个上司，都不可能只听汇报而一言不发。有的上司在你汇报工作时，喜欢向你提问，从而打断你的汇报。这时你应停下来，耐心地回答上司的提问，不要认为工作没汇报完，失去表现的机会，上司插问，也是对你重视的一种表现。须知，你面对的是上司，而不是你的下属。你耐心地回答了上司的提问，然后再巧妙地接上你未汇报完的部分。

下面我们来看一个如何成功地把不利的情况汇报给上司的例子。

市建材公司的冯涛从一个用户那里考察回来后，敲响了经理办公室的门。

“情况怎样?”经理劈头就朝冯涛问道。

冯涛坐定后，并不急于回答经理的问话，显得有些心事重重的样子。因为他十分了解经理的脾气，如果直接地将不利的情况汇报给他，经理肯定会不高兴，搞不好还会认为自己工作不力。经理见冯涛的样子，已经猜出了肯定是对公司不利的情况，于是改用了另一种方式问道：“情况糟到什么程度，有没有挽救的可能?”

“有!”这回冯涛回答得倒是十分的干脆。

“那谈谈你的看法吧!”

冯涛这才把他考察到的情况汇报给经理：“我这次下去了解到，客户之所以不用我们厂的产品，主要是因为他们已经答应从另一个乡镇建材厂进货。”

“竟有这样的事！那你怎么看呢?”

“我想是这样的。我们公司的产品应该比乡镇企业的产品有优势，我们的产品不但质量好而且价格还很公道，在该省已经具有了一定的知名度。”

“就是，一个小小的乡镇企业怎么能和我们相比呢?”经理打断了冯涛的汇报。

“所以说，我们肯定能变不利为有利。最重要的是，当地的建筑公司，多年来一直使用我们公司的建材，我们有很好的合作基础，这是我们的优势所在。但该客户答应与那个乡镇企业订货，主要是因为那个乡镇企业距离他们较近，而且可以送货上门。这一点，我们不如那家乡镇企业，我们可以直接到每个乡镇去走访，在每个乡镇找一个代理商，这样问题就解决了。”

“小冯，你想得真周到，不但找到了症结所在，还想出了解决的办法，要是公司里的员工都像你这样有责任心就好了。”

“经理过奖了，为公司分忧，是我的责任。经理您工作忙，我就不打扰您了。”

不久，冯涛被调到了销售科，专门从事产品营销，公司的建材销量节节上升，冯涛也越来越受到重视，很快成了公司的骨干。

另外，向领导汇报工作时，还要选准时机，不要选择领导比较忙的时候汇报工作。因为那时他会因忙于其他他认为更重要的工作而没有耐心去听你的汇报，还会认为你这个人讨厌，不会选时机。更不要选择他心情不好的时候去汇报工作，那时候，你就有成为“撒气筒”的可能，工作没汇报成，反讨一顿骂，反而不美了。

让上司乐于接受你的批评

每个人都喜欢听赞美的话，大多数人都不喜欢被批评尤其是当众批评，更何况是你的上司呢？那么，如果你的上司真的有错，如何才能让他既接受你的批评，又能保全你自己呢？这需要一些技巧。

1. 以提醒代替批评

生活中，我们常会遇到这样的上司，他曾与某个客户约好了中午吃饭，可自己却忘记了，他反过来责怪下属没有提醒他；再如，本来是上司自己将你整理好并已交给他的文件放在一边，忘了翻阅和签字，当有关部门追要时，他反而质问你为何不提醒他或早点给他。若遇到了这样的事，你会非常气愤，明明不关你的事，上司却滥用职权，将责任推到你身上。

如果你的上司三番五次犯同样错误的话，你应以提醒代替批评，且不能因为太气愤而反唇直辩或直指其非。因为你的上司碍于面子，不愿承认自己的错误，所以你不能点破，不能拿自己的前途开玩笑。你每天像很关心上司似的提醒他有个约会，或是有份文件还没签。在你故意提醒下，你的上司为了免得再忘记，就会主动把该做的事情做好。这样一来，每件事情都会做得井井有条，既顾全了上司的自尊，同时也让他觉着你的重要。

2. 以关心体谅代替批评

不是说“旁观者清吗”？如果身为旁观者的你只看到上司的缺点，却无法看到自己的错误和过失，就会造成上下关系的紧张。因此，你虽以旁观者的身份看清了上司的缺点，但不妨站在旁观者的立场上看看自己是否也有过这样的错误，那么你在批评上司的时候，就可以设身处地地为他考虑，他为什么要那样做？也许他可能有种种的苦衷，就同你一样。那么对于一些小错误，你应以关心体谅代替批评，这样你的上司更容易接受，同时对你会心存感激。

3. 私下批评

每个人都喜欢听赞美的话，如果这种话是当众听到的，他就会更加觉得有面子。大多数人都不喜欢被批评，尤其是当众批评他的错误。所以，有关批评的话要私下说，这样既顾全了上司的面子，又有利于你本身的形象。另外，还要注意批评的语气，人们常说，“吃软不吃硬”，所以，用委婉的语气批评更能让人接受。

4. 把对领导的批评隐藏在玩笑背后

一般说来，对人进行说服、劝导，应当正面说理，严肃认真；但从人的心理角度考虑，那些固执己见的人，往往不容易接受正面直言劝导。如果同他争辩，更易弄得面红耳赤，不欢而散。

海外某公司的待遇很差，职工苦不堪言。公司领导之所以不肯改善职员的待遇，是因为他认为下级职员是庸才，对公司不够忠心，工作不努力，而且多数人兼职。当有人拿其他同性质的公司作对比时，该领导说，他们公司的职员都是正途出身，不像我的下属是杂牌军。

有一天，该领导的一位高级职员针对公司近来迟到人数逐渐增多这一现象对他说："初级职员简直没法到公司办事。"领导问："道理何在?"这位高级职员说："坐人力车吧，觉得车费太贵；坐电车吧，又苦于挤不上去。而且每月所出的电车费，也不胜负担，让他们如何能解决这个问题?"高级职员叹了口气，一副毫无办法的样子。

领导接着说："以步当车，一文不费，而且可以借此运动身体，不是好办法吗?"

高级职员摇了摇头："不行，鞋袜走破了，他们买不起新的。我倒有一个办法，希望领导出一个布告，提倡赤足运动，号召大家赤脚走路上班，这个问题不就解决了么？谁让他们命运太坏，生在这个时候？谁让他们不去想发财的门路，却当苦命的职员！他们坐不起电车、人力车，也不能鞋袜整齐地到公司上班，都是活该！"他一面说，一面笑，说得公司领导也不好意思起来，只好同意改善一下部属的待遇。

在这里，该公司的高级职员批评领导的方法就是"嬉笑怒骂"。他用责备下属的语气，尽情表露他们的苦衷，用反面的方式表达正面意思：公司待遇太低。在语气上是嬉笑，实质上是怒骂，是批评。由于比较委婉，不伤对方面子，对方容易听进去，一旦觉悟到自己的过失，就容易接受劝告，改变行为。

嬉笑怒骂的程度要适可而止，不能太露骨，不能使对方感到太刺激，因为对方若感到刺激过分，往往会产生反感或气愤，这样，批评劝导就会失败。

成功说服上司的技巧

在公司的具体工作中常常遇到这种局面，上司会经常因为没有预先了解工作中的困难或者对遇到的问题估计不足，因而对自己的下属提出一些“不可能完成的任务和目标”。同时，由此也形成了一份不合实际的项目可行性报告（合同），将时间进度计划表等反馈给客户。客户和上级自然用这份计划表跟踪和评估整个项目的进展。遇到这种情况，会使员工感到无所适从，因为你如果拒绝上司的任务或者工作目标，上司会认为你的能力有问题，或者认为你将情绪带到工作中。但是，如果你接受的话，往往使自己更加尴尬，心里有话憋着也不舒服。

作为下级面对上司一些“不合理的要求和目标”，一定要调整好心态，抱着解决问题的方式，与上级就工作展开交流沟通，并适时地提出自己的解决方案，最终你可解决问题。

当然，由于彼此工作职务的差异，下属说服上司必然不同于说服下级或同事。只有采取合适的方法和恰当的技巧，才能收到预期的说服效果。为了更有效地说服，在说服前自己对整个事件需准备一套或几套完整可行的解决方案和准确的数据。针对具体实际问题，多陈述事实材料和数据，让事实出来说话，然后对其进行提醒和说服，进而达到说服效果。这既是对工作尽职尽责、兢兢业业的表现，又是对上司的爱护。

1. 成功说服从精心准备开始

通常情况下，上司欣赏工作准备细心充分、做事井然有序的下属。同样，当你想说服上司的时候，他们同样希望看到一位有备而来的下属，这样可以深入地说实质性问题以便进行了解和沟通，发现问题并能及时解决问题。因此，下属在说服前，应详尽完整地把握事态和相应数据，分析问题，尽量避免出现含糊不清或想当然的想法。同时，下属在考虑可能性的前提下，提出一套或几套应对措施和方案，一方面可以向上司表明你在解决此问题上的立场和决心。通常，理性的立场和决心有利于说服对方。另一方面也可以说明你对此问题已经深思熟虑，从而增加了上司对你工作的信任感。

一个说服力强的方案包含项目介绍、工作任务、工作汇报、问题反映及可能的后果、原因分析、解决和改进的手段和措施等。方案应在充分尊重事实的基础上，重点是通过详细的材料和数据阐述问题的原因和可能导致的后果，然后从问题原因中阐述出自己（团队）的各种解决措施，从而根本上分析并解决问题，获得上司的认可。

2. 寻找合适的时机

现代心理学研究表明，人的心境和情绪决定人的情商，情商制约着实时的思维模式。于是，心境和情绪的不一样，对不同意见的认可接受程度也不一样。说服上司，要善于把握他们心境愉悦、情绪高涨的最佳时机。假如，一项艰巨工作任务圆满完结时，他们心情愉快时，取得好成绩，受到肯定时，等等。此刻，上司易于听进不同意见，哪怕否定的意见，也易于笑纳和认同。与此相反，当他们心情低落、郁闷、工作遇到困难而无良策时，最好不要进言；而选择在其他时候进言，成功率就很高。

3. 学会积极寻求上级帮助

人们通常在想，如果上司就是我们项目组的成员，那该有多好啊。这样他就能清楚明白项目的进展和困难，从而改变起初的任务目标，但这种现象通常是不成立的。不成立并不代表不存在，先准备整套项目的现状材料和备用方案去找上级帮忙是使其成为临时“组员”有效方式。届时，上级非常乐意帮助有准备的下属，共同探讨如何解决问题和化解矛盾，使其自然而然地进入组员状态，体会整个项目情况。此时他们会认真考虑任何组员的建议和想法，然后亮出自己准备的方案顺水推舟从而达到说服的目的。在此过程中，通常只要陈述了自己的看法，对方就会评判，并以自认为恰当的方式予以接受。

总之，每位员工必须能够运用语言和数据等交流工具，善用解决方案向上司表述自己关于工作的现状和存在问题的看法，并且表述的结果使对方认同和支持与自己一致的观点。说服上司要求对于交谈的对象有较好的把握，能够通过实际详细材料和具体资料有理有据地提出自己深入的观点；另外，在表达的方法态度上，注意表达的方式，一般来说，诚恳和坚定的态度都有助于说服对方。在实际工作中，每个员工都必然面对着一系列纷繁复杂的矛盾和问题，以及盘根错节的人际关系。下属善于通过解决方案说服上司，完成工作任务，具有举足轻重的作用。

拍马不惊马的说话技巧

所谓“拍马”，词典解释说：“拍马：拍马屁，指奉承人家的意思。”拍马的手法有许多种，最常见的有明拍或暗拍。从古至今，奉承话人人会说，且大都说过，换句话说，人人都做过某种奉承拍马的事情，但如何做到“拍马不惊马”，是很不容易的事。在这方面，史上最成功的范例中，安禄山是其中典型的一例。

安禄山生于营州柳城（今辽宁朝阳）杂胡。母亲是突厥人。他通晓边境多种民族语言，早年为各族交易时的牙郎（经纪人）。幽州节度使张守圭因他骁勇多智，收为养子。他任平卢马使时，重金贿买朝廷使臣，博得唐玄宗的欢心，逐年提升，后掌握了今河北、辽宁西部、山西一带的军政、财政大权。

安禄山拍马有术，他最擅长的是以献媚取悦于人。他第一次朝见唐玄宗，当时太子李亨在旁，他故意不拜，殿前侍士喝叱他：“禄山见了殿下，为什么不拜?”

他佯装不懂，问道：“殿下是什么称号?”

玄宗笑道：“殿下就是皇太子。”

他说：“臣不懂得朝廷礼仪、制度，皇太子究竟是什么官职?”

玄宗解释说：“朕百年之后，将帝位交给他，所以叫作太子。”

这时，他才恍然大悟地拜道：“愚臣心中只知有陛下，不知有皇太子，罪该万死!”玄宗还以为他忠诚老实。

唐玄宗在勤政殿大宴亲信大臣，安禄山也赐坐金鸡幛内，与杨贵妃及杨氏三姨在侍饮。酒席之间，管笛声声，琵琶悠扬。安禄山见美人在侧，秋水横波，桃花晕颊，不觉心生遐想，肢痒起来，起身离座，请以胡旋舞献丑。

唐玄宗笑道：“卿身体颇丰肥，也能转吗?”

安禄山当即走到空地，盘旋起来。起初很慢，后越转越快，竟像只不停旋转的陀螺。

唐玄宗连声叫好，指着他的大肚皮问：“腹中装了什么东西，如此庞大?”

安禄山随口奏道：“只有忠于皇上的一颗红心!”

唐玄宗听了，更像喝了蜜，说不出有多甜。还命杨贵妃的兄弟姊妹，与其结为异姓兄弟姊妹。

唐玄宗爱到极处，情不自禁地称呼安禄山是禄儿。他马上凑趣，到杨贵妃面前，屈膝下拜道：“臣儿愿母妃千岁。”

唐玄宗笑道：“禄儿，你的礼节错了，天下岂有先母后父的道理?”

他忙转身叩拜玄宗道：“胡人不知礼仪，向来先母后父，臣依旧习惯，就忘了天朝礼仪了。”

唐玄宗对杨贵妃说：“从这点看出他为人的诚恳朴实。”

唐玄宗被安禄山迷得晕昏昏，不仅给安禄山封王封侯，还在京城大兴土木，为他修筑豪宅。

安禄山洞悉长安朝政腐败、禁军虚弱的内情，又因与宰相杨国忠争权，于天宝四年（公元755年）十一月，以讨伐杨国忠为名，自范阳起兵着手叛乱，史称“安史之乱”。历时七年又两月的安史之乱，使大唐从此由强盛转向衰弱。

这是一个“明拍”的例子。骆宾王在声讨武则天的檄文中有两句话，也可作对安禄山这类居心叵测的人的生动写照：“入门见嫉，蛾眉不肯让人；掩袖工谗，狐媚偏能惑主。”人们最容易在甜言蜜语上栽跟头。凡是对着牧人羊群夸赞羊肥美的，可能就是流着涎水的恶狼。

我们再看一个现代的例子：

江明，毕业于一个并不太有名的大学，但他供职的那个企业却有名得很。企业里人才济济，江明在众多能兵强将里实在不能算是才华出众。可是，他到公司不出两年就担任了财务主管一职。

很多同事对江明的青云直上百思不得其解。首先，大家都认为他业绩平平；其次，大家都知道他性格内向、不善言辞，并不是那种见风使舵、善于拍马屁之人；其三，据好事人调查，他既没有什么过硬的关系做后盾，也从不参与拉帮结派。

因此，大家都觉得一个如此表现平平的年轻人，实在是没有理由得到老板的器重，并不断获得提拔。

终于有人看透了其中的奥妙：原来江明到任后，既缺乏实际工作经验，又因为性格等种种原因而不被主管看重。但江明却真正是个敬业爱业的年轻人，为了尽快熟悉业务，单身的他经常加班到深夜。

集团公司老板有个习惯，就是在空闲时喜欢到各部门转转看看。一天，已是夜深人静，而江明仍在办公室里学习软件的使用。

刚开完会的老板悄悄地来到了他的身后，这时，一张相框里的照片吸引了他的注意力。照片上是他和眼前这位小伙子的合影！

可是仔细端详，就能发现那不过是一张电脑合成照片。面对老板不解的目光，江明解释说很自豪能够成为本公司的员工，就连父母都为自己感到骄傲，非常想和杨总合个影，但觉得这是奢望，于是就……

老板在询问了一些他的姓名、学历、专业、老家、入职后感受之类的话后，又把那张合影端详了一下就离开了。

不久，老板就指示财务部负责人抽调江明到一个子公司做财务主管。江明自然不会错过这样一个既能够锻炼自己，又能积累经验的绝好机会。当然他也不放过每一次回总部向老板汇报工作情况的机会。就这样，步步为营加上他的勤奋，在老板的直接提携下，他有了今天的成就。

机会要等待，要把握，更要创造。老板也是人，也需要获得成就感与满足感。赤裸裸的赞美他听得多，这种含蓄而又纯朴的马屁却往往最令人无法抗拒。如果太做作，心知肚明的老板只怕会认为你是一个马屁精。这无疑是东施笑颦。会不会“偷鸡不成反蚀把米”呢？那要看你老板的品位高低和你的运气了。

取悦于人，就是取得别人的喜欢或讨好他人。前者，似乎谁都愿意去那么做，让别人喜欢自己，有什么不好呢？后者，即含有贬义，因为讨好他人，就意味着为取得别人的称赞，要迎合他人，而迎合似乎包含着虚伪的成分——要故意使自己的言语、举动适合他人的心意。但无论怎么说，这两者所能达到的效果可能是非常接近的，大多数的人，都喜欢与自己相投、相合的人交往，也喜欢他人的恭维、迎合、赞美。对与自己的意见不同或反对自己的人，往往会不高兴或耿耿于怀，有的则怀恨在心。

人人都喜欢喜悦的面孔。

人人都喜欢喜欢自己的人。

人人都愿意自己能欢欢喜喜。

所以商业上有“和气生财”之语，服务业有“笑迎天下客”的话等。

在现实生活中，逢人便说好话，说套话，说吉利喜庆话，已是司空见惯的风气。实际上这也是“拍马不惊马”的普遍化和生活化的表现。鲁迅先生曾讲过一个故事，说任何一个婴儿从他呱呱坠地之时起，就已注定了最后必定死亡。但在小孩做“三朝酒”、“满月宴”、“周岁贺”时，所有的宾客无一例外都只会说些“长命百岁”、“吉庆一生”的祝贺话语，而绝不会说“这孩子老了必死”之类的言词，尽管这“人之必死”所讲乃是千真万确的真理，仍然是不会说的。

事实上，只讲好话、套话、吉庆话，就是现实生活中“拍马不惊马”的典型运用。相信人人对此都不难学会。

办公室的说话忌讳

在办公室闲话少，麻烦也少。下面是常见的不适宜在办公室里说的几种话：

1. 收入是需要回避的敏感话题

很多公司不喜欢职员之间打听薪水，因为同事之间工资往往有不小差别，所以发薪时老板有意单线联系，不公开数额，并叮嘱不让他人知道。同工不同酬是老板常用的手段，用好了，是奖优罚劣的一大法宝，但它是把双刃剑，用不好，就容易促发员工之间的矛盾，而且最终会掉转刀口朝上，矛头直指老板。这当然是他所不想见的，所以对好打听之类的人总是格外防备。

有的人打探别人时喜欢先说出自己的信息，比如先说“我这月工资……奖金……你呢?”如果她比你钱多，她会假装同情，心里却暗自得意；如果她没你多，她就会心理不平衡了，表面上可能是一脸羡慕，私底下往往不服，这时候你就该小心了。背后做小动作的人通常是你开始不设防的人。

首先不做这样的人。其次如果你碰上有这样的同事，最好早做打算，当她把话题往工资上引时，你要尽早打断她，说些别的话题，她就不好意思穷追不舍了。

2. 慎谈公司里的人和事

即便老板和女秘书关系不一般是公开的秘密，你也别插嘴，别人爱怎么说怎么说，你能不听就不听，能溜最好。人事关系最微妙，有人升迁，有人被炒。你不是老板，你不知原委就免开尊口，至于谁是老板的亲戚你知道就得了，犯不上传扬或跟人背后嘀咕。

同样，有些话类似“公司福利不好”、“公司老让加班，不给加班费”……在同事之间，这种话说也白说，因为不是老板，反而传来传去，被人添油加醋，让你连解释的机会都没有。

没有不透风的墙，老话自有道理。今天你和某同事说“小张能力不行，办不成事”，过不了两天话就传小张耳朵里了，你还不知情，就把人得罪了。是人多少有点报复心，不定哪天你被人收拾了，吃亏都不知道为什么。

或者你跟一个要好的同事说说怎么整治老板、如何偷懒之类的小伎俩，万一哪天他晋升了，而且是你的顶头上司，你说你是不是有点尴尬？保不准你走运，成为他的主管，想一想从前说过的话，多少也会有点不自在。早知如此，何必当初。

3. 家庭财产之类的私人秘密不必张扬

不是你不坦率，坦率是要分人和分场合的，从来就没有不分原则的坦率，什么该说什么不该说，心里必须有谱。

就算你刚刚新买了别墅或利用假期去欧洲玩了一趟，也没必要拿到办公室来炫耀。有些快乐，分享的圈子越小越好。被人妒忌的滋味并不好，因为容易招人算计。

无论露富还是哭穷，在办公室里都显得做作，与其讨人嫌，不如知趣一点，不该说的话不说。

4. 在办公室不宜谈私人生活

无论失恋还是热恋，别把情绪带到工作中来，更别把故事带进来。办公室里容易聊天，说起来只图痛快，不看对象，事后往往懊悔不迭。可惜说出口的话泼出去的水，再也收不回来了。

把同事当知己的害处有很多。职场是竞技场，每个人都可能成为你的对手，即便是合作很好的搭档，也可能突然变脸。关于你的事他知道得越多越容易攻击你，你暴露得越多越容易被击中。

比如，你曾告诉她男友跟别人好了，她这时候就有说头：“连老公都不能搞定的人，公司的事情怎么放心交给她。”职场上风云变幻，环境险恶，你不害人，同时也不得不防人。把自己的私域圈起来当成办公室话题的禁区，轻易不让公域场上的人涉足，其实是非常明智的一招，是竞争压力下的自我保护。“己所不欲，勿施于人”，如果你不先开口打听别人的私事，自己的秘密也不易被打听。

千万别聊私人问题，也别议论公司里的是非短长。你以为议论别人没关系，用不了几个来回就能绕到你自己头上，引火烧身，那时再逃跑就显得被动。

5. 别拿现单位和原单位比

无论比出个什么样的高下，老板都不爱听。如果你说："我原来的公司是大牌，那里的管理水平高，工作环境比现在好，效率比这里高……"老板可能会立即拉下脸，讥讽你："那么好，你就回去吧。"即使老板不在场，同事其实也不爱听你回忆昔日荣耀。每个员工对自己供职的公司多少会有心理归属感，贬损公司，员工很容易以为你也在看低他。

就算你说的都是事实，原来公司确实不错，毕竟你现在端的是新家的饭碗，这么不忘旧好总是不近人情。但也别以为喜新厌旧就好，如果你在现老板面前大谈原先老板的不是，情况只会更糟。他觉得你今天能这么议论原先单位，下次就会这么说现在的单位。

6. 不宜大谈人生理想

在办公室里大谈人生理想显然滑稽，打工就安心打工，雄心壮志回去和家人、朋友说。在公司里，要是你没事整天念叨"我要当老板，自己置办产业"，很容易被老板当成敌人，或被同事看作异己。如果你说"在公司我的水平至少够副总"或者"35 岁时我必须干到部门经理"，那你很容易把自己放在同事的对立面上。

因为野心人人都有，但是位子有限。你公开自己的进取心，就等于公开向公司里的同僚挑战。僧多粥少，树大招风，何苦被人处处提防，被同事或上司看成威胁。做人要低姿态一点，是自我保护的好方法。你的价值体现在做多少事上，在该表现时表现，不该表现时就算韬晦一点也没什么不好，能人能在做大事上，而不在大话上。

办公室里是闲话的滋生地。工作间歇，大家很愿意找些话题来放松一会儿，为了不让闲聊入侵私域，最好有意围绕新闻、热点、影视作品谈天，避开个人问题，放得开而且无害。

7. 在办公室不要过分吐露自己的烦恼

有许多爱说、性子直的人，喜欢向同事倾吐苦水。虽然这样的交谈富有人情味，能使你们之间变得友善，但是研究调查指出，只有不到1%的人能够严守秘密。所以，当你的个人危机和失恋、婚外情等发生时，你最好不要到处诉苦，不要把同事的“友善”和“友谊”混为一谈，以免成为办公室的注目焦点，也容易给老板造成问题员工的印象。

在人的生涯中，每个人都会遇到挫折和苦难，但每个人对待问题的方式不同，有的人迎难而上，有的人知难而退，有的人却将苦难带来的愁苦传染给别人，在众人面前条陈辛酸，以获同情。在与同事交际中一味地诉苦会让别人觉得你没魄力、没能力，会失去别人对你的尊重。

8. 办公室里最好不要抬杠

有些人喜欢争论，一定要胜过别人才肯罢休。假如你实在爱好并擅长辩论，那么建议你最好把此项才华留在办公室外去发挥。否则，即使你在口头上胜过对方，但其实是你损害了他的尊严，对方可能从此记恨在心，说不定有一天他就会用某种方式还以颜色。

第三节　求职面试的说话技巧

做自我介绍的要诀

很多人都会经历求职面试这一关，面试有很多说话窍门，运用得好，会让你一举过关。

走进面试考场，你应尽量放松自己，表情自然，面带微笑，给人以真诚、亲切的印象。通常情况下，主考官都会以一句充满感情色彩的客气话，把你引入试题。如“欢迎你应聘我们某某公司，我们期盼你考出好成绩!”这里，你可以微笑着点头致意，也可以说声“谢谢!”

在主考官没有请你就座之前，你不要急于坐下。主考官说过“请坐”之后，你再坐下，挺直身子，目光注视着考官。主考官会很快切入正题：“请你简单谈谈自己的经历和特长。”

这是每个应聘者都应精心准备的内容。开头开得好不好，主要看你怎么回答这个问题。现实招聘面试中，不少求职者回答这一问题时，显得琐碎、啰嗦、没有条理。有的从上小学谈起，初中、高中、进厂、干什么工作、表现怎样，等等，过于详尽；有的甚至什么时候结婚、什么时候生孩子等家庭情况也详细介绍，不仅占用过多时间，而且让人乏味。

那么，应该怎么介绍自己呢?

一位求职者面试时自我介绍：“我的经历非常简单。1985 年，18 岁的我高中毕业没有考上大学，招工进入某厂当上了一名车工。从此，我操刀切削 10 多年。其间 3 次参加全市车工岗位技术大比武，荣获两次第 3 名，一次第 2 名。去年企业破产，我下岗失业。下岗后参加过 3 个月的计算机培训，3 个月的英语培训，取得两个上岗证书，为我掌握现代化的数控车床打下了基础。听说贵公司招聘技工，我觉得我是比较合适的人选。”

从上例中可以看出，介绍自己简历时可以从参加工作讲起，不要拉得太远；经历中重点介绍自己从事什么工种，有何特长，凡与此无关的都可省略；能够显示自己优势的，可以讲详细些，而且与招聘内容联系起来。例如，3 次参加技术比武获奖，两次参加技术培训，都显示了应聘者的技术水准，可以说正投招聘者所好。所以，立刻引起主考官的兴趣。当然，介绍自己的经历中的成绩时，要注意口气，要巧妙地表露出来，不显示出自我吹嘘的痕迹，给人以自信、谦逊、不卑不亢的印象。在应聘前的准备过程中，要注意把握好说话的分寸。

面试口头应答的八大要领

面试的主要内容是“问”和“答”，在面试中，主考官往往是千方百计地“设卡”，以提高考试的难度，鉴别单位真正所需要的人才，要应付这种局面，要回答得体，就要掌握应答中的基本要领。对于从不同角度，以不同形式提出问题，只有掌握了这些要领，才能够临阵不慌，应付自如。

1. 有问必答

不管是什么问题，都要作出回答。这是最基本的原则，对于考官的问题，有的虽然刁钻，但可能是测试你的应变技巧、反应能力，不管你反应能力如何，总得有一个答案，如果拒绝或者说：“这个问题很难回答……”那么，你获胜的机会可能不大了。

2. 知之为知之，不知为不知

在面试中，经常会遇到一些自己不熟悉、曾经熟悉但是现在忘了或者根本不懂的问题。面对这种情况，首先，要保持镇静，不要表现出手足无措、抓耳挠腮、面红耳赤。每个人都不是全才，主考官也不要求应试者无所不知，这既不必要，也不可能，所以应试者不必为自己的“无知”而烦恼，甚至感到无地自容。事情没有那么严重。其次，不要不懂装懂，牵强附会，与其答得驴唇不对马嘴还不如坦白承认自己不知道。再次，不能回避问题，默不作声。这样会使主考官有一种被轻视的感觉，因为回答主考官的问题是每个应试者必须要做到的，这是起码的礼貌，应该明确告诉主考官你的看法。没有把握的问题可以作简略回答或致歉不答，但绝不能置之不理。

3. 确认提问的内容，切忌答非所问

面试中，主考官提出的问题过大，以至于不知从何答起，或对问题的意思不明白，是常有的事。但是，在面对这种庄重的场合，想当然地回答对方所提出的问题，可能被视为无知，甚至是傲慢无礼。对于不太明确的问题，一定要采取恰当的方式搞清楚，并请求主考官给予更加具体的提示。对于考官来说，与其听你答非所问的叙述，不如等你把问题搞明白，再进行对话更轻松一些。

4. 适当运用外交辞令

有些问题如果硬要回答那么就会漏洞百出。比如，考官问你“如果把这个职位交给你，那么你有什么样的工作计划?”如果你有很熟练的相关工作经验或对这个单位状况的分析，那么你就能说出个大概来。否则，你就回答:“我只有在接手这个职位后，才能根据实际情况制定相应的工作计划。”这样会给考官留下你不尚空谈且比较注重实际的稳重型人才的印象。

5. 沾边的问题可以侧面回答

有些问题要想正面回答等于是否定自己，因此要设法将可能否定自己的话转化成肯定自己的话。例如，考官问你是否曾在食品厂工作过，然而你却只在酒厂工作过。如果你据实回答这个问题，答案只能是“没有”。这时你可以这样说：“没在食品厂工作过。但我在酒厂工作多年，我认为酒厂与食品厂在某些工艺上有相似之处，而且企业管理应该是相通的。”这等于变否定为肯定的回答。

6. “大题小作”

招聘人员有时会问一些“很大”的题目，比如问“说说你自己”，至于说“你自己”什么，并没有限定，但他要的答案并不是“你自己”事无巨细的全部，因此，你必须“小”作，不要没选择、没目的地说起来。一般说来，“大”题“小”作的技巧是，围绕你应聘的职位来谈，以“说说

你自己”为例，“小”在与应聘岗位相关的知识、技能、经验方面即可。考官如果有兴趣再了解你的其他情况，他会发问的。这样的问题往往出现在面试开始时，考官等于不出任何问题，而让你先打开话匣子。因此，你必须有意识地把话题拉到你的能力、性格优点、学识、经验等方面上来，不能错过这样的好机会。

7. 冷静沉着，荣辱不惊

在主考官当中，也不乏刁钻古怪之人，他们可能故意挑衅，令人难堪。但你要明白这些“不怀好意”的提问，大多是作为一种战术而进行，在提问中让你不明真相，故意提出不礼貌和令人难堪的问题。其真实用意在于“重创”应试者，如果遇到这种问题，你若是反唇相讥，恶语相向，那就大错特错了。

在压力面试中，一般是主考官有意在面试过程中逐步向应试者施加压力，以考察其能否适应工作中的压力。有的主考官提出特别尖锐的问题或者是提出有意让应试者感到左右为难的问题，由此考验应试者应变能力、反应是否得体、胸襟是否开阔等。有的主考官故意提出一些令人气愤而又没有道理的问题，考验应试者是否立场坚定、有主见。因此，在这种面试中，应试者应事先有心理准备，面对为难的问题，切勿表现出不满、怀疑、愤怒，要保持冷静，不要胡乱推测考官的不良目的，应表现出理智、容忍和大度，保持风度和礼貌。

此外，每当接触主考官所提问题之后，要尽可能全面细致地考虑问题，以防穷追不舍，同时注意不要自相矛盾，给人留有尾巴。

8. 正确判断主考官的意图，对症下药

首先，要注意识破主考官的“声东击西”策略。当主考官觉察到你不太愿意回答问题而又想有所了解时，可采取声东击西的策略。例如，对于政治问题和其他一些敏感性的问题，许多人不愿真实表达自己的观点。主考官为了打消你的顾虑，可能会这样问：“你周围的人对这个问题有些什么看法?”面对这种情况，你不要疏忽大意，不能信口开河，不要以为说

的不是自己的意见，说出来就不会暴露自己观点。因为主考官往往认为，你所说的大部分都是你自己的观点。另外，主考官可能采用投射法来测验你的真实想法。所谓投射法就是以己度人的思想方法，例如，主考官让你看一幅图画，然后让你根据图画编一个故事。这种方法一方面是检测你的想象力，一方面是测验你的深层的心理意识。这时，你尽可以放开思维，大胆构思，最好能有一些新奇的想法，表明你有创造力、想象力，但同时一定不要忘记这样一个原则，所编造故事情节要健康、积极、向上，有建设意义。因为主考官认为你是在以己度人，故事情节中融入了你的真实心理。

其次，要分析判断主考官的提问时评测你哪个方面的素质和能力，有针对性地进行回答。下面举几个例子，说明这个问题。

（1）请谈一谈你过去的工作情况，包括工作性质、工作满意度。你为何希望到本单位工作？你在工作中追求什么？个人有什么打算？你想怎样实现你的理想和抱负？

诸如此类问题，主考官意在了解你过去和现在对工作的态度，更换工作与求职的原因，对未来的追求与抱负，以及考虑本单位所提供的岗位和条件能否满足应试者要求和期望等。所以，应试者在回答时就不能漫无边际，应该给予主考官明确答案，以充分的事实论据和坚定的自信来表达以满足主考官对求职者的期望和要求。比如，关于工作态度，主考官一般都这样认为：在过去工作中态度不认真，做好做坏都无所谓的人，在新的工作岗位上也很难说能勤勤恳恳、认真负责。在以前的单位怨天尤人、抱怨领导、缺乏责任感的人，在新的单位一定也是一个难以控制的人。非常自负、夸夸其谈的人，大多也是眼高手低的人，即使他真的有才华也要慎重考虑，切不可盲目录用，因为与其录用一个爱跳槽的人，还不如干脆不用。事业心、进取心强烈的人，一般都有明确的奋斗目标，并为之积极努力。表现在工作上兢兢业业、刻意追求，努力把工作做好，工作中常有创新。通过以上的分析，你应该清楚在回答中应该注意些什么了吧。

（2）你在学校所学的是什么专业或受过哪种特殊培训？你对哪些课程感兴趣？哪些课学得最好？你的写作风格与别人相比有什么特点？

像这类问题，意图在于考察你的知识水平与专业特长，了解应试者掌握专业知识的深度和广度，其专业知识与特长是否符合所录用职位的专业要求，并作为对专业知识笔试的补充。面试中对专业知识的考察更具灵活性与深度，所提问题也更接近岗位对专业知识的需求。回答这个问题，应试者应注意以下几个方面：第一，要体现出你的专业水平。用词不要太土，可以用几个较新的专业术语点缀一下，但不要故弄玄虚，语言要简洁，逻辑性要强。第二，只谈那些与有效完成应聘工作有关的专业和课程，不要漫无边际地胡说，试图把自己说成一个无所不晓的全才。第三，可以就专业问题加以发挥，把道理讲深讲透，但不可沉湎于自己的优势而眉飞色舞滔滔不绝。

（3）你怎样消磨休闲时间？包括星期天、节假日、每天晚上，当你参加聚会时，你是喜欢独处、还是喜欢出风头？请谈一谈你最要好的朋友？你选择朋友时，一般考虑哪些因素？

诸如此类问题意在考察你人际交往能力和与人相处的技巧。对于这类问题，你不必拘泥于自己的实际情况，可以适当加以夸大，因为主考官无法核实你所说的是否属实，一般来说大多数人都愿意和开朗、热情大方、善解人意的人交朋友，而不愿意与那些过于清高、气量狭小、毫无生活情趣的人在一起。

对于一些太过刁钻而且实在无法回答的问题，不妨反戈一击，反问对方，也能起到意想不到的效果。例如：

民国时期，某主考见一位朱姓考生知识渊博，思维敏捷，各类问题对答如流，突发异想，抛开原定题目，出了一道偏题：“《总理遗嘱》这篇文章，每次纪念周会上都要诵读，请你回答一共多少字？”这下可真把朱某考住了。他暗想，主考出此题目未免脱离常规，既然有意刁难，录取必然无望，就不管一切，大胆反问：“主考官的尊姓大名，天天目睹手写，也已烂熟，请问共有几笔？”主考官想不到应考者竟会如此反问，一时愣住。事后，主考官十分赏识朱某的才能和胆识，于是亲自录用他为县长。

面试答辩的口才艺术

面试答辩相对于口头应答而言，要更正式一些。但面试答辩仍离不开语言技巧，因为答辩必须用书面语言来回答试题或口头回答考官提出的问题。答辩语言运用得好坏，直接关系到面试的成败。因此，掌握面试答辩的语言艺术，对于答辩有着十分重要的作用。因此，在面试答辩时，讲话不可有太多的手势语或口头禅，让人看了或听了不舒服。普通话应力求标准，不可讲错字或念错字，方言最好不用。不要以自负的方式、语气说话，即话不能说得太满，当然也不必太谦虚。若是外企单位，还应做好用外语面试答辩的准备。

1. 准确地选用词语

词语是造句的基本单位。词语选用得好，句子就会造得严谨而又优美。因此，在面试答辩中要特别讲究词语的运用，词语运用得好，就会增强答辩的表达效果。

2. 恰当地运用语句

面试中怎样才能恰当地运用语句呢？应试者在答辩中除了恰当地选用词语外，更要恰当地运用语句。因为应试者要针对试题或者提问答辩，必须运用一系列的语句，才能切中题旨，阐明自己的思想。如果语句运用不好，那么就很难取得令人满意的答辩效果。

（1）根据答辩内容需要，适当选用短句。

所谓短句是指用少量词语组成的句子。这种语句的特点是简单精练、言简意赅、富有力量，同时又易于被人接受。在答辩中根据内容的需要，适当地选用短句，必然能收到理想的答辩效果。

（2）根据答辩内容需要，交错运用长短句。

面试答辩中要回答一些复杂的问题，而要回答这些复杂的问题，单纯地选择短句，难以完整地表达思想。因此，应试者可以根据答辩内容的需要适当地选用一些长句，与短句交错使用，同样可以收到好的答辩效果。

（3）根据答辩内容需要，适当运用假设复句。

应试者往往运用假设复句阐明自己对事物的认识和表达自己的立场。前一分句提出一种假设情况，后一分句说明在这种情况下产生的结果，这种复句叫假设复句。假设复句常用的关联词语是"如果……那么"、"只要……就"、"即使……也"等。这种假设复句的特点是，两个分句之间具有制约关系，即前一分句是后一分句结果出现的条件。正是这种假设复句的两个分句之间存在这种制约关系，因此，这种复句既可以阐明事物之间的因果联系，也可以表达对事物某种规律性的预见；既可以揭示深刻的哲理，也可以表达坚定的立场。由于假设复句具有这些作用，因而已在竞争上岗答辩中被广泛使用。

在答辩中使用假设复句，必须注意两个分句之间必须具有制约关系，即前一分句出现的情况必然是后一分句产生的结果的充分条件；后一分句的结果不可能产生，那么前一分句的情况也不可能出现。如果不具有这种制约关系，那么这个假设复句就不符合实际；如果在答辩中使用，就会削弱答辩的力量，甚至还有可能使答辩成为无效的答辩。

（4）根据答辩内容需要，适当地运用修辞手法。

应试者在答辩中所运用的是议论的表达方式，这是因为答辩这种形式决定了必须运用这种表达方法。一般来说，议论的表达方法不如叙述、描写等表达方法那样生动形象。为了增强答辩的表达效果，根据答辩的内容，适当地运用修辞手法也是必要的。

面试时的交谈技巧

成功的交谈，不在于语言的华丽，也不在于据理力争或柔情软语，而在于是否能够对关键性问题作出恰当的说明并说出解决的办法。

1. 做好交谈前的准备

求职者要事先把自己要告诉对方的内容整理好，以便用简练的语言，把自己的意图有条理地传达给对方。还要考虑好如何回答对方可能向自己提出的问题，也要准备好如何向对方发问。要把话说得精练，关键在于话未说出口时先打好一个腹稿，然后再根据这个腹稿叙述出来。

2. 谈话要富于幽默感

自然而幽默的语言能表现出你优雅的气质和风度，也会给交谈增添轻松愉快的气氛。尤其是当你遇到难以回答的问题时，幽默的语言会使你化险为夷，表现出你的机智和聪明。

3. 对话应明确

讲话在精而不在多，回答问题要力求把握要点，精练准确，有条理，不走样。重复的谈话会使人觉得你平时说话办事也一定唠唠叨叨、婆婆妈妈。

在一次求职面谈中，一家企业向一位女大学生问道："国外一家企业的代理人携巨款来我市寻找适宜的投资对象，你作为我市某中型企业的法人代表，请问你将采用什么步骤赢得这笔投资？"这位女大学生略作思考，然后答道："首先，我需要了解对方详细的背景材料。例如，该公司的经营方针、项目、实力、已有业绩等，当然也包括这些代理人的个人资料，最重要的是他此次来中国的计划；其次，代理人来后，我应当与对方预约见面时间和地点，比如说可以通过电话，或是通过有关机构及个人联系；再次，与代理人商谈时我应当使用他们国家的语言，以增加熟识感和亲切感；最后，这次行动不一定会成功，但是我要尽我的所能给对方留下深刻而良好的印象，以期为下次合作打下基础。"虽然这位女大学生的回答不尽圆满，但招聘单位还是录用了她。

对于一个复杂的问题，如果三言两语难以解释清楚，则不妨详细地说出来，但要做到简洁而不啰嗦。有时，还要根据表达的需要，将各个不同的讲话内容细致地加以组织，并考虑其答话的顺序与步骤，这样才能取得较好的效果。

综观这位女大学生的求职面试内容，基本上成功地达到了上述要求。此外，她的答话也富有技巧，每一个答问都对准了问题的关键，也就是平常所说的“射箭要对准靶心”。

女大学生的第一句话，说明了作为一个企业主管人员，要知己知彼，掌握对方背景资料，才能对对方有一个清楚地了解。而她点出要了解这个外商的投资计划，也点出了企业主管人员对当前活动的重点安置应有清楚的认识。这是面谈中最成功的一句答话。她的第四点回答也显得极为成功，表明了自己的敬业与远见。

4. 注意谈话的语气、声调和速度

有些人平常说话时就有过于急促甚至有压抑的感觉，有些人则慢悠悠半天蹦不出一个字来，让听者着急。这些不但不利于表达和描绘你自己，而且会让对方产生反感。谈话中语气轻缓流畅，声调抑扬顿挫，速度快慢得体，不仅有利于更好地表达自己的思想，而且会给人以美的享受，给对方留下良好的印象。同时，在交谈中要注意称呼得体，慎用“最”等形容词和无意义的感叹词，也不要满口俗气，要给人以谦虚、有礼貌的好感。

5. 慎用专门术语

专门术语应视对象使用，否则会让对方有被捉弄的感觉，重要的是把自己的意思充分表达出来，让对方了解。

在使用大众化的语句中，要多注意某些含义在口语表达中的特殊方式。语句要通俗，特别注意某些说法会随着时代变迁而更新。因此，说话者应跟上时代，采用当代通用的说法。

6. 注意对方反映

在交谈中，很重要的一点是把握谈话的气氛和时机，这就需要随时注

意观察对方的反映。如果对方的眼神或表情显示对你所涉及的某个话题已经失去了兴致，那么应该尽快找一两句话将话题收住，以免去无效劳动和产生副作用。

7. 不要急于作答

有些人为了显示自己的聪明和机敏，在对方的问题还没有讲完甚至未听清其问题的核心和实质时，就开始了自己的回答，闹出笑话。一般地说，在对方提问完结时，应等上两到四秒钟，看对方是否真的完结提问了或是否还有什么补充，是比较合适的。

8. 不要打断对方谈话

打断别人说话在平时也是很招人厌烦的，是非常不礼貌的表现，至少说明你对谈话的对方不够尊重。

9. 不要附加手势及其他身体语言

有些人说到兴奋处，就摇头晃脑手舞足蹈，加了些手势乃至身体其他部位的动作（例如，身体前倾、颓然后靠、将双肘移来移去，甚至站立起来等）来试图加强自己所谈内容的效果，但这在面试时是应该予以避免的。这是因为你所面对的是你不熟悉的人，他（她）究竟对什么有所忌讳是你所不知道的，假如碰上其所不悦的动作，会使你的努力适得其反。

合理谈薪四部曲

1. 不先开口

不要轻易地把你对薪水的要求讲出来。倘若你在还未摸清薪水的可能变动幅度之前就突兀地把自己推销出去，这简直是在冒险，因为薪水问题通常都是可以进一步洽商的。

2. 避实就虚

假如面试时老板问你目前拿多少钱，这个问题你千万要谨慎回答。你最好回答："过去的工资并不重要，关键是我的工作能力。"如果你目前薪水太少，那么，直接回答不会给你带来什么好处。过去的工资并不重要，关键是要展示你的工作能力以及你能为公司做的贡献。

3. 控制比例

当老板终于开始和你谈具体工资数目时，你该怎么开口呢？让老板先说个数。每个雇主在心里对薪水的上下限度都有个数，他们经常会在那个限度内自由调整。在你提出任何薪水要求之前，请务必搞清它的大致价位。假如它低于你的心理价位，你就定一个比你现在的薪水高至少10%～20%的价。倘若你现在这个位置拿的钱太少了，那么适当再抬高一些。不要用具体的数字，这样很容易造成僵局。不妨让对方提出工资的幅度，这样双方就可以继续顺利讨论下去了。

4. 留有余地

如果你必须得先开价，勿将底线定得太低，给出一个大致和你心里想的相同的范围。但要记住：雇主往往会盯住你的底线，所以你不能把底线定得太低。给出的余地大一点，洽谈自然也就更灵活了。

巧妙回答离职原因

"你能说一说离开原单位的原因吗?"这类问题在面试时经常会被问及，面试考官能从中获得很多有关你的信息。因此，求职者面对这个看似简单的问题，回答时切不可掉以轻心。对于一些普遍性的原因，如"大锅饭"阻碍了自身的发挥、上班路途太长、专业不对口、结婚、生病等人们都可以理解的原因，是可以如实道来的。而对下面一些原因就要慎之又慎了，否则，很有可能使你的面试陷入僵局。

1. 关于上司不好

对你的前任上司切不可妄加评论，要知道现在招聘你的考官可能就是你未来的上司，既然你可以在他面前说过去的上司不好，难保你今后不在上司面前对他说三道四。一个人要在社会中生存，就得与各色各样的人打交道，挑剔上司说明你对工作缺乏适应能力。

刘婷是一位很有工作经验和工作能力的女秘书。当招聘她的女经理问她："小姐，你人这么美，学历又高，举止又优雅，难道你原来的上司不喜欢你吗?"刘婷微笑着说："也许正因为美的缘故，我才离开原来的公司。我宁愿老板事多累下人，也不希望他们'情多累美人'。我想在你手下工作，一定会省去许多不必要的累。"刘婷并没有说"老东家"的好与不好，但一句"情多累美人"既让人同情也让人爱怜。结果刘婷很顺利地走上了新岗位。

2. 关于工作压力太大

在这个快节奏的现代社会，无论是在企业内部还是在同行业之间，竞争都很激烈。竞争要求员工处于高强度的工作状态。如果你动辄就说，在原单位工作压力太大，很难适应，很可能让现在的招聘单位对你失去信心。

李强原是某经济报专刊部记者，报社不仅要求记者一个月完成多少字的文稿，而且还要负责拉广告。中文系毕业的他对家电、计算机市场行情一窍不通，要写这方面的文章，感到压力太大。于是他到商报应聘新闻记者。负责招聘的考官问他，你是否觉得在经济报的工作压力太大？李强说："作为年轻人，工作压力大点没关系，最重要的是希望找到能发挥自己专长的工作岗位。"结果李强如愿以偿地进了商报社，文章也频频得奖，很快当上了新闻部主任。

3. 关于收入太低

如果你直截了当地说出这句话，面试考官一定认为你是单纯地为了收入，而且太计较个人得失，并且会在心里说："如果有更高收入的单位，你肯定会毫不犹豫地跳槽而去的。"这种理念一旦形成，考官就可能对你不理不睬。

刘翔原在一家效益较差的企业搞宣传工作，到现在的单位应聘时，考官便问他："你是不是觉得原来收入太少，才跳槽过来的？"刘翔说："在原单位我的工资还算高的，关键我学的是财会专业，又有会计师职称，来应聘会计职位是最适合不过的了。"

在回答这类问题的时候，求职者既要表明你对原单位的薪金不满，又要表明这并不是你离开原单位的主要原因。这样既有利于你在新单位获得更高的薪金，又让面试考官觉得你并非只是因为薪金问题才离职的。

4. 关于人际关系复杂

现代企业讲求团队精神，所有成员都要求具有与别人合作的能力。你对人际关系的胆怯和躲避，可能会被认为你心理状况不佳，处于忧郁、焦躁、孤独的心境之中，从而妨碍了你的就业机会。

5. 分配不公平

现在企业中实行效益薪金，浮动工资制度是很普遍的。目的在于用物质刺激手段提高业绩和效益；同时，很多单位都采取了员工收入保密的措施。如果你在面试时将此作为离开原单位的借口，一方面你将失去竞争优势，另一方面面试考官会认为你有爱打探别人收入乃至隐私的嫌疑。

6. 关于竞争过于激烈

随着市场化程度的提高，无论企业内部还是同行业间，竞争都日趋激烈，这是无法避免的。作为现代企业的员工，你必须具备适应激烈竞争环境的能力。

第三章　商务社交口才
——用嘴巴铸造财富金字塔

在商务交往中，你不一定要伶牙俐齿，妙语连珠，但必须具有良好的逻辑思维、清晰的语言表达能力，在克己敬人、“寸土必争”的前提下，在谈话中始终展现着自己的人格魅力，做到以理服人。只要系统地掌握说话技巧，在商务交往中，你必将拥有好人缘，获得好业绩。

第一节　商务交往语言的魅力

公关应酬礼仪和说话技巧

乔治·路德说："销售人员需要从内心深处尊重客户，不仅如此，还要在礼仪上表现出这种尊重。否则的话，你就别想让客户对你和你的产品看上一眼。"

1. 称谓上的礼仪

无论是打电话沟通还是当面交流，彼此之间都需要相互称呼，这就产生了在称谓上的礼仪要求。

有人认为一个简单的称谓不用讲究什么礼仪，其实不然。如果首先在称谓方面就使对方产生了不悦，那么接下来的沟通就很难产生积极的互动作用。所以，销售人员必须熟悉掌握与客户沟通时在称谓方面的礼仪。

（1）熟记客户姓名

销售人员至少要在开口说话之前弄清楚客户姓名的正确读法和写法。读错或者写错客户的姓名，这看起来可能是一件小事，却将使整个沟通氛围变得很尴尬。如果在见面之前对客户的姓名存有怀疑，那最好认真查一下字典，确定准确无误的读音之后再与客户联系。如果对客户名片上印着的客户姓名不能确定，那不妨有礼貌地直接向客户询问，而不是想当然地瞎猜。

（2）弄清客户的职务、身份

请先看下面一个案例：

一位销售代表走进一家老客户的公司时，看到客户的办公室里有一位年届五十的中年人。当时办公室里的人都称呼该中年人为“老杜”，而且其他客户以为这位销售代表见过此人就没有进行介绍，因此在向“老杜”敬烟时，这位销售代表半亲密半开玩笑地说：“老杜同志其实不老嘛！是列位太年轻有为了！”

说完这话时，一位与该销售代表比较熟悉的客户使了一个眼色。后来，销售代表才知道，原来那位“老杜”是客户公司从外地挖来的部门经理，因为与其他部门经理年龄相差悬殊，所以大家都叫他“老杜”。虽然这种叫法不会令“老杜”感到尴尬，可是销售代表的说法却触动了他的敏感神经。

任何时候，如果不能确定客户的职务或身份，销售代表可以通过他人介绍或者主动询问等方法弄清这一点。当销售代表把客户介绍给他人，或者与客户进行沟通时，还需要在弄清客户职务、职称的基础上注意以下问题：

称呼客户职务就高不就低。有时客户可能身兼多职，此时最明智的做法就是使用让对方感到最被尊敬的称呼，即选择职务更高的称呼。

称呼副职客户时要巧妙变通。如果与你交流的客户身处副职，大多数时候可以把“副”字去掉，除非客户特别强调。

2. 握手时向客户传达敬意

握手作为一项最基本的社交礼仪，其传达的意义可以非常丰富，可是如果不掌握握手的礼仪与技巧，那么就只能代表一种程式化的程序。利用握手向客户传达敬意，引起客户的重视和好感，这是那些顶尖销售高手经常运用的方式。要想做到这些，销售人员需要注意如下几点：

（1）握手时的态度

与客户握手时，销售人员必须保持热情和自信。如果以过于严肃、冷漠、敷衍了事或者缺乏自信的态度同客户握手，客户会认为你对其不够尊重或不感兴趣。

（2）握手时的装扮

与人握手时千万不要戴手套，这是必须引起注意的一个重要问题。

（3）握手的先后顺序

关于握手时谁先伸出手，在社交场合中一般都遵循以下原则：

地位较高的人通常先伸出手，但是地位较低的人必须主动走到对方面前；年龄较长的人通常先伸出手；女士通常先伸出手。

当然了，对于销售代表来说，无论客户年长与否、职务高低或者性别如何，都要等客户先伸出手。

（4）握手时间与力度

原则上，握手的时间不要超过30秒。如果面对的是异性客户，那么握手的时间要相对缩短；如果面对的是同性客户，那么为了表示热情，可以紧握对方双手较长时间，但是时间不要太长，同时握手的力度也要适中。作为男性销售人员，如果对方是女性客户，需要注意三点：第一，只握女客户手的前半部分；第二，握手时间不要太长；第三，握手的力度一定要轻。

3. 名片使用讲究多

名片虽小，但是在与客户沟通过程中的影响却不容销售人员有丁点儿忽视。如果不注意使用名片时的种种讲究，那么本来可以起到“自我延伸”作用的名片就可能会成为横在你与客户之间的一堵厚墙。而在接客户的名片时，一些销售代表不讲究礼仪的做法常常会令客户感到严重不满。使用名片时的讲究看似细微，可是良好的客户关系往往就在这些细节中微妙地得以体现。

除了人们通常了解的双手向客户奉上名片、使客户能从正面看到名片的主要内容、双手接住客户递过的名片、拿到名片时表示感谢并郑重地重复客户姓名或职务之外，与客户交换名片时，销售人员还应该注意以下事项：

（1）善待客户名片

最好事先准备一个像样的名片夹，在接到客户名片后慎重地把名片上的内容看一遍，然后再认真放入名片夹中。既不要看也不看就草草塞入皮夹，也不要折损、弄脏或随意涂改客户名片。

（2）巧识名片信息

除了名片上直接显示的客户姓名、身份、职务等基本信息之外，销售人员还可以通过一些“蛛丝马迹”了解客户的交往经验和社交圈等。比如，客户名片上印有的公司电话号码前是否有区号，如果没有，那么很可能说明他们通常只在本区域内活动；如果客户公司的电话号码前有区号，但没有“86”这一代表我国的国际长途区号，那么就说明客户的业务往来大多属于国内范围。

通常客户的名片上不会印有住宅电话，如果上面有住宅电话，销售代表不妨用心记住，这将有助于今后更密切地展开联系。

(3) 对名片进行分类

这主要包括两方面的工作：

第一，对自己的名片进行分类。这主要是针对那些身兼数职的销售人员而言。如果属于你的头衔较多，那么不妨多印几种名片，面对不同的客户选择不同的名片。

第二，对客户的名片根据自身需要进行分门别类。这既可以在你需要时方便查找，也会使你的名片夹更加整齐、有效。

4. 不可忽视地方风俗和民族习惯

如果销售人员要去拜访外地的客户，或者知道客户不是本地人，那么就需要搞清客户所在地是否具有某种特别的礼仪要求，或者客户所在地的风俗习惯或所属民族的特殊习惯如何等。比如，如果得知客户是回族，那么在谈话时就尽量不要提他们特别忌讳的有关“猪”的事情，吃饭时要尽可能地选择清真饭店。

5. 以客户为谈话的中心

一定要把客户放在你一切努力的核心位置上！不要以你或你的产品为谈话的中心，除非客户愿意这么做。

这是对客户的一种尊重，也是赢得客户认可的重要技巧。此时，销售人员必须要摆正自己的位置，即明确自己扮演的角色和行动目标——满足客户的需求，为客户提供最满意的产品或服务。

这就需要销售人员在与客户沟通的任何时候务必以对方为中心，放弃自我中心论。例如，当你请客户吃饭的时候，应该首先征求客户的意见，他爱吃什么，不爱吃什么，而不能凭自己的喜好，主观地为客人点菜。

如果客户善于表达，那么你就不要随意打断对方说话，但要在客户停顿的时候给予积极回应，比如夸对方说话生动形象、很幽默等。如果客户不善表达，那么也不要只顾着你自己滔滔不绝地说话，而应该通过引导性话语或者合适的询问让客户参与到沟通过程当中。

6. 相互交流时的礼仪

与客户进行交流时，销售人员要注意说话和倾听的礼仪与技巧，要在说与听的同时，让客户感到被关注、被尊重。

（1）说话时的礼仪与技巧

说话时始终面带微笑，表情要尽量柔和。

沟通时看着对方的眼睛。

保持良好的站姿或坐姿，即使和客户较熟也不要过于随便。

与客户保持适当的身体距离，否则距离太远显得生疏，距离太近又会令对方感到不适。

说话时，音高、语调、语速要合适。

语言表达必须清晰，不要含糊不清。

想要引起客户特别注意的地方要加以强调。

如果客户没听清你的话，应耐心加以解释，并为自己没有说清表示歉意。

（2）听客户谈话时的礼仪与技巧

客户说话时，必须保持与其视线接触，不要躲闪也不要四处观望。

认真、耐心地聆听客户讲话。

对客户的观点表示积极回应。

即使不认同客户观点也不要与之争辩。

约会客户的方法与说话术

你同客户之间谈话的互动程度有多大？对你而言，给予信息和获得信息的比率是多少？这与你选择的谈话时机和周围环境是有一定联系的。

1. 找准沟通的最佳时机

很多时候，销售人员之所以还没等切入正题就被客户拒之门外，并不是因为销售人员的热情不高、沟通技巧不过关，而是因为没有选择恰当的沟通时间。如果在不适当的时间与客户进行交流，客户很可能会认为自己的事情受到了打扰。比如，当客户正忙得不可开交时，或者正赶上客户情绪低落的时候，销售人员贸然上门，通常都不会达到预期的沟通效果。例如：

销售人员："您好，能否打扰您一下，我代表××公司做一次市场调查，只要占用您一点点时间就够了，您不介意吧？"

客户："当然介意！你没看见我正忙着吗？真是的，刚才经理还打电话来催，怪我没有尽快办好这件事，我没有时间，请你改日再来吧。"

选择一个客户比较有利的时机展开沟通，其成功的可能性要远远大于不适宜的沟通时间。如何选择恰当的沟通时间呢？销售人员必须在约见客户之前就明确客户的具体时间安排，然后从中寻找出最适合自己展开销售谈判的有利时机。

（1）了解客户的时间安排。

每位客户在时间上都有各自的安排，销售人员不要奢望自己在任何时间打电话或者登门拜访，客户都会有时间并且愿意接待。如果不提前了解客户的时间安排，那么很容易导致自己的时间和精力大量浪费，可是却得不到客户青睐的结局。例如：

“对不起我们经理前天就出国了，可能要一个星期之后才能回来……”

“我现在哪有心情谈这些，请你马上离开……”

“现在正是我们工作最忙的时候，请你不要打扰我好吗……”

事先对客户大致的时间安排进行充分了解，可以有效避免以上情况的发生。比如，如果掌握足够的信息，销售人员就不会选择起决策作用的客户不在的时间上门；如果清楚客户的工作规律，就可以避免打扰客户紧张忙碌的工作，等等。

例如，教师周末、寒暑假或者每天下午放学以后，他们比较轻松；公务员可以选择上下午的上班时间与他们沟通，不过最好要错过午饭或者临近下班的时间；餐饮业人员用餐前后是他们最忙碌的时间，最好在上午十点左右，或者下午三四点之间与他们联系……

当然，这些客户的时间安排虽然有一定的规律可循，但仍会有很多规律之外的事情发生。为了更全面地了解潜在客户的时间安排，销售人员最好在与客户交流之前再进行一番仔细调查，比如了解客户最近是否有外出计划、是否生病、是否有其他活动安排等。

（2）选择合适的见面时间。

当销售人员对客户的时间安排有了一定了解之后，就可以根据这些信息选择一个合适的见面时间了。具体地说，在选择见面时间时，销售人员需要结合客户的需求特点和情绪加以实施。一些比较愉快或者对客户来说具有非同寻常意义的时间，很可能是最有利于展开互动沟通的时间，比如：客户刚刚领到工资、结婚纪念日、节假日、大楼奠基刚刚开业、客户获奖或得到晋升的时候，等等。

在约见客户时，销售人员还有一些问题需要特别注意，例如：

如果认为有请客户吃饭的必要，那最好选择午饭或晚餐前的一个小时之内；如果没有必要请客户吃饭，最好错过这段时间。

最好选择非整点时间约见客户，这可以使客户产生时间没被大量耽误的感觉。

不要打扰客户与亲人之间的相处，因此，晚饭之后最好不要打扰他们。

不妨在不宜出行的天气登门拜访客户，比如雨雪天气。这样的话，一方面可以减少客户的无聊感，一方面可以使客户深受感动。

必须具有足够的耐心，要寻找最容易与客户互动沟通的时间，而不是自己认为最方便的时间。

2. 利用有利环境促进沟通

第一步，选择适宜的沟通地点。

沟通地点的选择是否得当对于沟通能否顺利开展同样具有重要意义。地点选择不当是导致销售沟通走向失败的又一常见原因。这是因为不恰当的沟通地点可能会使客户感到不舒服、不方便或者受束缚。根据不同的客户特点和沟通内容，销售人员应该学会选择最令客户感到放松和愉悦的地点，并且要尽可能地避免商业氛围较浓的谈判场合，除非是那些需要通过商务谈判来保持联系的大客户。

在选择沟通地点时，销售人员必须本着“方便顾客、利于推销”的原则，最大程度地令客户感到方便和愉快，不要为了自己的方便而让客户感到麻烦。比如，选择客户的家中、办公室或者就近的餐厅、茶楼等，千万不要选择客户不便到达的地点。例如：

“我在我们公司旁边的××咖啡屋等您，您可以在下午六点之前到达……”

如果特别需要在客户不便到达的地点进行销售沟通，销售人员则要尽可能地去接客户，并且约好见面地点。例如：

“上次您说想要到我们工厂参观一下，今天厂里的几位主要负责人正好都在，我下午去接您好吗？我们在您公司楼下见面如何？”

根据不同的产品特点和沟通内容，在选择沟通地点时，销售人员还应该注意以下几点：

最好能提前打电话和客户约定，以免客户不在。

想要单独送礼物或请客户吃饭时，最好不要选择人多的场合，以免令客户感到尴尬。

可以在商务联谊会或其他社交场合加深与客户之间的联系，在这些地点客户的戒备心理往往没有在那些正式的办公地点强。

第二步，利用环境特点达到互动。

不同的地点其环境特点和整体氛围是不同的。比如，家庭的气氛通常比较温馨，休闲娱乐场所的整体环境特点比较令人放松，而工作地点则更容易使人感到紧张和疲惫等。利用不同地点的环境特色，销售人员可以与客户实现互动沟通。例如：

某高尔夫球场的销售代表王先生近日报名参加了一个网球培训班，在一次网球训练结束之后，王先生和身边的一位队友聊天。聊天过程中王先生得知这位队友是一位体育运动爱好者，不仅经常参加足球、篮球等球类比赛，而且还多次获奖。

当队友得知王先生的工作之后，他说自己很可能会参加高尔夫球训练。王先生迅速抓住这一机会，并约好下个周末就带队友到公司的高尔夫球场去参观。同样喜欢体育运动的王先生和队友不仅成了好朋友，而且还在队友的介绍下发展了一大批客户。

主动寻找与客户的共同话题

如果你找到了与潜在客户的共同点，他们就会喜欢你、信任你，并且购买你的产品。

1. 从关心客户需求入手

就像我们以前提到的那些把开场白设计得商业气味十分浓厚的人一样，一些销售人员几乎从刚一张嘴就为自己的失败埋下了种子。这些销售人员完全站在自己的立场上考虑问题，希望一股脑儿地把有关自己所推销产品的信息迅速灌输到客户的头脑当中，却根本不考虑客户是否对这些信息感兴趣。这种完全着眼于自身愿望的销售沟通注定要经历很多波折，因为客户常常会打断你的推销，让你赶快离开，即使客户允许你说完那段令人厌烦的开场白，他（她）也不会把这些东西记在心里。

当销售人员停止介绍希望从客户那里得到一些反馈信息时往往发现，客户根本就没有开口说话的意思，他们唯一想说的就是“希望你马上离开”。例如：

销售人员：“您好，我是××公司的销售代表，这是我们公司新推出的产品，它坚固耐用、外形美观，非常适合……”

客户：“我们不需要这种东西。”

销售人员：“您先看看产品资料好吗?”

客户：“我现在很忙，没有时间看你的东西，请你马上离开这里……”

可见，在一开始就像背诵课文一样介绍产品的相关信息并不是与客户保持互动沟通的最佳途径。实现与客户互动的关键是要找到彼此间的共同话题，这就要求销售人员首先要从关心客户的需求入手。如果销售人员不关注客户的需求，那么即使把产品说得天花乱坠也于事无补。

对于客户的实际需求，销售人员需要在沟通之前就加以认真分析，以便准确把握客户最强烈的需要，然后从客户需求出发寻找共同话题。例如：

当某保健品公司的销售人员小杨进入一个住宅小区推销时，她看到小区绿地的长椅上坐着一位孕妇和一位老妇人，她走到小区保安那里假装不经意地问：“那好像是一对母女吧？她们长得可真像。”小区保安回答：“就是一对母女，女儿马上就要生了，母亲从老家来照顾她，父亲一个人在家里……”

小杨又来到了绿地旁，她亲切地提醒孕妇：“不要在椅子上坐的时间太长了，外面有点凉，你可能现在没什么感觉，等到以后会感觉不舒服的，等生下小孩以后就更要注意了。”然后她又转向那位老妇人：“现在的年轻人不太讲究这些，有了您的提醒和照顾就好多了。”

当她们把话题从怀孕和生产后的注意事项讲到生产后身体的恢复，再讲到老年人要增加营养时，小杨已经和那对母女谈得十分开心了。接下来，那对母女已经开始看小杨手中的产品资料和样品了……

在确定了客户的需求之后，销售人员虽然可以针对这些需求与客户进行交流，但是这还达不到销售沟通的目的，这就需要销售人员巧妙地将话题从客户需求转到销售沟通的核心问题上。例如：

“作为母亲，您对孩子的关心自然是无人可比的，‘世上只有妈妈好’说的不就是这个道理吗？如果妈妈不关心孩子的话，那又有谁会关心孩子呢？如果妈妈不及时为孩子考虑购买保险的话，那恐怕没有谁能替孩子想到这些……”

“大爷，最近听说又有冷空气要来，今年冬天的天气真是没有往年好呀。您岁数大了，尤其要注意保暖，省得头疼感冒不说，还可以减少关节炎的疼痛。您看一下这件适合老年人穿的加厚羽绒服，它既暖和又舒适，而且非常耐穿……”

2. 寻找客户感兴趣的话题

只有那些能引起客户兴趣的话题才可能使整个销售沟通充满生机。客户一般情况下是不会马上就对你的产品或企业产生兴趣的，这需要销售人员在最短时间之内找到客户感兴趣的话题，然后再伺机引出自己的销售目的。比如，销售人员可以首先从客户的工作、孩子和家庭以及重大新闻时事等谈起，以此活跃沟通气氛，增加客户对你的好感。

通常情况下，销售人员可以通过以下话题引起客户的兴趣：

提起客户的主要爱好，如体育运动、娱乐休闲方式等。

谈论客户的工作，如客户在工作上曾经取得的成就或将来的美好前途等。

谈论时事新闻，如每天早上迅速浏览一遍报纸，等与客户沟通时首先把刚刚通过报纸了解到的重大新闻拿来与客户谈论。

询问客户的孩子或父母的信息，如孩子几岁、上学的情况、父母的身体是否健康等。

谈论时下大众比较关心的焦点问题，如房地产是否涨价、如何节约能源等。

和客户一起怀旧，比如提起客户的故乡或者最令其回味的往事等。

谈论客户的身体，如提醒客户注意自己和家人身体的保养等。

对于客户十分感兴趣的话题，销售人员可以通过巧妙的询问和认真的观察与分析进行了解，然后引入共同话题。因此，在与客户进行销售沟通之前，销售人员十分有必要花费一定的时间和精力对客户的特殊喜好和品位等进行研究，这样在沟通过程中才能有的放矢。例如：

某公司的汽车销售人员小马在一次大型汽车展示会上结识了一位潜在客户。通过对潜在客户言行举止的观察，小马分析这位客户对越野型汽车十分感兴趣，而且其品位极高。虽然小马将本公司的产品手册交到了客户手中，可是这位潜在客户一直没给小马任何回复，小马曾经有两次试着打电话联系，客户都说自己工作很忙，周末则要和朋友一起到郊外的射击场射击。

后来又经过多方打听，小马得知这位客户酷爱射击。于是，小马上网查找了大量有关射击的资料，一个星期之后，小马不仅对周边地区所有著名的射击场了解得十分深入，而且还掌握了一些射击的基本功。再一次打电话时，小马对销售汽车的事情只字不提，只是告诉客户自己无意中发现了一家设施特别齐全、环境十分优美的射击场。下一个周末，小马很顺利地在那家射击场见到了客户。小马对射击知识的了解让那位客户迅速对其刮目相看，他大叹自己"找到了知音"。在返回市里的路上，客户主动表示自己喜欢驾驶装饰豪华的越野型汽车，小马告诉客户："我们公司正好刚刚上市一款新型豪华型越野汽车，这是目前市场上最有个性和最能体现品位的汽车……"一场有着良好开端的销售沟通就这样形成了。

在寻找客户感兴趣的话题时，销售人员要特别注意一点：要想使客户对某一话题感兴趣，你最好对这一话题同样感兴趣。因为整个沟通过程必须是互动的，否则就无法实现具体的销售目标。如果只有客户一方对某一话题感兴趣，而你却表现得兴味索然，或者内心排斥却故意表现出喜欢的样子，那客户的谈话热情和积极性马上就会冷却，这是很难达到良好沟通效果的。所以，销售人员应该在平时多培养一些兴趣，多积累一些各方面的知识，至少应该培养一些比较符合大众口味的兴趣，比如体育运动和一些积极的娱乐方式等。这样，等到与客户沟通时就不至于捉襟见肘，也不至于使客户感到与你的沟通寡淡无味了。

第二节　推销人员的语言修炼

介绍自己和产品的艺术

雅诗·兰黛说：“如果你没有将产品成功销售出去，那么责任不在产品，而在于你。”为什么呢，最大的问题在于你的说话水平。

1. 给人留下良好的第一印象

在推销产品之前，首先要把自己推销给客户，这叫做“推销中的推销”。“推销中的推销”反应的正是推销界的一个重要理念——“要想成功推销产品，首先成功推销自己”。通常情况下，客户都不会愿意把时间浪费在一个自己不喜欢的人身上，那么他又怎么会愿意买你推销的产品呢?

据心理学方面的有关研究表明，人们对其他人或事物在 7 秒钟之内的第一印象可以保持 7 年。给他人留下的第一印象一旦形成，就很难改变，所以说，是否给客户留下良好的第一印象对于接下来的相互沟通很重要。据相关资料统计，销售人员的失败，80% 的原因是因为留给客户的第一印象不好。也就是说，很多时候，在你还没开口介绍产品之前，客户就已经决定不与你进行进一步的沟通了。

既然给客户留下的第一印象如此重要，那么销售人员应该如何给客户留下良好的第一印象呢?

（1）衣着打扮得体。

所谓得体的衣着打扮，并非是要求所有的推销人员都穿着华丽。事实上，华丽的服饰不一定适合所有的人、所有的场合，而且也不见得会得到客户的认同。作为一名专业的销售人员，必须根据本行业的特点选择合适的衣着。

在选择服饰时，销售人员应该注意一点，那就是不论任何一种服饰，都必须是整洁、明快的，而且服饰的搭配必须和谐，千万不要为了追求新奇而把自己打扮得不伦不类。为此，销售人员有必要经常留心身边气质不凡的上司或同事，以及比较专业的杂志或电视节目等。

（2）举止大方，态度沉稳。

如果说得体的衣着打扮体现了推销员的外在美，那么大方的举止和沉稳的态度体现出的应该就是推销员的内在素质了。推销员的内在素质实际上就相当于商品的质地和档次。

推销人员的一举一动都会在客户心目中形成一个印象，这种印象最终会影响客户对公司产品以及对公司整体形象的看法。

（3）保持自信，不卑不亢。

推销的过程就像是买卖双方某些方面的较量，无论是推销人员还是客户，其实时时都能感受到这种较量。所以，很多推销人员经常把这一过程看作是困难或者伤脑筋的事情，于是就会在潜意识里形成一种恐惧，甚至有些推销人员说他们“在去见客户的路上就有了打退堂鼓的想法”。

也许只有那些业绩优秀的推销员才知道，与客户沟通的过程实际上完全可以成为一种享受，而且推销活动本身不仅可以为你的公司带来厚利、为推销员增加业绩，同时更可以令客户的需求得到满足。当意识到这些之后，身为推销人员的你还有什么理由在客户面前表现得畏畏缩缩呢?

运用以下几种方式可以让客户感受到你的自信。

- 在见到客户之前就要树立积极乐观的态度。
- 把与客户的沟通当成一次愉快的活动。
- 保持和缓的语速，不要急促不清。
- 谈话要清晰有力，在开口之前先组织好语言。
- 不要东张西望，也不要做小动作，要保持体态的端正，并且平和地直视对方。

2. 设计一个吸引人的开场白

米尔顿·马文是汤姆·詹姆士服装公司的董事长。当他还是该公司一名普通销售人员的时候，他曾经运用精彩的开场白给客户们留下了非常深刻的印象。米尔顿在见到客户时从来不会像其他销售人员那样拘谨地说上一句："你好，我是××公司的销售人员……"他经常这样与自己的客户开始谈话："××先生（女士），我来这里的原因是因为我要成为你的私人服装商。我知道你在我这儿买衣服，是因为你对我、我们的公司或者对我们公司的产品有信心。而我所做的事情就是要使你的这种信心得到不断增强，我相信自己能够做到这一点。你一定希望对我有所了解，那么请允许我做一个简单的介绍：我从事这项工作已经很多年了，我对服装的式样和质地以及它们分别适合哪种类型的人都有着深入的研究。所以，我一定可以帮你挑选出一套最适合你的衣服，而且这项服务是完全免费的。"

一段精彩的开场白，不仅可以引起客户对自己的重视，而且还能引起客户对你接下来言谈举止的强烈兴趣。所以，有人说："一个吸引人的开场白，就已经使一次销售成功地实现了一半。"对于销售人员来说，在与客户沟通的过程中，一段好的开场白能够起到的作用，不仅仅是成功地向客户介绍自己以及自己要推销的产品，而且还为后来的良好沟通奠定了坚实的基础。为此，销售人员不妨在见到客户之前，就针对自己的销售目标和客户的实际需求，对开场白进行一番精心设计。

接近客户的说话技巧

“接近客户的30秒，决定了销售的成败。”这是成功销售人共同的体验，客户在专业销售技巧上，我们定义为“由接触潜在客户，到切入主题的阶段。”

1. 明确你的主题

每次接近客户有不同的主题，如你是想和未曾碰过面的潜在客户约时间见面，或想约客户参观演示。

2. 选择接近客户的方式

接近客户有三种方式——电话、直接拜访、信函。

主题与选择接近客户的方式有很大的关联，如你的主题是约客户见面，电话是接近客户的很好的工具。但要留意的是你最好不要将主题扩散到销售产品的特性或讨论到产品的价格，因为若是你销售的产品比较复杂，是不适合以电话切入上述主题的。

3. 什么是接近话语

专业销售技巧中，对于初次面对客户时的话语，称为接近话语。

接近话语的步骤如下：

（1）称呼对方的名

叫出对方的姓名及职称——每个人都喜欢自己的名字从别人的口中说出。

（2）自我介绍

清晰地说出自己的名字和企业名称。

（3）感谢对方的接见

诚恳地感谢对方能抽出时间接见你。

(4) 寒暄

根据事前对客户的准备资料，表达对客户的赞美或能配合客户的状况，选一些对方能容易谈论及感兴趣的话题。

(5) 表达拜访的理由

以自信的态度，清晰地表达出拜访的理由，让客户感觉你很专业及可信赖。

(6) 赞美及询问

每一个人都希望被赞美，可在赞美之后，接着询问的方式，引导客户的注意、兴趣及需求。

下面是一个接近话语的范例：

销售人员王维正以稳健的步伐走向张总经理，当视线接触张总时，轻轻地行礼致意，视线放在了张总的鼻端。当走近张总前可停下，向张总深深地点头行礼。销售人员王维正此时面带微笑，先向张总经理问好以及自我介绍。

王维正："张总经理，你好。我是大华公司的销售人员王维正，请多多指教。"

张总经理："请坐。"

王维正："谢谢，非常感谢张总经理在百忙中抽出时间与我会面，我一定要把握住这么好的机会。"

张总经理："不用客气，我也很高兴见到你。"

王维正非常诚恳地感谢张总经理的接见，表示要把握住这个难得的机会，让张总经理感受到自己是个重要的人物。

王维正："贵公司在张总经理的领导下，业务领先业界，真是令人钦佩。我拜读过贵公司内部的刊物，知道张总经理非常重视人性化的管理，员工对你都非常爱戴。"

王维正将事前调查的资料中，将有关尊重人性的管理这点，特别在寒暄中提出来，以便待会儿对诉求团体保险时能有一个好前提。

张总经理："我们公司是以直接拜访客户为导向，需要员工有冲劲及创意。冲劲及创意都必须靠员工主动去做的，用强迫、威胁的方式是不可能成为一流公司的。因此，我特别强调人性化的管理，公司必须尊重员工、照顾员工，员工才会真正的发挥潜力。”

王维正：“张总经理，你的理念确实是反应出贵公司经营的特性，真是有远见。我相信贵公司在照顾员工福利方面不遗余力，已经做得非常多。我谨代表本公司向张总经理报告有关本公司最近推出的一个团保方案，最适合外勤工作人员多的公司采纳。”

张总经理：“新的团体保险?”

王维正先夸赞对方，然后表达出拜访的理由。

王维正：“是的。张总平常那么照顾员工，我们相信张总对于员工保险这项福利知道得一定很多，不知道目前贵公司有哪些保险的措施呢?”

王维正采用的就是夸奖，并提出询问的手法。

进行有效的夸奖的手法有三个方式：

①夸奖对方所做的事及周围的事务。例如：你办公室布置得非常高雅。

②夸奖后紧接着询问。例如：你的皮肤这么白，你看试穿这件黑色的礼服怎么样。

③代第三者表达夸奖之意。例如：我们总经理要我感谢你对公司多年的照顾。

4. 接近客户注意要点

从接触客户到切入主题的这段时间，你要注意以下两点：

(1) 打开潜在客户的心防

曾任美国总统的里根，不仅是位卓越的总统，也是一位伟大的沟通家。他说：“你在游说别人之前，一定要先减除对方的戒心。”接近是从未知的遭遇开始的；接近是和从未见过面的人接触。任何人碰到从未见过面的第三者，内心深处总是会有一些警戒心，相信你也不例外，当客户第一次接触你时：

①他是“主观的”

“主观的”含意很多，包括对个人穿着打扮、头发长短、品位，甚至高矮胖瘦等主观上的感受，而产生喜欢或不喜欢的直觉。

②他是“防卫的”

“防卫的”是指客户和销售人员之间有道捍卫的墙。

因此，只有在你能迅速地打开潜在客户的心防后，才能敞开客户的心胸，客户才可能用心听你的谈话。打开客户心防的基本途径是先让客户产生信任感，接着引起客户的注意，然后是引起客户的兴趣。

（2）销售商品前，先销售自己

接近客户技巧的第一个目标就是要先将自己销售出去。

一位人寿保险公司的经纪人曾经说：“你以为我是怎么去销售那些种类繁多的保险商品的啊？我的客户90%都没有时间真正去了解他们保了一些什么，他们只提出希望有哪些保障，他们相信我会站在他们的立场，替他们规划。所以呢，对我而言，我从来不花大量的时间解释保险的内容和细节，我认为，我的销售就是学习、培养、锻炼一个值得别人信赖的风格。”

“客户不是购买商品，而是购买销售商品的人。”这句话流传已久。说服力不是靠强而有力的说词，而是仰仗销售人员言谈举止散发出来的人性与风格。

丰田汽车销售公司的神谷卓一曾说：“接近不是迫不及待地向客户低头行礼，也不是迫不及待地向客户说明商品，这样做，反而会引起客户厌烦之心。当我刚进入企业做一个销售人员时，在接近客户时，我只会销售汽车。因此，在初次接近客户时，往往都无法迅速打开客户的心防。在无数次的体验揣摩下，我终于体会到，与其直接说明商品不如谈些有关客户太太、小孩的话题或谈些乡里乡间的事情，让客户喜欢自己才是真正关系到销售业绩成败的主要因素，因此，接近客户的重点是让客户对一位以销售为职业的业务主管报有好感。”

推销用语要有“术”

语言是交际的工具，运用语言是一门学问。有的人缺少“嘴”上的功夫，说话乏“术”。因此，言谈表达往往“说话不投机”，以致很难把事办好，有时甚至还会将好事办砸；而有的人则深谙说话之“术”，能得体地运用语言准确地传递信息、表情达意；有的人甚至能点“语”成金，使所言收到奇佳的表达效果。

相传，父子俩冬日在镇上卖便壶（俗称“夜壶”。旧时男人夜间或病中卧床小便的用具）。父亲在南街卖，儿子在北街卖。不多久，儿子的地摊前有了看货的人，其中一个看了一会儿，说道：“这便壶大了些。”那儿子马上接过话茬：“大了好哇！装的尿多。”人们听了，觉得很不顺耳，便扭头离去。在南街的父亲也遇到了顾客说便壶大的情况。当听到一个老人自言自语说“这便壶大了些”后，马上笑着轻声地接了一句：“大是大了些，可你想想，冬天夜长啊！”好几个顾客听罢，都会意地点了点头，继而掏钱买走了便壶。

父子两人在一个镇上做同一种生意，结果迥异，原因就在会不会说话上。我们不能说当儿子的话说得不对，确实，便壶大装的尿多，他是实话实说。但不可否认，他的话说得欠水平，粗俗的语言难以入耳，令人听了很不舒服。本来，买便壶不俗不丑，但毕竟还有些私密的因素在内。人们可以拿着脸盆扁担等大大方方地在街上走，但若拎着个便壶走在街上，就多少有些不自在了。此时，儿子直通通的大实话怎么不使买者感到几分别扭？而那个父亲则算得上是一个高明的推销商。他先赞同顾客的话“大是大了些”，以认同的态度拉近顾客的距离，然后，又以委婉的话语说“冬天夜长啊”。这句看似离题的话说得实在是好，它无丝毫强卖之嫌，却又富有启示性。其潜台词是：冬天天冷夜长，夜尿次数多且又怕冷不愿意下床是自然的，大便壶正好派上用场。这设身处地的善意提醒，顾客不难明白。卖者说的在理，顾客买下来也就是很自然的了。

儿子一句话砸了生意，父亲一句话盘活了生意，这不正说明了“善讲”重要性吗?

我们再来看下面的例子：

有一位教徒问神甫：“我可以在祈祷时抽烟吗?”他的请求遭到神甫的严厉斥责。而另一位教徒又去问神甫：“我可以在吸烟时祈祷吗?”后一个教徒的请求却得到允许，他悠闲地抽起了烟。

这两个教徒发问的目的和内容完全相同，只是语言表达方式不同，但得到的结果却截然相反。由此看来，表达技巧高明才能赢得期望的效果。

推销的语言技巧在营销中运用得好可带来营业额的高增长。

某商场休息室里经营咖啡和牛奶，刚开始服务员总是问顾客：“先生，喝咖啡吗?”或者是：“先生，喝牛奶吗?”其销售业绩平平。后来，老板要求服务员换一种问法：“先生，喝咖啡还是牛奶?”结果其销售额大增。

原因在于，第一种问法，容易得到否定回答，而后一种是选择式，大多数情况下，顾客会选其中一种。

你想到一家公司担任某一职务，你希望年薪2万元，而老板最多只能给你1.5万元。老板如果说“要不要随便你”这句话，就有攻击的意味，你可能扭头就走。而老板不那样说，而是这样跟你说：“给你的薪水，那是非常合理的。不管怎么说，在这个等级里，我只能付给你1万元到1.5万元，你想要多少?”很明显，你会说“1.5万元”，而老板又好像不同意说：“1.3万元如何?”你继续坚持1.5万元，并让你的老板接受了。其结果是老板投降。表面上，你好像占了上风，沾沾自喜，实际上，老板运用了选择式提问技巧，使你自己放弃了争取2万元年薪的机会。

学会推销并不是一件难事，只要你努力学习，掌握有关的推销技巧和策略，你一定能够成为推销高手。

在推销语言中注入感情色彩

有时推销员如果能客观地对顾客说：“这类商品对你不太适合，有机会再说。”这会令顾客备感新奇。从长远利益着想，在许多时候以退为进的策略运用往往比全速冲刺更能获得成功。当推销员对顾客说：

“你不急着买这个吧”的时候，不仅赢得了他的好感与信任，而且当向他推销其他商品时，也就容易接受了。

这里向你介绍一个以柔克刚的故事：

美国雷电华影公司推出的《维多利亚王烈史》中，有这样一组镜头：

维多利亚女王理事完毕，深夜回到卧房，见房门紧闭，她就敲起门来。

房内，她的丈夫阿尔伯特公爵问：“谁?”

她习惯地回答：“我是女王!”

没有开门，她威严地答道：“维多利亚!”

还是没有开门，她徘徊半晌，再敲。房内又问：“谁?”

这次她温柔地答道：“你的妻子。”

门开了，一双手把她拉了进去，她不仅敲开了门，也敲开了丈夫的心扉。

生活中常有这样的情景：一个青年犯了过失，领导怒不可遏，狠狠数落青年；而另一位领导只是拍拍这个青年的肩膀，微微一笑而已。

结果，前者使人产生反感，后者则由于表现出理解和宽容，反而使青年受到震动，进而反省自己。

还有这样一个例子。有一天，某商店一位优秀营业员接待了这样一位十分挑剔的女顾客，足足用了几十分钟还没挑出她需要的商品来。当营业员去接待别的顾客时，这位女顾客把脸一沉，指责道："有你这样的服务态度吗？我先来，东西还没有买完，为什么丢下我又去接待别人？"

如果遇上性子暴的人，就会顶撞起来，可是这位营业员却走过来和颜悦色地说："请原谅，我店生意忙，对你服务不周，让你久等了。我服务态度不好，欢迎批评。"

这位女顾客也感到很不好意思地说："我的话说得欠妥，也请你原谅。"

这位营业员用的是"似水柔情"的语言，但力量却"胜似千钧"，避免了一场争吵，使顾客满意而归。

一般来说，人们往往尊敬说话温和的人。说话温和可以使对方以相同的态度回报。

柔和的语言，在择词用句、声调语气上有一些特殊要求。比如，在推销中应注意使用谦敬词、礼貌用语和赞美词，以表示尊重对方的感情和人格，引起好感。

在句式上，应注意使用祈使句和疑问句，少用祈使句，多用疑问句。

如说："你到这里来吧。"就不如使用"你能到这里来吗？"使人乐意接受。另外，少用否定句，多用肯定句。如说："你这个观点是错误的！"就不如说："我同意另外那种观点。"

要注意词的感情色彩，多用褒义词、中性词，少用贬义词。

因此，推销人员在推销中，言语要以情感人，做个煽情高手。

突破客户 13 种拒绝的说话术

常言说，要客户接受你的推销建议，购买你的商品需要很多理由，而拒绝的理由一个就够了。这就是说，客户说“不”远远比说“是”简单。因此，作为一个优秀的销售人员，要掌握应付客户拒绝的话术。下面是最实用的应对方法：

（1）如果客户说：“我没时间！”那么推销员应该说：“我理解。我也老是时间不够用。不过只要3分钟，你就会相信，这是个对你绝对重要的议题……”

（2）如果客户说：“我现在没空！”推销员就应该说：“先生，美国富豪洛克菲勒说过，每个月花一天时间在钱上好好盘算，要比整整30天都工作来得重要！我们只要花25分钟的时间！麻烦你定个日子，选个你方便的时间。我星期一和星期二都会在贵公司附近，所以可以在星期一上午或者星期二下午来拜访你一下！”

（3）如果客户说：“我没兴趣。”那么推销员就应该说：“是，我完全理解。对一个谈不上相信或者手上没有什么资料的事情，你当然不可能立刻产生兴趣，有疑虑有问题是十分合理自然的，让我为你解说一下吧，星期几合适呢？……”

（4）如果客户说：“我没兴趣参加！”那么推销员就应该说：“我非常理解，先生，要你对不晓得有什么好处的东西感兴趣实在是强人所难。正因为如此，我才想向你亲自报告或说明。星期一或者星期二过来看你，行吗？”

（5）如果客户说：“请你把资料给我寄过来怎么样？”那么推销员就应该说：“先生，我们的资料都是精心设计的纲要和草案，必须配合人员的说明，而且要对每一位客户分别按个人情况再做修订，等于是量体裁衣。所以最好是我星期一或者星期二过来看你。你看上午还是下午比较好？”

（6）如果客户说：“抱歉，我没有钱！”那么推销员就应该说：“先生，我知道只有你才最了解自己的财务状况。不过，现在做个全盘规划，对将来才会最有利！我可以在星期一或者星期二过来拜访吗？”或者是说：“我了解。要什么有什么的人毕竟不多，正因如此，我们现在开始选一种方法，用最少的资金创造最大的利润，这不是对未来的最好保障吗？在这方面，我愿意贡献一己之力，可不可以下星期三，或者周末来拜见你呢？”

（7）如果客户说："目前我们还无法确定业务发展会如何。"那么推销员就应该说："先生，我们行销要担心这项业务日后的发展，你先参考一下，看看我们的供货方案优点在哪里，是不是可行。我星期一还是星期二过来比较好？"

（8）如果客户说："要做决定的话，我得先跟合伙人谈谈！"那么推销员就应该说："我完全理解，先生。我们什么时候可以跟你的合伙人一起谈？"

（9）如果客户说："我们会再跟你联络！"那么推销员就应该说："先生，也许你目前不会有什么太大的意愿，不过，我还是很乐意让你了解，要是能参与这项业务，对你会大有裨益！"

（10）如果客户说："说来说去，还是要推销东西？"那么推销员就应该说："我当然是很想销售东西给你了，不过要是能带给你让你觉得值得期望的产品，才会卖给你。有关这一点，我们要不要一起讨论研究看看？下星期一我再来看你，还是你觉得我星期五过来比较好？"

（11）如果客户说："我要先好好想想。"那么推销员就应该说："先生，其实相关的重点我们不是已经讨论过吗？容我率直地问一问：'你顾虑的是什么？'"

（12）如果客户说："我再考虑考虑，下星期给你电话！"那么推销员就应该说："欢迎你来电话，先生。你看这样会不会更简单些：我星期三下午晚一点的时候给你打电话，还是你觉得星期四上午比较好？"

（13）如果客户说："我要先跟我太太商量一下！"那么推销员就应该说："好，先生，我理解。可不可以约夫人一起来谈谈？约在这个周末，或者你喜欢的哪一天？"

类似的拒绝自然还有很多，我们肯定无法一一列举出来。但是，处理的方法其实还是一样，就是要把拒绝转化为肯定，让客户拒绝的意愿动摇，推销员就乘机跟进，诱使客户接受自己的建议。

第三节 商务谈判的一般说话技巧

谈判口才的四大特征

生意是“谈”出来的，离开了话语言谈，就不称其为谈判了。谈判与口才不可分割，一切谈判都要经过双方人员的口才较量然后方能达成协议。可以说，谈判的全过程就是口才的发挥和运用过程。

谈判口才有以下四大特征：

1. 目的的功利性

推动谈判的动力是需要。谈判各方皆为满足自己的功利需要而走向了谈判桌。无论是哪一层次的谈判：个人间的、组织间的或国家间的，都是如此。世界上每时每刻都有着成千上万的谈判者在为着不同功利需要而进行着言语交锋。

2. 话语的随机性

谈判必须根据不同的谈判对象、不同的谈判内容、不同的谈判阶段、不同的谈判时机来随时调整自己话语的表述方式，包括不同的句型、不同的语气、不同的修辞。随机应变地运用自己的口才技巧，与对方周旋于谈判桌上。

3. 策略的智巧性

谈判与论辩一样。既是口才的角逐，也是智力的较量：或言不由衷，微言大义；或旁敲侧击，循循暗示；或言必有中，一语道破；或快速激问；或絮语软磨……出色的谈判大师总是善于鼓动如簧巧舌，调动手中筹码，而取得理想的成功。

4. 战术的时效性

谈判不同于朋友之间的聊天，也不同于情人之间的绵绵絮语，谈判注重效率，在战术上具有时效性的特征，这也是它独具的特征之一。谈判之初，参谈双方都有自己预定的谈判决策方案，其中包括各谈判阶段所安排的内容、进度、目标，以及谈判的截止日期等。这种时效性特征也可用作迫使对方让步的武器。

谈判时的破题技巧

谈判开始时，要避免剑拔弩张的气氛，这就需要掌握入题的技巧。这种时候，采取迂回入题的办法，可以消除这种尴尬状况，平息自己的情绪，使谈判气氛变得轻松、活泼，为谈判成功奠定一个良好的基础。

迂回入题，做法很多。可以从题外话入题，你可以谈谈关于气候的话题。如："今天的天气真冷。""今年的气候很怪，都11月了，天气还这么暖和。""还是生活在南方好啊，一年到头，温度都这么适宜。"

可以谈有关旅游的话题。如："广西桂林真是山水甲天下，各位去过没有?""我国的兵马俑堪称世界一绝，没有去看那是一大遗憾。""各位这次经过泰山，有没有去玩玩，印象如何?"

可以谈有关旅行的话题。如："各位昨天的航班正点吗？一路上辛苦了。""这里飞机票一向不好买，各位哪天走，最好提前几天买票。"

可以谈有关名人的话题。如："听说某影星要出任某巨片的主角，这真是再合适不过的人选了，很可能要拿'百花奖'什么的。""××告别体坛了，他这么年轻就退役，实在可惜。"题外话话题丰富，不必事先准备或刻意修饰，信手拈来即可，是一种简单、有效的入题技巧。

从客套话入题。如对方为客，来到己方所在地谈判，应该谦虚地表示各方面照顾不周，没有尽好地主之谊，请谅解，等等。

也可以由主人介绍一下自己的经历，说明自己缺乏谈判经验，希望各位多多指教，希望通过这次谈判建立友谊，等等。

从介绍人员入题。可以在谈判前，简要介绍一下己方人员的经历、学历、年龄、成果等。由此打开话题，既可以缓解紧张的情绪，又不露锋芒地显示了己方强大的阵容，使对方不敢轻举妄动，等于暗中给对方施加了心理压力。

从介绍情况入题。谈判开始前，先简略介绍一下己方的生产、经营、财务等基本情况，提供给对方一些必要的资料，以显示己方雄厚的实力和良好的信誉，坚定对方与你合作的信心。

谈判时的陈述技巧

陈述是谈判的主要内容，也是实现谈判目的的最重要的手段。谈判者在整个谈判过程中，必须对自身严格约束，不允许有任何自由主义作风。这就要求谈判者在陈述时既不能信口开河，又不能把对方想知道的情况坦诚相告，而且还要准确地表达自己的观点与见解，并表达得有条有理、恰到好处。

1. 转折语

转折语是谈判中陈述某种观点的技巧之一。谈判中如遇到问题难以解决，或者有话不得不说，或者接过对方的话题转向有利于自己的方面，都要使用转折用语。

例如“可是，但是，虽然如此……不过……”等，这种用语具有缓冲作用，可以防止气氛僵化。既不致使对方感到太难堪，又可以使问题向有利于自己的方向转化。

2. 解围语

当谈判出现困难，无法达成协议时，为了突破困境，给自己解围，可以运用解围用语。例如："真遗憾，只差一步就成功了!""就快要达成目标了，真可惜!""这样做，肯定对双方都不利。""再这样拖延下去，只怕最后结果不妙。""既然事情已经到了这个地步，懊恼也没有用，还是让我们再做一次努力吧!"

这些解围用语，有时能产生较好的效果，只要双方都有谈判诚意，对方可能会接受你的意见，促使谈判的成功。

3. 弹性语

无论何种谈判，话不能说得太过，更不能说得太死，对不同的谈判者，应"看人下菜碟"。如果对方很有修养，语言文雅，那么己方也要采取相似语言，谈吐不凡；如果对方语言朴实无华，那么己方用语也不必过多修饰；如果对方语言爽快、耿直，那么己方就无须迂回曲折，也应打开天窗说亮话，干脆利落地摊牌。

总之，在谈判中要根据对方的学识、气度、修养，随时调整己方的说话语气、用词。这是双方沟通思想、交流感情的有效方法。从人的听觉习惯去考察，在某一场合，他对听到的第一句话与最后一句话，常常能留下很深的印象。在谈判中假如以否定性话语来结束会谈，那么，这否定性话语会给对方一种不愉快的感受，并且印象深刻。同时，对下一轮谈判将会带来不利影响，甚至危及已经谈妥的问题或达成的协议。所以，在谈判终了时，最好能给予谈判对手以评价。例如："你在这次谈判中表现很出色，给我留下了深刻的印象。""你处理问题大刀阔斧，钦佩，钦佩!"不论谈判结果如何，对参与谈判的人来说，每一次谈判都是谈判各方的一次合作过程。因此，一般情况下谈判结束时对对方给予的合作表示谢意，既是谈判者应有的修养，对今后的谈判也是有益的。

谈判时的提问技巧

在商务谈判中，提问是一种非常流行的谈判技巧。提出问题可能有时是为了不同的目的；有时是为了获得信息；有时是为了回避回答问题，拖延时间；也有时干脆是没话找话。

提问有很多方式，通过提问可以把握场上的主动权，给对方以攻势。

试探性问题。谈判者第一次使用提问方式是作为试探对方防御的一种方法。从对方的主张中发现一个弱点，并为了在发动大的攻势前肯定它，则对此类问题故意采取一般的方式来表达。要想对这一类提问立即做出一般性的澄清是很难的。例如，一个买方看完卖方出示的一份报价后，可以用这样的话开始讨论："看了你的报价，在研究细节之前，你是否可以完整地解释一下：这次价格高于上一次，是用什么方法计算出来的？"卖方不知道买方是否在总体上同意他投标中提出的项目，任何全面的回答可能只是向买方提供新的攻击点。事实上，这正是买方的提问所在。因此，卖方的反应是反提问，旨在逼迫限制买方的提问范围，并更多地暴露辨认的意图。卖方就采取下列回答："如果这里有什么困难，那么很抱歉。我本来以为我们的报价已清楚地说明了总的情况。但我们将乐于澄清使你感到不满的问题，什么事使你特别担心？"请注意，卖方不但要求对方阐明意见，还提出了反问。这个反问以便更清楚地摸清买方到底属于哪一种情况：是不满报价，还是并非对报价不满，只是想得到更多的信息。这样，卖方通过反问重新获得主动权。

具体问题。一个只能提供数据回答的问题称为具体问题，其性质决定于问题本身的措辞。如"你在计算提价额度时用什么工资和材料价格指数？""你们生产和检验的程序是怎样的？""搞出布局图样需要多长时间？"具体问题和进攻性的问题是不能盲目提出的，提问人必须事先知道对方的回答或至少知道一部分时，才向对方进攻。

“是否”问题。有些问题回答只能是简单的“是”或“否”。还有一些问题，对方愿意时也可用“是”或“否”来回答。“是”或“否”回答是一个谈判者所能给予的最强的承诺。因此，提问者绝不应该提出那种对方只能以“是”或“否”作答的问题，除非提问者事先已准备好理由，而且确信他将得到所需要的回答。这种回答最好是双方已非正式地达成一个明白的协议。另一类情况是，这类问题如都有事实可以作答，就会使提问者陷于绝境，除非提出者已准备好补充的问题。如果提出者不能应付这种回答，那就只能接受，而这方面问题也就只能到此为止。所以，一项具体问题只能在两种情况下提出：一是提问者相信提出的问题是对方的一个弱点，并已准备好继续提的问题；二是提的问题只是提问者满意的且是想加以确认的。

进攻性问题。这是一种既有价值又有危险的提问方式。这种提问容易引起对方的冲动，并且可能引起冲突。一般来讲，冲突是要尽量避免的，而这种提问，恰是在深思熟虑之后认为冲突是必要时才提出的。凡属下列一类的提问，都称为进攻性问题：“你怎么能证明那是合理的呢?”“那怎么能算有根据呢?”“那有什么正当理由呢?”

总之，谈判双方都可能提问，较主动的办法是将问题转给己方的专家回答，自己则可获得思考问题的时间及下一步应采取的策略。

谈判时的回答技巧

守口如瓶、佯作误解是谈判中最有效的防御策略之一，会促使另一方继续说下去。说得越多，暴露得越多，也就越感到为了有说服力不得不继续说，于是就容易暴露自己的真实动机和最低谈判目标的底线。把守口如瓶和佯作误解结合起来，是另一种有效的方法。促使对方重复其论点的方法是佯作误解。对方重复其话题，就可使己方获得时间考虑对方论点的是非曲直，以决定对策。这种技巧对付技术专家时往往特别有效。

正像提问是交谈中必需的一样，回答也是交谈中不可缺少的一部分。以下是回答问话的一些技巧：

（1）模棱两可。在回答对方的问题时，要模棱两可，不给对方所希望的答复。这种方法可用下面一类措辞开头：“据我理解你的问题，你是要求……”，接着把问题再描述一下，词句稍作改动，然后就重新描述的问题进行回答。不仅避免直接回答问题，而且使己方有时间考虑对策。

（2）笼统作答。当对方为了解详细情况而提出具体问题时，己方可以用范围更广的笼统概念回答。如“你们用什么工资和材料的价格指数？”回答：“很明显，通货膨胀的影响是我们必须考虑的问题。我们不是要在这方面追求盈利，但我们不愿意亏本。”这样把话题转向提价幅度的一般性问题。

（3）回避。对于对方提出的问题，也可以不直接回答而采取回避的办法。如“你方能保证在规定的日期前完成吗？”答：“让我们来看一下计划，然后告诉你方情况，你自己可以看出存在的问题以及我们所保证的宽限余地。”

（4）转折。直率的、否定的“不”表示确定、无调和余地的态度，应该保留到确实打算这样干的时候才使用。因为这就表示谈判已无回旋的余地，进而谈判可能破裂。而“是”却有三种用法：一是“不”，二是“也许”，三是真正的“是”。谈判者面对一个直接的问题，他希望给以否定的回答。但为了不冒犯对方，也不给以肯定的许诺，可以用“但是”技巧。如对方要求缩短交货期，可答称：“是的，我也认为交货期稍长了些，但有好几个因素要考虑，如材料的短缺正影响产量的水平，还有计划尚未完全搞好。”回答的肯定部分应看起来是站在对方的立场上，否定部分旨在指出不能按对方的意愿行事的理由。最理想的情况是，己方谈判人员用回答的否定部分能促使对方采取有利于己方的立场行事，或至少使对方最后面临两种选择：或采取坚持上述立场行事，或撤回要求。

（5）反提问。与“但是”技巧密切相关的是用反提问法来回答问题。如“你为什么不接受安装期限为20周，而是25周？”己方可作答：“我们何不从另一角度看此问题？你估计20周的根据是什么？能否算一下细账，看看你方的设想如何?”还有一种反提问法是转换辩论方向，防止注意力集中一点而不及其他。如对方对价格中的运输成本方面提出质问，己方可不回答对方提出的问题而说:“我们可否不谈运输成本，那只是很小的问题。当然你是对价格这一整体感兴趣，你是说它不合理吗?”将问题的焦点引向其他方面。

(6) 稻草问题。所谓“稻草问题”是指问题本身对己方并无价值，且无足轻重。之所以提出，正是准备放弃它，以便为己方创造机会，对对方给予真正的让步做出回报。因此，己方在谈判时提出的最初各项要求中包括一个或几个稻草问题，就可以确保有些“储备”，可以作为对对方所做让步的补偿。不过，在决定选择什么作为稻草问题时，必须试图用对方的眼光来看问题，既考虑问题的客观方面，又注意考虑问题的主观方面。

谈判时的讨价还价技巧

买卖双方在洽谈一笔生意时，并不是一方的报价立即会得到另一方的接受，往往要经过数轮的讨价还价阶段，一笔生意才能敲定下来。

那么如何进行讨价还价就显得至关重要，它关系到该笔生意是否能够达成。通常谈判双方在讨价还价阶段都会从各自的利益出发，唇枪舌剑，想方设法地使谈判朝着有利于自己的方向发展，一时间谈判桌旁风起云涌，异彩纷呈，有时还会出现戏剧性的变化。

在异常激烈的谈判中，谈判双方很容易感情冲动，一不留心，就会形成谈判人员的个人冲突，生意也因此而告吹。因此如何在瞬息万变的谈判中保持清醒的头脑，合情合理地进行讨价还价的工作，这是谈判人员应该解决的问题。

要保证谈判人员在激烈的谈判中不迷失方向，双方的谈判态度就必须是心平气和的。要想保证心平气和，谈判双方需具有较高的个人修养外，会谈外的审时度势、巧妙安排也是必不可少的。谈判人员只有充分预见，分析谈判过程中可能发生的种种情况，制定好应付措施，做到胸中有数，才能临阵不乱，在千变万化的形势面前从容镇定，心平气和地据理力争。

讨价还价常用如下一些技巧：

1. 火力侦察法

先主动抛出一些带有挑衅性的话题，刺激对方表态，然后，再根据对方的反应，判断其虚实。例如，在价格讨论阶段，想要试探对方对价格有无回旋的余地，就可提议："如果我方增加购买数额，贵方可否考虑优惠价格呢？"然后，可根据对方的开价，进行选择比较，讨价还价。再如，甲买乙卖，甲向乙提出了几种不同的交易品种，并询问这些品种各自的价格。乙一时搞不清楚对方的真实意图，甲这样问，既像是打听行情，又像是在谈交易条件；既像是个大买主，又不敢肯定。面对甲的期待，乙心里很矛盾，如果据实回答，万一对方果真是来摸自己底的，那自己岂不被动？但是自己如果敷衍应付，有可能会错过一笔好的买卖，说不定对方还可能是位可以长期合作的伙伴呢。在情急之中，乙想：我何不探探对方的虚实呢？于是，他急中生智地说："我是货真价实，就怕你一味贪图便宜。"我们知道，商界中奉行着这样的准则："一分钱一分货"、"便宜无好货"。乙的回答，暗含着对甲的挑衅意味。除此之外，这个回答的妙处还在于，只要甲一接话，乙就会很容易地把握甲的实力情况，如果甲在乎货的质量，就不怕出高价，回答时的口气也就大；如果甲在乎货源的紧俏，就急于成交，口气也就显得较为迫切。在此基础上，乙就很容易确定出自己的方案和策略了。

2. 迂回询问法

通过迂回，使对方松懈，然后乘其不备，巧妙探得对方的底牌。在主客场谈判中，东道主往往利用自己在主场的优势，实施这种技巧。东道主为了探得对方的时限，就极力表现出自己的热情好客，除了将对方的生活做周到的安排外，还盛情地邀请客人参观本地的山水风光，领略风土人情、民俗文化，往往会在客人感到十分惬意之时，就会有人提出帮你订购返程机票或车船票。这时客方往往会随口就将自己的返程日期告诉对方，在不知不觉中落入了对方的圈套里。至于对方的时限，他却一无所知，这样，在正式的谈判中，自己受制于他人也就不足为怪了。

3. 聚焦深入法

先是就某方面的问题做扫描式的提问，在探知对方的隐情所在之后，再进行深入，从而把握问题的症结所在。例如，一笔交易（甲卖乙买）双方谈得都比较满意，但乙还是迟迟不肯签约，甲感到不解，于是他就采用这种方法达到了目的。首先，甲证实了乙的购买意图。在此基础上，甲分别就对方对自己的信誉、对甲本人以及对甲的产品质量、包装装潢、交货期、适销期等逐项进行探问，乙的回答表明，上述方面都不存在问题。最后，甲又问到货款的支付方面，乙表示目前的贷款利率较高。甲得知对方这一症结所在之后，随即又进行深入，他从当前市场的销售走势分析，指出乙照目前的进价成本，在市场上销售，即使扣除贷款利率，也还有较大的利润。这一分析得到了乙的肯定，但是乙又担心销售期太长，利息负担可能过重，这将会影响最终的利润。针对乙的这点隐忧，甲又从风险的大小方面进行分析，指出即使那样，风险依然很小，最终促成了签约。

4. 示错印证法

探测方有意通过犯一些错误，比如念错字、用错词语，或把价格报错等种种示错的方法，诱导对方表态，然后探测方再借题发挥，最后达到目的。例如，在某时装区，当某一位顾客在摊前驻足，并对某件商品多看上几眼时，早已将这一切看在眼里的摊主就会前来搭话说："看得出你是诚心来买的，这件衣服很合你的意，是不是？"察觉到顾客无任何反对意见时，他又会继续说："这衣服标价150元，给你优惠，120元，要不要？"如果对方没有表态，他可能又说："你今天身上带的钱可能不多，我也想开个张，进货价卖给你，100元，怎么样？"顾客此时会有些犹豫，摊主又会接着说："好啦，你不要对别人说，我就以120元卖给你。"早已留心的顾客往往会迫不及待地说："你刚才不是说卖100元吗？怎么又涨了？"此时，摊主通常会煞有介事地说："是吗？我刚才说了这个价吗？啊，这个价我可没什么赚啦。"稍做停顿，又说，"好吧，就算是我错了，那我也讲个信用，除了你以外，不会再有这个价了，你也不要告诉别人，100 元，你拿去好了！”话说到此，绝大多数顾客都会成交。这里，摊主假装口误将价涨了上去，诱使顾客做出反应，巧妙地探测并验证了顾客的购买需求，收到引蛇出洞的效果。在此之后，摊主再将涨上来的价让出去，就会很容易地促成交易。

第四节　商务谈判的特殊说话技巧

道歉——他赚话头你赚钱

每一场谈判都有其特定的内容、人物事件、环境气氛。因此，说话也会运用一些特殊的技巧。谈判的语言技巧在营销谈判中运用得好，不仅能赢得期望的谈判效果，还可带来营业额的高增长。

1. 错了，就及时承认

如果你错了，就及时承认。与其等别人提出批评、指责，还不如主动认错、道歉，更易于获得谅解、宽恕。凡是坚信自己一贯正确，发生争端总是武断地指责对方大错特错，从不认错、道歉的人，根本交不到朋友，或难以交友，永远缺乏知心人。有些青年人有错就千方百计抵赖，甚至谩骂敢于提醒他注意的人，那绝不是什么英雄本色，只能算流氓行为。

真心实意的认错、道歉，就不必推说客观原因、做过多的辩解。就是确有非解释不可的客观原因，也必须在诚恳的道歉之后再略做解释，而不宜一开口就辩解不休。双方成见很深，当对方正处在火头上，好话歹话都听不进时，最好先通过第三者转致歉意，待对方火气平息之后，再当面赔礼、道歉。有时当务之急不是先分清谁是谁非，而是要求双方求同存异，去对付共同面临的困难或“敌手”。

诚心诚意的道歉，应语气温和、坦诚但不谦卑，目光友好地凝视对方，并多用如“包涵”、“打扰”、“指教”等礼貌词语。道歉的语言，以简洁为佳。只要基本态度已表明，对方已通情达理地表示谅解，就切忌啰嗦、重复。否则，对方不能不怀疑你在以小人之心，度君子之腹，唯恐他不谅解。

2. 没有错，有时也道歉

明明没有错，也赔礼、道歉，这不是虚伪吗？不是卑怯吗？不。没有错，有时也需要道歉。如纯属客观的原因，比如气候变幻无常、意外的交通事故，等等，使你无意失信，给对方带来一些麻烦、损失，为什么不可以道歉呢？一味推客观原因，对方口头上不好责怪，但心情总是不愉快的，那就不利于增进友谊。如果你有事求助于人，对方尽了最大努力，由于受多方面条件的限制，事未办成，但他为此付出了艰巨的劳动。或事虽办成了，但对方付出的劳动，给他带的麻烦，比你原先预料的要多得多。凡通情达理者，岂能毫无内疚之感，不说几句发自肺腑的道谢兼道歉的话呢？这体现了你对他人劳动的尊重，而且以后有求于他，也好再开口啊。

这些没有错误的真诚道歉，在商务交往中是很有意义的，这可以叫做“他赚话头你赚钱”。

在商务交往中，需要掌握的道歉的技巧，有下面几点：

第一，道歉语应当文明而规范。有愧对他人之处，宜说：“深感歉疚”，“非常惭愧”。渴望见谅，需说：“多多包涵”，“请你原谅”。有劳别人，可说：“打扰了”，“麻烦了”。一般场合，则可以讲：“对不起”，“很抱歉”，“失礼了”。

第二，道歉应当及时。知道自己错了，马上就要说“对不起”，否则越拖得久，就越会让人家窝火，越容易使人误解。道歉及时，还有助于当事人“退一步海阔天空”，避免因小失大。

第三，道歉应当大方。道歉绝非耻辱，故而应当大大方方，堂堂正正，完全彻底。不要遮遮掩掩，“欲说还休，却道天凉好个秋”。不要过分贬低自己，说什么“我真笨”，“我真不是个东西”，这可能让人看不起，也有可能使人得寸进尺，欺软怕硬。

第四，道歉可以借助于“物语”。有些道歉的话当面难以启齿，写在信上寄去也成。对西方妇女而言，令其转怒为喜、既往不咎的最佳道歉方式，无过于送上一束鲜花，婉“言”示错。这类借物表意的道歉“物语”，会有极好的效果。

第五，道歉并非万能。不该向别人道歉的时候，就千万不要向对方道歉。不然对方肯定不大会领我方的情，搞不好还会因此而得寸进尺，为难我方。即使有必要向他人道歉时，也要切记，更重要的是，要使自己此后的所作所为有所改进，不要言行不一，依然故我。让道歉仅仅流于形式，只能证明自己待人缺乏诚意。

拒绝——让对方心悦诚服

拒绝别人不是一件容易的事。拒绝得当，使人心悦诚服，如果拒绝不当，会使人对你产生不满，甚至怀恨你、仇视你。

然而拒绝也是有秘诀的，要怎样拒绝别人，才能达到自己的目的，又尽量不得罪人呢?

我们一起来看看以下的方法，是否切实可行：

1. 掩耳盗铃法

人们碍于面子，很多话当面说不出口，装作自言自语说出心中所想，对方便会知趣而退。

在自言自语中，当事人没有意识到自己将内心想法暴露无遗。所以会谈时，有意识地运用这种方法，可将自己不好意思直接说出来的话间接表达出来。打个比方，你可以说：

“我现在能不能这样说呢?”

“不行，我到现在都没把事情办好。”

“我怎么会立即和他交谈?”

对方听到后，便会觉得索然无味，自动停止说话。

2. 装傻拒绝别人

有个推销员登堂入室推销产品，刚一进门，就迎出一位白发老头。青年推销员恭恭敬敬地鞠了一躬。“喔，喔，可回来了！你毕竟是回来了。”老头脱口而出，“老婆子快出来。儿子回来了，是洋一回来了。很健康，长大了，一表人才!”老太太连滚带爬地出来了。她只喊了一声“洋一”，就捂着嘴，眨巴着眼睛，再也说不出话来。推销员慌了手脚，刚要说“我……”时，老头摇头说:“有话以后再说。快上来，难为你还记得这个家。你下落不明的时候才小学六年级。我想你一定会回来，所以连这个旧门都不修理，不改原样，一直都在等着你呀。”

推销员实在待不下去了，便从这一家跑了出来。喊他留下来的声音始终绕在他的耳边。

“大概是走失了独生子。悲痛之余，老两口都精神失常了吧？倒怪可怜的。”他想着想着回到了公司，跟前辈谈这件事，老前辈说:“早告诉你就好了。那是小康之家，只有老两口，因为无聊，所以这样捉弄推销员。”

“上当了！好，我明天再去，假装是儿子，来个顺水推舟，伤伤他们的脑筋。”

“算了，算了吧，这回又该说是女儿回来了，拿出女人的衣服来给你穿。结果你还是要逃跑的。”

用装傻的手段捉弄和对付难缠的推销员，不失为一种高明的手段。

3. 先予承认，再找理由婉拒

承认对方，是一种礼仪，在承认之后，一句“但是”，便可以扭转话题，提出你自己的立场。所以，不必担心“承认”会果真如你所“承认”的那样，这也便是“承认”的妙处所在了。

用“我真想帮你的忙，但是……”推出你已运筹于胸的一系列理由，其意思是和你说“不行，这是绝对不可能的”是同一立场，但听起来顺耳、动听多了。

英国陆军统帅阿瑟·韦尔斯利·威灵顿曾因成功地指挥了英国对拿破仑半岛战役被封为公爵，以后他又与普鲁士将军布吕歇尔在滑铁卢最终击败了拿破仑。

他早年曾在印度服役，阿萨战役时，他负责同一名印度官员秘密谈判。这位官员急于想知道能割让多少土地给他们，想尽办法都不能让这位将军开口。最后这位印度人说，只要韦尔斯利透露给他这个消息，他愿出50万卢比酬金。

韦尔斯利问他：“你能保密吗？”

“当然，我能保密。”印度官员急切地答道。

“那我也能。”韦尔斯利说。

巧妙的回答，既可以将意思明确表达，又体现了说话的艺术。与其直接拒绝别人的要求，倒不如试试用别的方法说明自己的意图，这在交往中可能会起到绝佳的效果。

4. 移花接木法

在谈判中，对方要价太高，自己无法满足对方的条件时，可移花接木或委婉地设计双方都无法跨越的障碍，既表达了自己拒绝的理由，又能得到对方的谅解。如“很抱歉，这个超出我们的承受能力。”“除非我们采用劣质原料使生产成本降低50%才能满足你们的价位。”暗示对方所提的要求是可望而不可及的，促使对方妥协。也可运用社会局限，如法律、制度、惯例等无法变通的客观限制，如“如果法律允许的话，我们同意。”“如果物价部门首肯，我们无异议”。

5. 肯定形式，否定实质

人人都渴望被了解和认同，可利用这一点从对方意见中找出彼此同意的非实质性内容，予以肯定，产生共鸣，造成“英雄所见略同”之感，借机顺势表达不同的看法。某玩具公司经理面对经销商对产品知名度的诘难和质疑，坦然地说：“正如你所说，我们的品牌不是很知名，可我们将大部分经费运用在产品研发上，生产出式样新颖时尚、质量上乘的产品、面市以来即产销两旺，市场前景看好，有些地方竟然脱销。”

打破谈判的僵局

谈判是利益的角逐，不可能一帆风顺。一旦陷于僵局时，要善于扭转局势，使谈判峰回路转，柳暗花明。例如：

前苏联与北欧N国就购买鲱鲱鱼进行了马拉松式的持久谈判。N国开价高得惊人，尽管双方僵持激烈，但N国不在乎僵局，因为苏联人要吃鲜鱼，货主非N国莫属。为了打破僵局，前苏联政府派出女强人柯伦泰，她是著名的女大使，又是一位杰出的谈判高手，结果她也在谈判中拖不起，让不起。为了谈判成功，于是这位女强人采取幽默法，以退为攻，她说：“好吧，我同意贵方的报价，如果我的政府不同意这个高价，我愿意用我自己的工资来支付，但是，请允许我分期付款，可能我要支付一辈子。”N国人从未碰到这样的谈判对手，堂堂的男士能把女士逼到这步田地吗？对方在忍不住一笑之际，终于一致同意把鲱鲱鱼价格降下来，柯伦泰终于解决了前任谈判者未能解决的难题。

再如，1986年，广东玻璃厂在与美国欧文斯玻璃公司谈判引进设备过程中，在全部引进还是部分引进问题上僵住了。为了缓和气氛，广东代表施展了一系列扭转策略之后说：

“你们欧文斯的技术、设备和工程师都是世界一流的。用一流的技术、设备与你们合作，我们就能够成为全国第一。这不单对我们有利，而且对你们更有利！（分析：首先给予很高评价，然后，指出你我已为一体，荣辱共存。对方感到说得很实在，这些观点可以接受，并以极大的兴趣继续倾听。）我们厂的外汇的确很有限，不能买太多的东西，所以国内能生产的就不打算进口了。（分析：然后运用“将心比心”这一古老的心理战术，希望对方能接受“但是”后面所包含的内容。当他们观察到对方已同意了他们的观点时，为了巩固“战果”，再进一步运用了“激将法”。）现在，你们知道，法国、比利时和日本都在跟我们北方的厂家搞合作，如果你们不尽快跟我们达成协议，不投入最先进的设备、技术，那么你们就要失掉中国市场，人家也会笑话你欧文斯公司无能力！（分析：这样一来，濒临僵局的谈判气氛立刻缓解，最后，双方达成了协议。）

总之，打破僵局需要运用一定的策略，用策略去打破僵局，不但有利于谈判的顺利进行，而且还可能取得谈判的主动权，为取得有利的谈判成果夺得先机。

恰当地运用沉默

商务谈判中，适时沉默是一种极明智的行为。

过去，心理学家常常认为，我们应该把自己的事情讲出来，告诉别人，但现在人们逐渐发现在与别人的交往中有时更需要忍耐和沉默。

你必须认识到沉默与精心选择的词具有同样的表现力，就好像音乐中心音符与休止符一样重要。沉默会产生更完美的和谐，更强烈的效果。

在商业或私人交际中，无言也许是最好的选择之一。

一个印刷业主得知另一家公司打算购买他的一台旧印刷机，他感到非常高兴。经过仔细核算，他决定以250万美元的价格出售，并想好了理由。

当他坐下来谈判时，内心深处仿佛有个声音在说："沉住气。"终于，买主按捺不住，开始滔滔不绝地对机器进行褒贬。

卖主依然一言不发。这时买主说："我们可以付你350万美元，一个子也不能多给了。"不到一个小时，买卖成交了。

在日常交往中，沉默往往会给你带来益处。在某些场合，沉默不语可以避免失言。许多人在缺乏自信或极力表现得礼貌时，可能会不假思索地说出不恰当的话给自己带来麻烦。

研究谈话节奏的学者们认识到，有张有弛的谈话在人际交往中至关重要。《谈话的艺术》的作者、心理学教授格瑞德·古德罗解释说："沉默可以调节说话和听讲的节奏。沉默在谈话中的作用就相当于零在数学中的作用。尽管是零，却很关键。没有沉默，一切交流都无法进行。"

正确的交流由两个方面构成：既被人关注，又关注别人。安静、专心的倾听会产生强大的魔力，使谈话者更加心平气和、呼吸舒畅，连面部和肩部都放松下来。反过来，谈话者会对听众表现得更加温和。

当你发怒、焦虑或自己想大发雷霆时，请你喝上一杯水或是握着自己的双手，然后露出你的微笑。这种简单的方法或许可以帮助你控制住情感。

沉默是一种无声的武器。恰当地运用沉默，往往令对方招架不住，自乱阵脚，从而露出庐山真面目。

当你和别人进行一项关于商品价格的谈判时，对方说：

"我希望能在这个月之内达成协议，因为我不敢肯定过了这个月是否能以相同的价格给你。"

这时你应保持沉默，冷静地看对方的举动。

这时对方又说："你究竟愿不愿意在这个月内达成协议？如果愿意，我们可以考虑适当优惠。"

你仍以沉默来回答。对方会再说："我们可以再把价格降低10%，希望你能慎重考虑。"

也许你等的就是这句话。于是，一项谈判就成功了。它或许比你原来想象的价格还要低。这就是高明的谈判者利用沉默来获得优惠的价格，取得最大限度的利润。

当然，沉默不能滥用，如果双方在谈判时都采用沉默来对抗，那这场“没有硝烟的战争”就不知要拖延到什么时候了。

那些老谋深算、富有谈判经验的人会一下子窥探出你沉默的用意，从而不露声色，令你失望。因而，卡耐基告诫我们，只有对那些急于求成或谈判经验稍逊的人运用此法，方能全面获胜，真正体现出沉默的价值。

让客户为你着迷

当我们仰慕于谈判桌上游刃有余、决胜千里的商场高手时，我们是否想过，为什么他们能那样谈吐自如、洒脱利落呢？为什么作为“上帝”的顾客会拉下其高昂的头呢？俗语说“冰冻三尺，非一日之寒”，这里除了产品等客观的因素外，没有营销人员高深的修养和个性魅力的展现是难以企及的。而这其中，迷人的推销魅力是成功的关键。

所谓魅力就是被周围的人认同、接受，甚至推崇的感召力。推销员的魅力就在于得到顾客的认可，顾客只有在认可个人的情况下，才有可能去认可你的产品。因为推销人员与顾客接触的时间短暂，要在短时间内打动顾客的芳心，这比展现任何魅力都困难。但是事在人为，只要你用心去做，用力去做，并力争做到你的一次推销行为结束后，让顾客产生一种你好像一个闪现在他们眼前的淑女一样迷人，让他们无法回绝自己的感觉；或者像一场惊心诱人的恐怖电影大片，不断冲击、震憾顾客的心灵；或者像一段稍纵即逝的经典浪漫刺激情节一样，让人回味；或者像追求女孩一样地依附于你，形成一种强烈的依赖感。这样，你就成功了大半。

作为推销人员，创造独特迷人的推销魅力是推销工作的首要任务。因此，在推销产品或服务时，要从行为、语言、态度、声音、眼神、表情等多个方面给顾客留下闪光点，力争打一个漂亮的突击战，让客户屈从于你的个人魅力。让顾客“情迷之、心服之、行随之”，此乃推销、谈判的最高境界。而要达到此一境界，必须在推销方法和说话方式上进行创新。

1. 黯然销魂法

要想在短暂的一面之交中，让顾客对你有深刻的印象，必须制造令顾客陶醉的方法和艺术。我们始终要把握一个原则，我们不是来给顾客传授知识和说教的，而是为其提供服务和帮助的，是为客户解决问题和困难的。因此，我们必须让客户真正地感觉到我们是在为他服务，而不是从他的口袋里掏钱，这样就会降低客户对你的心理防线，并潜意识地接受你。因为在营销实践中，顾客最反感与耽误时间而又对其没有帮助的人员交往。只有推销人员表现出极强的专业性和极高的热心，才能让客户愿意与你交往，对你产生兴趣，慢慢地接受你，认可你，默默地依附于你，放弃自己的心理防线，使你第一步目标基本得以实现。

2. 海底捞月法

俗话说：“知人知面不知心。”在实际的交往中，顾客往往会对推销人员产生一种反感和抵触心理，或者由于其他方面的原因，不愿意表露自己真正的想法和意图，令推销人员往往“云深不知处”，云里雾里，容易迷失方向，难以判断。针对这种情况，我们需要做好充分的准备，做到知己知彼，找准对象，切入主题，命中要害。例如：要去拜访一家经销商，你不仅要了解他的实力，还要对他现在的经营状况、信誉能力、网络状况、经销产品的种类，以及公司未来的打算和发展方向有所了解，并从侧面了解其性格特征、兴趣爱好，然后再去拜访，恐怕会更有胜利的把握和成功的可能，从而达到“釜底抽薪、海底捞月”的效果。

3. 推心置腹法

做业务的最高境界是与客户成为知心朋友，让客户感觉到你是在想方设法、设身处地地为他着想，真正为他解决问题。“人以群分、物以类聚”，人人都愿意与志趣相投的人一起交往。只要你在营销的过程中，较多地考虑客户的利益，较少地顾及自身利益，把你的想法真诚地与你的顾客交流，必要的时候和盘托出给你的顾客，让他感觉到你是他的知音、朋友，这样让他接受你就水到渠成了。这样做的结果不仅使他成为你忠诚的客户，还会增加一位为你推销产品、进行口碑宣传的下线。这样，推销就会达到一种事半功倍的效果。

4. 海阔天空法

作为业务员，你必须具备宽广的胸怀、宽大的气量、渊博的学识和广阔的视野，这样就不至于使自己局限于某一方面或领域，在推销产品和与客户接触时能纵横捭阖、应付自如。因为拜访客户不像与朋友聊天和闲谈，你必须话题广泛、认识独到深刻，能从多方面使客户对你产生兴趣，愿意与你交往，这样你与客户进行广泛的探讨，海阔天空而不天马行空，让客户感觉到你交往的技巧、人格的魅力、业务的精深和知识的渊博。同时在与客户的交谈过程中，我们通过发现客户的兴趣爱好和想法，从而想方设法去迎合他，寻找共同的话题；进而为客户提供多方面的信息，为顾客提供方便，为客户创造价值，才能达到自己的目的。

5. 赞美迷神法

赞美是一壶醇醇的美酒；赞美是一股润心的清泉；赞美又是一剂迷魂的药汤；赞美既能使人心旷神怡，又能使人神魂颠倒。赞美是推销的好方法，适当地赞美客户不仅能体现营销人员高深的文化修养水准，还能为促成业务推波助澜。赞美别人，成就自己。不过，赞美一定要把握分寸，注重适时。赞美不能仅是阿谀和奉承，不能变成一味地吹牛拍马。要让赞美成为一种尊重客人的方式，成为一种肯定客人的态度，赞美才能真正奏效。赞美可以通过别人做杠杆来进行，在与顾客有紧密联系的人面前赞美顾客，往往可能收到意想不到的效果。因此，只要适时，赞美应该无处不在；只要恰当，赞美应该无时不有。要学会赞美，懂得赞美，适时赞美，才能在赞美中实现成功，在赞美中完成营销的目标。

现代营销实践中，推销作为一种有力的工具在营销中发挥着重要作用。推销的主要手段是语言沟通。只要我们能够灵活运用、适时运用、准确运用，不断积累经验教训、及时总结、不断创新，就一定能够取得预期的目标，成为顶级的推销、谈判大师。

第四章　领导说话技巧

——做一名出色的社会活动家

古今中外一切业绩卓著的领导者，无一不是讲话的高手，他们的号召力、影响力、煽动力和组织力，既能激发起下属高度的工作热情，又能获取上级的信任和赏识。

第一节　讲话水平与领导形象

注重外表和言谈举止

所谓领导者，它是一个相对概念，对上是下属，对下是领导，对内对外是同志。但它的基本特征是：有一定的职务头衔，以做人的工作为其主要工作对象，在一个地区、一个部门、一个单位，处于统领、指挥地位，并对周围及下属起导向、引导和指导作用的人。为了履行自己的职责，在其位谋其政，当一名上级信任、下级拥护的称职领导，就必须善于从积极的方面表现自己，影响下属。

纵观古今中外的政治家、军事家、外交家、社会活动家，无一例外都是思维敏捷、口齿伶俐、善于表达的语言大师。领导者肩负着执行党的路线、方针、政策，制定本公司、本部门的发展决策，率领部属和群众，实现既定的宏伟目标这一重任。领导者的意图、意志、指标体系、工作措施和手段，均离不开高超的语言表达才能。

笨嘴拙舌的人当不好称职的领导，是情理之中的。在现实生活中，话不投机，语不登堂，方法不当，激化矛盾，把事情搞糟的例子不少；不善于了解群众心理，不善于运用语言技巧，不讲方式方法，不看对象、场合，滥发议论，使群众把领导的话当耳旁风的也不乏其例；好心不被人理解，善意得不到好报，以其昏昏，使人昭昭，不善于做深入细致、入情入理的思想工作，其结果事倍功半的例子也屡见不鲜。诸如这些，无不与领导者的语言表达技巧有着直接的关系。

领导工作的特殊性，决定了语言表达艺术的重要性。它不仅是领导者能力、人格、素质的外化表现，而且是达到工作目标的重要手段，同时还是领导者影响力大小的一个重要方面。领导者要使自己的语言表达起到吸引人、折服人、教育人、感召人、激励人、影响人的作用，就必须善于研究语言艺术，形成自己的语言风格。这对一个领导者来说，并非是过分的要求，而是做好领导工作必备的一门基本功。

作为领导，跟下属在一起时，要适当表现自己的“身份”。在办公室里与下属相处，别人应该一眼就能瞧出，谁是下属，谁是领导。如果你不能表现出这一点，给人的印象就可能正好相反，那么，你这个领导就是失败的。

领导虽然不必过于矜持，但起码要让你的下属意识到，你是领导。这样，即便是活泼、轻佻的下属也不至于在工作时拍你的肩膀，或拿你的缺点肆意开玩笑。他在你面前会小心谨慎，看你的脸色行事，当你们一起离开办公室时，他会恭恭敬敬地把门打开，让你先行。

领导要保持自己的威严，在无形中造成下属对你的尊敬之意，会为你的工作开展创造条件，下属会尊重你的意见。当他们执行任务有困难时，他们会与你商量，而不会自作主张，自行其是。

领导要注意自己的讲话方式。在办公室里跟下属讲话，一般来讲，要保持亲切自然的态度，不能让下属过于紧张，以便更好地让对方领会自己的意思。但是在公开场合讲话，譬如在面对许多员工进行演讲，做报告时，就要威严有力，有震慑力。

但不管在哪种情况下，领导讲话都要一是一，二是二，坚定果断，切忌含糊不清。

跟下属交谈，即便下属处于主动方，领导听取对方谈话也切忌唯唯诺诺，被对方左右。如果对方意见与自己意见相左，可以明确给予否定，如果意识到下属意见确实对团队有利的话，也不要急于表态。

多思考、少说话，也可以“让我仔细考虑一下”或“容我们研究、商量一下”来结束谈话。这样，在回去之后，下属不会沾沾自喜，而会更加谨慎，领导也可以利用时间从容仔细地考虑是取是舍，这在无形中增加了领导的权威，总比草率决定好。

行为是无声的语言。很多下属与领导直接交谈、交往的机会不是很多。他们了解你往往是远远地看到你的一举一动，或通过其他一些材料，下属会根据每一个较小的事情来判断你。

当你显示自己的身份时，你是将办公室的门敞开还是紧闭；当你走出办公室时，你如何与下属打招呼，如何接听电话，如何回复来信等，每一个细节都会在下属的脑中留下记忆，每一个细节都是向下属们传递了你自身的一份信息。

在注重讲话艺术的同时，领导也应意识到行为有时比语言更重要。领导的身份权威，很多往往不是由语言而是由行为表现出来的，聪明的领导者尤其如此。

领导讲话必备的特点

领导者讲话在语言表达上应具有以下特性：

1. 准确性

领导者对人的评价，对事物的判断，必须实事求是；下达指示、进行决策时一定要准确无误，来不得半点含糊。

2. 精炼性

“时间就是金钱，效益就是生命”。这一现代社会的基本观念要求领导者必须惜语如金，言简意赅，说话干脆利落，不拖泥带水，弃空话套话，拧干“水分”，真正用简短精练的语言，给人以启迪，给人以鼓舞。

3. 生动性

领导者无论在什么场合下，都需要使用易被对方接受的、鲜明生动的语言，而忌讳那种干涩难懂、空泛乏味的说教。一个最基本的要求就是要使用自己的语言。有些领导者往往愿意使用一些现代的时髦词，或者是流行的套话。把这些东西生拼硬凑在一起，乍听挺“新鲜”，实际上仔细回味是“生吞活剥”、“消化不良”。

4. 感召性

善于利用具有感召力的语言艺术去工作，或用富于哲理的语言，或用奔放的评议，或用火热的评议，或用激励的语言，扣人心弦，励人斗志，激起群众的热情，增强群众的信心。

5. 知识性

在运用语言时应有知识性、科学性、哲理性和逻辑性，既有历史的纵深感，又有现实的开阔感，能提供尽可能多的有用的信息，以启人深思，促人奋发。说话深刻有力度，就会产生令人钦佩的魅力。

6. 情感性

许多领导者成功的因素之一就是在运用语言时善于以情感人，而不是以权压人。做报告或演讲时，语言朴实无华，亲切入耳，具有很强的感染力和凝聚力，能博得群众的喜爱；在交谈中或做思想政治工作时，与人为善，入情入理，运用亲切和蔼的语言感化人、催化人，具有说得“石人落泪”和化冰消雪的功夫。应时时注意自己的态度，充分利用一切手段——表情、姿态、插话和感叹词等——来表达出自己对员工讲话内容的兴趣和对这次讲话的热情。在这种情况下，领导者微微的一笑，赞同的一点头，充满热情的一个“好”，都是对员工讲话的最有力的鼓励。

7. 语言个性

一般人都有自己的习惯用语，即口头禅，口头禅是人们常挂在嘴边的口头语，一般来说，以这些话来介绍自己，来强调自己，能够使别人听来亲切自然，也能为自己树立一个独特的形象。

8. 幽默性

幽默的话，易于记忆，又能予人以深刻的印象，这是自我标榜的商标，借此可以使人们记住你，并使你的话产生更大的力量。句子短些，短句子说起来轻松，听起来省力，吸引力也强。如果一句话的含义过于复杂，听者费力，交流也就多了一层障碍。

9. 通俗性

选择什么线索来整理说话内容，可以看需要而定。要注意通俗易懂，忌怪僻生异，并且吐字清晰，语速适当。

10. 时代性

领导者的语言要有时代气息，有时代感，不断吸取发展着的、创造性的思想营养和语言营养成分，以使自己的语言充满生机和活力。

善用语言技巧

在美国的一次民意调查中，总统小布什荣膺1948年以后最受美国人崇拜的男人称号。美国人最崇拜的女性是第一夫人劳拉。总统夫妇魅力凸显和911事件有着直接的关系。小布什让美国人看到了自己心目中理想的“危机”总统形象：勤奋、热情、投入、冷静、爱憎分明。他用一句话便让美国人热血沸腾起来：“我们要将奥萨马·本·拉登绳之以法，哪怕用烟熏也要把他赶出山洞！”劳拉·布什一直维持着自己恬淡、甘居幕后的形象。但当小布什愤怒地高叫着对本·拉登“活要见人，死要见尸”的时候，她开始坚定地站在丈夫身边，紧紧握着他的手。她还频频出现在慈善募捐会上，和911事件死难者家属一起默哀，宣扬、揭露塔利班对女性不人道的禁锢……她是这个国家愤怒浪潮中一个温柔、理性的声音。

那么，作为领导运用语言的技巧有哪些呢？

1. 展现语言的魅力

我们所知道的杰出领袖，绝大多数都懂得运用演说鼓舞听众。如果自己无法写出激动人心的演讲辞，可以请一流的行家代笔。诗人麦克利施、剧作家雪伍德，以及罗森门就曾为罗斯福总统代过笔。所以他的演说比历任的每一位总统都来得精彩动人。人们至今还记得这句："我们唯一必须畏惧的事，就是畏惧本身。"

有一些领袖很难能够面对群众侃侃而谈。即使有拟定好的稿子，不管稿子写得多好，这些大老板都表现得一塌糊涂。事实上，只要不畏艰苦认真学习，演讲是可以训练的。现代的竞选活动都在电视上举行，几乎所有重要的候选人，都懂得听演讲专家来教导他们有关演讲的艺术。

关于领导方面讲过最睿智的话的是蒙哥马利，他曾说："领袖必须是深具感染力的乐观主义者，面临困难时具有坚韧不拔的决心。甚至当他自己也不太确定事情会发生何种后果时，还能散发出十足的信心。"

2. 具有说服力的做法

要预测一个人是否能成为杰出的领导人，是非常困难的事。

现代领袖，接受心理学方面的训练要比接受电脑训练更为重要。有一位大公司的负责人说："我不再是董事长了，我根本就像个心理科的护士。"

的确，当今各行各业的员工们所面临的压力，是上一代的人想都想不到的。

现代的领导，尤其是企业界的领导不可避免地要扮演父亲的角色。做个好父亲，不但需善解人意、体贴入微、态度亲切，并且充满爱心。

拿破仑·希尔认为，真正迷人的个性必须具备以下几要素：

（1）养成使自己对别人产生兴趣的习惯。而且你要从他们身上找出美德，对他们加以赞扬。

（2）培养说话能力，使你说的话有分量，有说服力。你可以把这种能力同时应用在日常讲话及公开演讲上。

（3）为你自己创造出一种独特的风格，使它适合你的外在条件和你所从事的工作。

（4）发展出一种积极的品格。

（5）学习如何握手，使你能够经由这种寒暄方式，表达出温柔与热忱。

（6）把其他人吸引到你身边，但你首先要使自己“被吸引”到他们身边。

（7）记住：在合理的范围之内，你唯一的限制就是你在你自己的头脑中设立的那个限制。

在这7项因素中，第2项和第4项因素是最重要的。

如果你能具有这些好的思想、感觉以及行动，便可以建立起一种积极的品格，然后学习以有力及富有说服性的方式来表达你自己，那么，你将展示出迷人的个性。

“做个受欢迎的人”的好处并不在于这个习惯可能为你带来金钱或物质上的收获，而在于它能对养成这个习惯的人的品格产生美化的效果。

3. 注意倾听

在我们生活中，最重要的一件事，就是当个好听众，领导也不例外。所谓的沟通艺术，主要在于我们聆听别人的能力，而这将和如何激励对方有密切的关系。注意倾听是给人留下良好印象的有效方式之一。许多人不能给人留下良好印象，就是因为他们不注意听别人讲话。心理观察显示，人们喜欢善听者甚于善说者。要想成为一位成功的领导者，学会倾听是你必须先要学会的。

戴尔·卡耐基曾举过一例：在一个宴会上，他坐在一位植物学家身旁，专注地听着植物学家跟他谈论各种有关植物的趣事，除了提出一个问题之外，几乎没有说什么话，但分手时那位植物学家却对别人说，卡耐基先生是一个最有意思的谈话家。

人人都需要被倾听和被了解。一个人以言语表达自我的时候，会希望听他说话的人能有所回馈，也希望别人能了解他们。即使在这些说话的人连自己也不了解自己的情况下，也希望能获得别人的了解，当一个心烦意乱的人想要表达自己的情感和想法时就是如此。

如果同时有两个以上的人想要被倾听和了解，但是却没有一人愿意这样做，那么争吵或是避而不见几乎就不可避免了。因此，沟通高手在尝试让人倾听和了解之前，会把倾听别人和了解别人列为第一目标。

懂得如何倾听的人最有可能做对事情、取悦上司、赢得友谊，并且把握别人错过的机会。

倾听对传奇人物约翰·洛克菲勒非常管用。有一次，他说："我们的政策一直都是：耐心地倾听和开诚布公地讨论，直到最后一点证据都摊在桌上才尝试达成结论。"洛克菲勒以谨慎著称，而且似乎经常很慢才做决定，他拒绝仓促下决定，他的座右铭是："让别人说吧。"

4. "软语言"的应用

沟通时既要讲真话，又要注意措辞和语调。听者的情绪不但受其信息内容的影响，而且也会受到真实度的影响。

不同的表达方式与不同的语调轻重、面部表情及措辞用句都可以影响语言所传达的效果。

在1988年大选时，美国前总统布什向美国人民发表他的政见。他斩钉截铁地告诉美国选民："读我的唇语，不加税。"老布什这种沟通方式及话语，打动了无数美国人的心，从而赢得了大选。选举后，美国人民对老布什选举的承诺中印象最深刻的就是这句话。

5. 考虑对方的利益与需求

如果领导希望下属能记住他所传达的信息，就必须能做到换位思考，考虑对方的利益和要求，但不能脱离现实。

此外，还应考虑到影响与对方沟通的一切环境因素，既要了解对方的背景、喜好及遇到的问题，又要顾及思考模式上的差异，以期在沟通时发出的信息能配合环境因素。沟通后应有必要的反馈，并为对方的反馈提供一些便利条件。

6. 重视多种沟通方式

高达93%的沟通是非语言性的，其实55%是通过面部表情、形体姿态和手势传递的；38%通过语音、口吻，既然有那么多的非语言性的沟通，我们就更应当理解如何去发挥这些沟通方式，更好地利用它们进行有效的沟通。

在非语言沟通中，沟通双方信息的传递是十分明显的，不需要言语就能够通过服饰、姿势、眼睛传递出信息、空间及距离。

7. 幽默的语言

幽默是一种很有用的平衡手段。它可以打破文化、级别等界限。作为组织的领袖人物，适时地对下属讲一些幽默的话，既可以把严肃、沉闷的工作环境搞得活泼而融洽，也可以带给大家好心情，使人们更愿意与你亲近。最重要的是，你会保持一种欢乐的气氛，并为下属树立一个健康的榜样。

幽默可以营造轻松的交流氛围，沟通自然就会变得容易，而且自由而畅通了。

8. 选择有效的表达方式

一群人合作共事经常会出现以下两种状况：

(1) 遇到问题→进行协调→协调不成→开始沟通→沟通不良→各自表达→考虑利害关系而各说各话。

(2) 先各自表达意见→整理各方意见→进行沟通→产生一致共识→进行工作协调→确认工作内容→开始工作。

大家都知道路线二比路线一好得多，可惜实际工作中最后走的大多是路线一，主要原因总脱不了根源的问题就是表达能力缺乏；有些人不知该如何做出正确的表达，不是做出不成熟的表达，就是瞻前顾后、畏首畏尾地不敢表达，一次次错过最佳沟通机会，造成明明大家是从路线二的方式出发，在遇到问题之后，又走回路线—摩擦纷争不断的模式。

表达能力经过各方专家一致认定，确实是可以经由训练而培养出来的，从我敢表达、勇于表达、练习表达、正确表达的步骤中，学到成熟而优异的表达技巧，进而学习与人沟通协调的进阶能力。当然，任何学习还是脱离不了经验的累积，大家仍然必须持续在日常生活中多加以练习，以训练出属于自己风格的表达沟通与协调技巧。

任何的表达方式，在态度自然、心平气和的情况下，最能够充分表现出来。"观众或听众是不会注意表达者是否紧张的"，因为大家要知道的是内容，就像和外国人对话时，对方只想听懂我们在说什么，而根本不管我们是否紧张得要死，或是句子说得多漂亮。没有经过反复练习，绝对无法成为一名表达高手，加上表达内容经常会看对象、视情况而有所变化，所以很难在一朝一夕熟练，持之以恒地多方学习与经验累积，也是学习表达与沟通的不二法门。

说话的注意事项

1. 好的开场及收尾的方式

一个好的开场白，往往可以收到如同磁铁的效果，吸引大家的注意力，当然也能为我们后续要表达的内容做一有力的引言。诸如此类的开场白，我们简单分成8类：

（1）讲古法：先说个寓言或老故事，再切入主题，这算是最正统的开题方式。

（2）幽默法：以周遭环境为题，带以幽默的方式开场，这是西方人最喜欢的开题方式。它可以让表达气氛放松，但表达者必须具有相当的功力（使用幽默法易犯的错误：预告、离题、歧视、过量）。

（3）惊人法：以事实、统计数字等创造一个令人吃惊的开始，又名

"锤头法"。此法非常容易产生吸引大家注意的效果，让大家想再听下去。

（4）近事法：也称为"新闻法"，以最近热门新闻时事为题，引申出整个要发表的内容。

（5）好奇法：也有人称"反向法"，先说一个和题目相反的开场，引起大家的好奇心，然后再转回要表达的内容，这类用法必须有完善而强力的准备，以免转不回来。

（6）发问法：也称为"互动法"，让听众很有参与感。

（7）就地取材法：以眼前的人、事、物，就地取材加以发挥，以此快速导入正题。

（8）沉默法：是希特勒最爱使用的方法。上台后环视周围，闷不吭声，会让听众出现期待感。

一个好的收尾，可以帮助大家复习，并回头想之前表达的重点，等于是在大家离开之前，煽动大家不要听过就忘了，要能付诸行动来支持你所表达的内容，因此配合一些方法，可以让你达到"虎头虎尾"的结果。

2. 失言后的处理

失言一般包括用词不当、引喻失义、想法不周、场合不宜、对象不合、风度不佳、认知不足等，如果不能立即处理，往往会被逼到无法再进行表达，甚至越抹越黑的地步。

失言以后，可以借用别人的经验、避免没把握地即兴发表、慎防情绪激动、把握中庸之道，或以行动证明无心、立即道歉、明快解释、完全否认、自我解嘲等方式进行处理。

3. 把握沟通练习要领

要想建立起良好的沟通渠道，不论是讲道理，借着个人的经历与丰富的经验，以及强力的证据来沟通，还是靠关系，借着平常彼此荣辱共享、生死与共的交情，来进行意见整合，都必须藉由正确的表达来进行。

平常多和亲友进行合理的辩论，多加练习噪音排除，先加强个人的表达能力之后，再辅以细心的观察，养成经验累积与准备周全的好习惯。

第二节 工作沟通与说话艺术

与下属谈话的艺术

1. 领导者同一般干部谈话

(1) 考察谈话

范围限定比较严格，对被谈话人的选定要有层次性和代表性，这就使谈话增加了严肃气氛。因此，谈话要有所准备，掌握谈话对象的一般情况，如简历、德才、专长及与被考察人的关系等。要明确谈话的范围，这样可以使谈话更加集中，了解更加透彻，很快抓住干部德才表现这个核心问题。

(2) 任免谈话

这是了解干部、识别干部、教育干部的极好机会，在进入话题之前可拉拉家常话，对年轻者可问一下其爱人的工作、孩子的健康等情况；对年长的可问一下起居、身体状况等。待情绪稳定，提出组织上的要求和希望。对提拔职务的同志要明确指出他的缺点，此时此刻他比较容易接受并能引起注意；对降职、免职的同志，也要肯定他的长处和成绩，使这些同志感到组织上对他的看法是公正的。

(3) 考察核实问题谈话

谈话的中心是问题。为了保证谈话目的的实现，要特别注意谈话时不带任何框框，要使谈话对象能够客观如实地反映情况，使得到的情况真实、可靠、准确、有说服力。进行这类谈话应掌握好分寸，对一些不便向被谈话者说明的问题，不应随意提出或解答。

（4）批评教育谈话

批评要做到实事求是、恰如其分，切忌夸大或缩小谈话对象的错误或缺点。如果把问题说得轻描淡写，则达不到教育的效果；说得过于严重，也可能激化矛盾，影响谈话效果。只有实事求是地指出其错误或缺点，真心实意地帮助其认识和改正错误，他才会欣然接受，心服口服。如果谈话中出现双方意见僵持不下的局面，可以暂时中断谈话，以缓和气氛，使双方都冷静下来考虑问题。在中断谈话后，要进一步了解情况和沟通意见，从而找到解决的最佳途径。

（5）同找上门来的干部谈话

干部找上门来谈话，千万不能强调工作忙，而不热情接待，也不能认为这不过是个别的事情，不予重视。对于一些应当解决又有能力解决的问题，应以高度负责的精神帮助解决；对于暂不能解决或不该解决的问题，也应讲清道理，并使他们理解组织上的困难，真切地感到组织的温暖。

（6）主动找干部了解工作情况或做思想工作的谈话

要以同志般的身份出现，有关心干部的诚意和虚心求教的热情，切忌打官腔、摆架子。只有这样，干部才能向你反映真实情况，说心里话，乐于同你交朋友。另外，要敢于走"冷门"，即敢于登门同犯了错误甚至犯了严重错误的同志谈话，鼓励和支持这些同志振作精神，吸取教训，继续前进。

谈话除了讲究方法外，还应具有正确的态度。领导与干部谈话，既是心理上的沟通，也是感情上的交流。只有将双方的关系建立在朴素平等、相互尊重的基础上，才能建立起良好的谈话气氛，才能谈得拢、谈得好。领导干部谈话的态度要注意几点：一是要热情谦虚，不盛气凌人；二是要平等待人，不动辄训人；三是要以理服人，以情感人；四是既要有原则性，又要有灵活性；五是要有耐心，不怕麻烦；六是注意力集中，领导者要表示出对谈话人谈话内容的关心和关注。

2. 领导者同普通员工谈话

一个领导者同下属谈话的语言运用，是谈话成功、领导活动有效的重要条件，也是领导者获得信息、恰当地处理问题的方法，还是密切上下级关系和干群关系的良好途径。

（1）同下属谈话的语言要具备说理性

①说理与情感的合理交融。成功的教育应是“三分含情，七分叙理”。在说理的过程中，既不能仅仅动之以情，也不能局限于晓之以理，而要情、理有机地结合，做到情中有理，理中含情，以理为主，情理交融。这样才能使谈话更具魅力。

②说理要与人们的合理利益相结合。领导与下级谈话，不能唱高调、说空话，要从对象的实际出发，考虑对象的合法利益和合理要求。当然，对无理要求不能迁就，要做思想工作，要恰当地批评教育。但是，下属的实际困难该解决的应该考虑；就是要下级以大局为重，牺牲某些个人利益时，也要讲明情况，提高认识，并对这种精神给予鼓励，而不宜简单行事。在这种情况下，尤其需要领导者以身作则、率先垂范，否则，自己不愿放弃个人利益，却教训别人，别人是不会信服的。

（2）同下属谈话的语言要具有幽默性

幽默可以成为上级与下级关系的润滑剂。这种力量往往是以善意的微笑、委婉的劝诫、含蓄的批评来代替抱怨和指责，避免各种条件下、各种环境中的无谓争吵，进而促成上级同下级的关系更加融洽和谐。

（3）同下属谈话的语言要具有丰富的感情色彩

列宁曾说：“没有‘人的感情’，就从来没有也不可能有人对于真理的追求。”在现实生活中我们也常说：“通情才能达理。”我们在谈话中，要使谈话对象能够自愿地接受教育的内容，情感的激发是非常重要的，它可以调动谈话对象积极的思想意识。

情感的表达是有一定要求的：

①要真实。只有真实的感情，才能让人感到自然，才能对被领导者产生较大的感染力。谈话者如果缺乏真情实感，就不能引起听者的情感共

鸣，听者也不会给你讲真话，反而对你存有戒心。

②要恰如其分。谈话中，领导者自始至终需要保持清醒的头脑和高度的理智，注意适当地控制自己的情感，不能以感情代替理智、代替政策，也要注意不被对方的不良情感所左右，并对这种不良情感及时加以引导，使其重新被纳入理智控制之下。

让下属言听计从的说话方法

如果你是领导，在制订了工作方案之后，你一定不愿让它成为没有现实意义的海市蜃楼。那么，你必然把你的方案传达到下属那里去，并让他们付诸实施。如何使你的下属言听计从呢?

1. 指导和激励

即以帮助解决问题和创造成绩的方式出现，这是最佳的方式。一般人希望领导是帮助他们提供方法、解决难题的导师，是他们创造成绩、争取进步的牵引者，而不希望领导是不懂装懂的蹩脚传令官。当你所领导的下属在各个方面都有比你突出的专长时，你的技术指导似乎苍白无力。然而不要怕，更高明的方法，不是直接的技术指导，而是帮助你的下属找到创造成绩的契机，通过激励他们实现成功的欲望，让他们心甘情愿地实施你的方案。比如，某单位接受一个科研新项目，有些人员觉得领导惹麻烦。领导不动声色地在例会上讲:“大家都知道，咱单位都是年轻人，谁也不会不想进步。但我昨天碰到一位老同志，他苦恼地对我讲，他一生虽算一头老黄牛苦苦地干过来，可遗憾的是，没有科研成果，结果职称很低，到老都没什么好骄傲的。同志们，这位老同志的话给我很大的启发：我们在工作的同时不能不创造条件搞科研项目。所以，我向上级领导申请了一项科研任务……”说到这里，他已经把大家的成功欲望激发起来，“惹麻烦”的念头烟消云散，领导的科研方案顺利落实。是的，一方面以事晓之，以理服之，以方示之；另一方面又以情动之，以利导之，以气鼓之，要让下属言听计从，已有80%以上的把握了。

2. 造势攻心

有些人偏偏会在你任务很急的时候，因为某种偶然的原因拒绝接受任务，怎么办呢？有经验的领导就会造势攻心，不动声色地强制执行。如某厂想调一名政工干部去营销部，该干部闹了情绪，厂长找他讲："咱厂近来按制度让几位干得不好的干部闲置起来，做待聘处理，你不会不知道吧？你有口才，我决定让你到营销部闯一闯，你如不去，可没其他机会了。"在竞争激烈的今天，被闲置就是竞争失败者。厂长一番话，政工干部脸红了，心知利害，服从了厂部安排。

一种苦味的药丸，外面裹着糖衣，使人先感到甜味，容易一口吞下肚子去。于是，药物进入胃肠，药性发生效用，疾病也就好了。我们要对人说规劝的话，在未说之前，先给人尝一些甜，然后你再说规劝的话，人家也就容易接受了。

如果你要人家遵照你的意思去做事，应该用商量的口气。假使在一个盛夏的中午，一群工人在休息，一位监工走上去把大家臭骂一顿，工人们畏着监工，当然立刻站起来去工作了。可是当监工一走，他们便又停手了，这是一定的。如果那位监工上前和颜悦色地说道："天气真热，坐着休息还不断地流汗，这怎么办呢！朋友们，现在这些工作很着急，我们忍耐一下来赶一赶好吗？我们早早干好了，早早回去洗一个澡休息，怎么样？"这样，工人们当然会一声不响地忍着暑热去工作了。

3. 借物喻义法

1958年初，周恩来总理到南方视察。他发现随行的报务员小李一心只想上福建前线，不太安心后方的报务工作。于是，他利用空闲主动找这个战士谈心。听了小李的心里话，他爽朗地笑了起来，用手摸着小伙子的头说："原来，你这里还有个疙瘩没解开呀！来，咱们聊聊。"这时，墙上的挂钟正好敲响。周总理看了一眼挂钟，微笑着问："小李，我们一眼看去，可以看到挂钟的哪些部分?”小李看了一下回答:“可以看到时针、分针,还有表盘上的阿拉伯数字。”“还可以看到什么呢?”小李又仔细观察了一会儿,摇了摇头。周总理若有所思地说:“是啊!表面上的东西可以一眼看到,可里面的发条、齿轮和其他部件是时钟的心脏,而它们却待在里面不会被人看见。各个小齿轮,长年累月任劳任怨地工作着。如果它们中间的哪一个闹情绪了,想跑到能被人看得见的外面去工作,你说这钟将会怎么样?……革命工作是一个整体,无论我们干什么,都要像齿轮那样不计名利、埋头苦干啊!”

周总理以真挚的感情,从眼前具体的实物谈起,由物及人,由景及理,启发联想,为报务员小李解开了思想疙瘩。这种善于利用场景来说话的方法使人感到亲切自然,从而加强了语言的说服力和感染力。

4. 激将法

对有些人,你使用一下激将法,也能取得意外的好效果。军营指挥官一句“你敢立下军令状吗?”叫多少热血将士冲锋陷阵,立下赫赫战功;经理一句“你不能胜过××,去争取最高工资?”叫多少技术人员苦攻难关,创造惊人效益;而教师们运用激将法来转化一些顽皮学生,就不胜枚举了。

有位领导见一位年轻下属正在抓一个车间的改革试点,故意激他道:“你这么年轻,行吗?”年轻人答道:“基本完成任务了,请领导验收吧!”领导见状,又有意激道:“车间只是个小单位,你要能把咱厂的改革搞成功,我就服你!”年轻人红了脸:“能让我试试吗?”领导于是让他当业务副厂长,年轻人倾尽全力开始他的改革方案……领导满意地笑了。

5. 以退为进法

有一次,一位企业家经过他的一家钢铁厂,当时是中午。他看到几个工人正在抽烟,而在他们头顶上正好有一大招牌,上面写着“禁止吸烟”。企业家没有指着那块牌子责问“你们不识字吗?”他的做法是,朝那些人走过去,送给每人一根雪茄,说:“诸位,如果你们能到外面去抽这些雪茄,那我真是感激不尽。”工人们立刻知道自己违反了一项规定，因为他对这件事不说一句话，反而给他们每人一件小礼物，并使他们自觉很重要。

另一位百货公司的老板也使用了同一技巧。他每天都到他的费城的大商店巡视一遍。有一次他看见一位顾客站在柜台前等待，没有一人对她稍加注意。那些售货员呢？他们在柜台远处的另一头挤成一堆，彼此又说又笑。这位老板没有说一句话，只是默默钻到柜台后面，亲自招呼那位女顾客，然后把货品交给售货员包装，接着他就走开。

这种巧妙的暗示所带来的效果远远强过当面指责。批评下属们的不是，那样只会造成对方顽强的逆反心理，即使表面上看来他们是平静地接受了。

没有哪个领导人在他的领导生涯中从不曾有过极想发火、大骂下属的冲动，否则就必然意味着他不是一个热爱工作、爱岗敬业的人。但事实上却并不是每一个领导人都真正狂风暴雨般发作了，这便是领导语言技巧上的最大区别。

有效批评下属的技巧

大多数上司在责备他们的下属的时候都是对事不对人的。那种动辄肆意责骂，把自己心中的闷气全然发泄在下属身上，或者随意发号施令，毫不考虑下属感受的领导毕竟是少数。但为什么几乎90%的人都声称他们接受不了，甚至终生耿耿于怀上司曾经给过他们的某些批评呢？

原因很简单，就是他们的上司没有学会批评人，没能够以一种很平和、很巧妙的姿态完成对下属的训导，既达到了自己的目的，又让下属领略到了那番他所诉诸的高尚动机，可谓一箭双雕。

批评下属的时候，为了取得理想的效果，达到既定的目的，一定要注意如下几点基本原则：

（1）以客观、严肃、平静的方式面对员工。领导者通过自由、轻松、非正式的方式处理问题有利于促进人际交往活动。因为，在这种情境下，员工会感到无拘无束。但是，批评的实施与这种情境完全不同。因此，作为领导者应尽可能地避免愤怒或其他情绪反应，而应以平静的、严肃的、客观的语气来表述你的意见。但也不要以开玩笑或聊家常的方式来减弱紧张的压力。这类举动会使员工感到困惑，因为它给员工传递了一种相互矛盾的信号。

（2）指明问题所在。当你与员工坐在一起时，要明确指出你有具体针对这一问题的有关记录。向当事人出示违规发生的日期、时间、地点、参与者及其他任何环境因素。要用准确的语言来表述和界定过失，而不要仅仅引证组织的规章制度或劳动合同。你要表达的并不是违反规则这件事情本身，而是违规行为对整个组织绩效所造成的影响。要具体阐明违规行为对员工个人的工作绩效、对整个单位的工作绩效以及对周围其他同事所造成的不良影响，以解释这一行为不应再发生的原因。

（3）讨论不针对具体人。批评应指向员工的具体行为而不是他的人格特征。例如，一名员工多次上班迟到，就要向他指出这一行为如何增加了其他人的工作负担，他有这一行为会影响整个部门的工作士气等，而不要一味地指责此人自私自利或不负责任。

（4）允许员工陈述自己的看法。无论你有什么样的事实或证据支持你的谴责，正确的工作方法应该是：给当事人一个机会陈述自己的看法。从当事人本人的角度来看，发生了什么事？为什么会发生？他对组织规则、管理条例和组织环境是怎样理解的？如果在违规方面，你与当事人的观点差异很大，你就应该做进一步的调查。

（5）保持对讨论的控制。在人际交往中，人们都希望鼓励开放式的对话，希望抛开控制而制造一种双方平等的沟通气氛。但在实施批评时却不一样。因为，违规者会利用一切机会将你置于守势。也就是说，如果你不进行控制，他们就会控制。对员工的批评就是在权力基础下的活动，要想巩固组织准则和规程就必须进行控制。既要让员工从自己的角度陈述所发生的事情，还要抓住事情真相，不要让他们干扰你或使你偏离目标。

（6）对今后如何防范错误达成共识。批评应包括对错误改正的指导。在批评中，要让员工谈谈他们今后的计划以确保这类违规行为或过失不会再犯。对于严重的过失或违规行为，要让他们制定一个改变此行为的计划，然后安排出以后见面的时间表，以便于评估他们每一次的进步。

（7）逐步选择批评程序，并考虑环境因素的影响。选择什么样的惩处手段是十分重要的。如果某种违规行为重复发生，处罚就应该逐级加重。一般情况下，批评活动以口头批评为最轻，而后依次为通报批评、暂时停职、降职或降薪，最严重的是做开除处理。需要强调的是，你所选择的惩处措施应该是公平而一致的，这意味着你需要考虑到环境因素。例如，这一问题的严重程度有多大？对这一违规事件，员工在多大程度上曾被警告过？他过去是否有过类似的违规行为？对于这一类问题的了解能够确保我们在处理过程中考虑到环境因素的影响。

说话巧妙变通的技巧

人的一生，能够御清风，大鹏一日同风起，扶摇直上九万里，固然可喜。但人生不如意事十有八九，若遇到困难、挫折，能够用巧借力，抽云拨雾现青天，篷舟吹取三山去，一样也很精彩。

荀子曰："假舟楫者，非能水也，而绝江河。君子生非异也，善假于物也。"大千世界，芸芸众生，人各有所长，也各有所短，人人都需要取长补短，互相帮助。

楚汉战争期间，刘邦的大军分为两路作战。南路由刘邦率领，北路由韩信统领。刘邦在南线与项羽作战，连连失利，最后大军被围困在荥阳，处境比较危险。

而在这时，韩信在北线接连取得胜利，捷报频传，并且攻下了经济发达、物产富饶的齐国。他听说刘邦在南线接连吃败仗，想到自己军事上节节胜利，于是他的政治野心也逐渐膨胀起来。

一天，韩信和心腹将领谈话，透出想高升一步之意，那将领很支持他，并说保证可以实现。于是韩信派出信使去面见刘邦说："韩将军在北线接连取得胜利，功勋卓著，如今攻下了齐国，能不能封他为假齐王？"

刘邦一听这话，怒不可遏，当着信使的面斥责道："我在南线失利，如今被困在此地，日夜盼望着韩信能在北线取胜之后率大军助我，没想到他竟要求封为齐王！"

信使一听刘邦这样说，立即显得不怎么高兴，把先前的笑容收敛起来。当时，张良正坐在刘邦身边，听刘邦当着信使这样说话，急忙用脚踢了刘邦两下。刘邦一怔，立即心领神会，急忙话锋一转，改口骂道："这个韩信真令我失望，我几次说他没出息，他还不服，如今打了那么多胜仗，连齐国都打败了，还是那样没有自信心。大丈夫要做王就要做个真王，何必要做个假王呢？你回去告诉韩信，我回头派专使册封他为真正的齐王。"刘邦原来就爱骂骂咧咧，这一骂可是骂得有水平，前后话连接竟听不出太多的破绽。信使听了，转忧为喜。

信使走后，张良就说："大王在南线连连失利，而韩信连打胜仗，大王现在没有力量阻止他称齐王。现实情况下，只有顺水推舟答应他，这样才能先稳住他，否则的话，发生意外，后果不堪设想。"

刘邦说："这次封了他为齐王，他的野心会更膨胀，这样做以后怎么办？"张良说："先渡过眼前的难关再说，以后会有办法的。刚才大王反应真是敏捷。"刘邦说："多亏了你提醒，险些误了大事。"

不久，刘邦派专使赴齐地，册封韩信为齐王。刘邦稳住了韩信，为汉军以后击败项羽奠定了基础。

喜怒哀乐是人的基本情感，没有喜怒哀乐的人是不存在的，但是，在现实生活中轻易就表现出自己的喜怒哀乐则是错误的。聪明的人，总是把自己的喜怒哀乐、思想感情隐藏起来，不让别人窥出自己的底细和实际想法，即使是发生突然事件，也能随机应变，很好地应付。

在通常的交际过程中，人们总希望把话说得清楚明白，准确无误。但在特定的场合中，说话人有时却故意把字念错，把词用错，把事说错。奇妙的是，这些故意说错的语言，不仅不影响正常的交际，反而使语言产生一种神奇的艺术效果。这就是变通的艺术和魅力。

在一次宴会上，一位资本家问美国著名作家海明威："什么是最好的写作方法?"海明威答："从左往右写。"对一位根本不懂得写作的资本家，要揭示写作方法的内涵是十分困难的，于是海明威故意"答非所问"，不仅巧妙地回避了这一较为复杂的问题，而且还含有调侃、戏谑对方之意味。由此可知，这种"故意的错"，还有化被动为主动，置对方于窘境的作用。

第三节 主持会议与讲话技巧

树立特定的语言形象

我们召开会议，是为着一定的目的，有组织地商量议事、解决问题。这是一个互相交流、沟通的过程。一方面，有较多的与会人员通过会议主持人运用的语言以及表情、手势等来观察领导者的思想素质、组织决策能力和文化修养及对某个问题的态度与倾向；另一方面，领导者本人一般也利用这个机会，来贯彻自己的领导意图，引导与会人员做出某项判断或决策，并以此表现自己的领导艺术和才华。所以，对任何一位领导者来讲，不断研究和提高主持会议的语言艺术，树立一个特定的语言形象是十分必要的，也是明智的选择。

我们召开的各种会议中有 90 %都拖得太长，几乎没有什么组织工作，难免会令人厌烦或者毫无结果。不客气地说，这往往应归咎于作为主持人的领导者。一位出色的领导者在主持会议时都能应付自如，通过绝妙的幽默和对会议程序的强有力的控制，以及对议题实质的清晰掌握，使会议取得成功。

一般来说，会议大致可分为两类：交际会议（如招待会）和工作会议（如日常工作例会）。在这些会议中，作为主持人的领导者，往往以此下达工作指令，听取群众意见和下级报告，综合决策，统一思想认识，协调行动。在这些工作过程中领导者应设计一个怎样的语言形象呢？

1. 理想的会议主持人

民主、公正并且非常老练。理论上，主持人应是会议的“公仆”，即使他是领导者，他的责任在于确保会议做出的决议是合理的、可靠的，尤其是，他必须在确保自由言论的同时维持秩序并使少数服从多数。最巧妙的主持人仅限于表现出他的公正和民主，这正是领导风范的影子。一般情况下，会议所涉及的问题无关紧要，他会欣然接受集体的意愿，但对某些特殊问题，他必须设法做出合乎自己意愿的决定，以挫败某些潜在的势力，这就必须在语言方法上下大功夫。显而易见，主持会议的领导者自有相当数量的人尊重其权威，但为了保持人们的信任，他起码在外表上要让人感到自己是没有偏见的，是客观、公正、民主的，对众人的意见是敏感的，绝不把自己的观点强加于人。

2. 领导者在召开会议前必须有充分准备

每个会议都应有一个议程，最好通盘考虑一下，用心制订出来，了解有关背景和介绍材料。议程的安排是一个复杂而微妙的问题，请记住这两条原则：

其一，人们总是拖延前面的议题而草率对待后面的议题。因此，分量较重的问题应安排在前面，而日常议题和琐碎议题在后。

其二，人们不会轻易地由笑转怒，因此，敏感的问题安排在会议中间，并不要忘了在它前面搁上几个轻松愉快或是能活跃气氛的议题。如果主持人能恰到好处地说几个笑话，赞扬人们一番，气氛会更佳。另外，请不要忘了事先了解一下与会重要成员的态度，这样才好运用自如，说话时有的放矢。

3. 着手设计语言形象

会议应在预定的时间开始而不要提前或推迟，否则将影响大家情绪。让每个人都就座后，主持会议的领导者应面带微笑，用一种交谈的语调热情地说："欢迎各位，我宣布会议开始。"会议记录将从此刻开始，而此前所说的任何话都不记录。同样，会议结束时，主持人也应宣布会议结束。

会议上所用的称谓自始至终应当一致，或者是正式的，或者是非正式的。若在一个正式会议上，与会者彼此之间互不相识，可以互相称呼某某先生或某某小姐。如果可能的话，他们应当互相称呼各自的名字。如果没有有关规定可以遵循，作为会议主持人的领导者，你将不得不决定应该如何严格地进行会议。你可以坚持要求每个人只能就某个问题发一次言，或者你并不严格，允许人们自由发言，而当他们离题乱扯时把他们拉回来，在适当的时候总结一下，然后问大家："我们都认为这是我们想要采取的步骤吗？"怎样形成一个好的会场气氛呢？记住你可以这样做：在你的目光和别人接触后，要停顿一下，做一个亲切的表示。不要总是盯着一个人看，而要让你的目光无意识地巡视大家的脸。讲话时绝对不要着急，要不慌不忙。当你研究自己的发言稿或反复考虑所要说的文字时，不必担心产生长时间的停顿，讲话的速度太快和总是显得忙忙碌碌的主持人会使大家感到很不安，影响气氛。讲话时，要使用友善的语言和适当的幽默并对任何一个与会者给予鼓励和同情，对那些害羞或不善于表达思想的人应予特别关照，对这类人你不妨事先暗示他或让她准备一番。

你可以直截了当地用这种方式开始讨论一个议题："这里有一份材料，它对某个问题做了说明并提供了各种可供选择的方案，有谁想为这份材料辩护或是反对它？"如果看起来大家很快便赞同了这份说明，你就可以立即加以概括："这么说大家都同意这份说明了？"下面几种说法都是可取的："诸位的希望是不是如此？"或"我们是不是同意？"等。主持会议时这样讲话的领导者，从不会被指责为不民主或把自己的观点强加给别人，而实际就是这样。另一优点是：即使你的设想是错误的，也很容易挽回。如果讨论反反复复仍得不出结果，主持者应打断争论并归拢双方的观点：

“我建议这个问题集中在这两种选择上。要是这样，诸位能否进一步看看各自的利弊?”

当某人做了一篇傻里傻气的发言或者一通并不符合你的本意的发言之后，怎么办? 通常是不做任何表示，让他任风吹，并等待下一个人发言继续讨论，领导者绝不能在此时贬低他人，那将有失身份并可能使你失去支持。如果有人固执地坚持一种不切实际或你所不喜欢的想法，你只需停顿一下，然后说：“好，好。”此时自会有人了解你的意思，举出这个建议不可能被接受的理由，并进行反驳。优秀的领导者从不滥用自己的权力去扼杀别人的想法，那实在是往自己脸上抹黑。对付这种情况的要领在于及时辨别出其中的危险性，然后设法孤立他们，使之成不了大气候。

掌握议事进度的技巧

掌握议事进度对一次会议的成功至关重要。控场也就成为一个主持人最应训练的技巧之一。掌握议事进度主要包括两种方式：语言方式与非语言方式。

1. 语言方式

语言方式是指主持人用一些比较有技巧的话语来控制会议的议事进度。例如，面对一些非常容易滔滔不绝的发言者，主持人可以凭借对其的了解，让其先发言，使其尽量缩短发言的时间。具体做法如：“能不能用3分钟的时间给我们简单地说一下?”当他说到5分钟的时候，你可以再说：“嗯，已经5分钟了，你说的正是我们需要的。”或者可以采用一带而过的方法，例如“你刚才说的内容非常好，你对下一问题怎么看?”这样就可以把他从一个问题带到另一个问题，或是可以转移说话对象，如“你说得很好，坐在你旁边的这位怎么看呢?”

通过以上这些话语，即语言方式，主持人可以有意识地、合理地控制议事进度。

2. 非语言方式

更有效的掌控议事进度的方式是用非语言性的方式，即通过眼神、手势等面部表情告诉发言人说多了或者别说了，或者是说得不够接着说等。比如，主持人把目光转向别人，就可能是在提示正在说话的人可以停止说话了；不耐烦地敲桌子，也可以提示结束发言；用比较不礼貌的方式，如不停地看手表，也能达到同样的效果。

语言和非语言这两种形式的合理运用，可以做到有效的控场，使会议既不会太短，也不会太长，准时开始，准时结束。

主持会议的语言艺术

会议是与会人员通过会议主持人运用的语言及表情、手势，来观察领导者的思想政治素质、组织决策能力和文化修养等；领导者本人也利用这个机会，来贯彻自己的领导意图，表现自己的领导艺术和才华。这样，研究和提高领导者主持会议的语言艺术，就是十分必要的了。

1. 突出中心，紧扣议题

无论开什么样的会议，都必须事先拟订好一项或几项议题，这是会议的目的、核心和灵魂。会议主持人是会议的“舵手”，要随时把握、驾驭好会议之舟，层次要清晰，逻辑要严密，表达要准确，中心要突出。切不可主次不分，轻重不分，内容庞杂，使听者不知所云，无所遵循。

2. 会议讲话应深化会议的主题

领导者讲话事先要了解会议内容，了解有关方针政策，了解与会者的心理，从而确立自己讲话的要点。使自己的讲话与会议内容相呼应，与有关方针政策相吻合，与到会人员心理相共鸣。同时，领导者的讲话要高瞻远瞩，画龙点睛，深化会议主题。在讲到深层次和关键性的问题时，还应做到声音宏亮，速度放慢，语气加重，给与会者留下深刻的印象。如果强调讲话只是重复会议内容，就事论事，不假思索地讲些空话，就会使与会者感到你并不高明，不仅起不到应有的作用，还会影响领导者的形象和威信。

3. 会议讲话应准确、鲜明、生动

会议主持者置身于一个同与会者面对面的语言表达环境，并且除传达文件外，通常不宜用书面文稿照本宣科。因此，如果说得不分场合，不合身份，或政策精神把握不准，就会言不达意；只有真正用简洁精练的语言，如实地、恰如其分地反映客观事物的实际情况，才能给人以启迪，给人以鼓舞。

4. 会议讲话既要通俗易懂，又要幽默生动

参加会议的人员，不可能都是一个知识层次，会议主持人不能不看对象、不管效果。在讲话中大谈艰深难懂的东西，即使是政策性、专业性、学术性较强的会议，主持人也要用朴实无华、浅显易懂的语言来表达深刻的内容。把深奥的道理浅显化，不但让人听得不吃力，而且会给人一种亲切朴实、平易近人的感觉，能缩短主持者同与会者的距离。在讲话中，只有适当获得愉快的放松，同时又深受包含在幽默之中的道理的启迪，才能促使大家乐于接受主持者的思想观点和施政主张。

5. 因会制宜，善于调动听众情绪

针对不同的会议，把听众的情绪鼓动起来，刺激听众的兴奋点和注意力，是领导者主持会议过程中充分发挥评议艺术特色的一个重要课题。要因会制宜，在语言运用上赋予不同的感情色彩。譬如，在庄严的会议上，语言应注意严肃性、规范性；在欢庆会上，语言则应热烈喜庆；在工作部署会上，语言应清晰、准确、明快；而在动员、誓师会上，语言就必须富有鼓动性，以提高人们的决心与信心、干劲和勇气。不同的语言，应和不同的会议、不同的气氛相配合、相一致。

会议讲话的语言技巧

对于我们大多数人来说，世界上最可怕的事莫过于当众讲话了。有的人甚至感到，与面对死亡的恐惧相比，他们更害怕在众人面前亮相。然而，如果你让这种怯场心理控制着你的整个情绪，那你在一生中将一事无成。在通向成功的阶梯上不断攀援的人，应当具备的最基本的能力就是当众演说和有效地主持会议。专家们在美国一所大学进行的一项调查表明，那些具有主持生产业务会议能力的经营者是最具有竞争力的。

当你在会议上开始讲话时，你是否受到欢迎，第一步将取决于观众对你的初步印象。即使以前他们见过你，你也应该在每一次会议开始时给他们一个崭新的印象。这个印象取决于很多因素，如：你是否做好充分准备，你的眼睛当时是否闪亮而活泼，你的声音是否悦耳动听，你对周围的反应是否机智灵活，以及你是否能简明扼要地陈述自己的观点。下列秘诀能有助于你建立一个受人欢迎的形象：

（1）果断而自信地走向主席台——在会议演说前停顿片刻，用几秒钟审视一下会场的观众。当你这么做的时候，台下的无数双眼睛也会同时聚集到你的身上，他们也都在观察着你。而且，在你即将开始演讲的一刹那，他们将会对你的精神、热情、知识、学识、声音、目光接触以及身体语言等各方面做出评价，而最终综合形成对你的初步印象。

（2）准时宣布会议开始——很多经理不能准时开会。他们常常会使用这样的话语："我想会议马上就会开始！"其实，这种方法并不高明。事实上，你可以向观众微笑数秒种，表示你也在期待着早点儿把信息传递给他们。如果由你来指出演说后会有答疑时间，可以利用开会前的这段时间声明，请观众在那时提问。

（3）出奇制胜的开场白——你一定想轻松愉快地让会议开始，在会议开始的时候，你可以先介绍一下自己的情况，以便于每个人都认识你；也可以让与会者互相介绍，以便于他们能互相认识。有时，为了缓和会议的严肃气氛，让与会者轻松一下，你最好能有个简洁、贴切而幽默的开场白。例如，如果你离开自己的家乡去外地参加会议，你可以把会场所在城市的奇闻轶事作为你的开头语。

如果眼前的会议与以前的会议内容有关，你可以简要地概述一下上次会议的结论。但是别忘记这次会议的重点，明确地说明这次会议所要讨论的主题或要解决的问题。例如，你可以说："今天我们要讨论一项涨价计划，还要讨论如何把这个计划通知给客户。""这次会议的目的是讨论我们的扩建方案。"等。

一旦你指出此次会议的目的，就应该声明你已安排了紧凑的会议事项。如果你并没有分发写有计划和建议的会议事项，这时你可以进行这项工作。你还可以在会场中来回走走，听听与会者的意见。有些时候他们的这些意见有助于你改进不太理想的方面。

（4）集中精力解决问题和提出行动计划——当你告诉与会者应该采取什么样的措施时，应使用合理的方法启发他们思考正确的解决办法以及应采取的行动。例如，在提出问题的解决办法后向与会者做出解释，向他们提供一些发表意见所必需的信息，举出真凭实据使你的观点有理有据等。

不时地变换说话的速度，保持适度的停顿。无论你准备多么充分，有时都难以避免想不起自己所要强调的重点，或者一时想不起所要说的问题。在这种情况下，你就可以停顿片刻，但切记不要使用"嗯"、"啊"之类的语气词。不要忘了使你的讲话充满乐观情绪，并且请详细地阐述你的观点或计划——不要忘记阐明重点。

（5）让观众具有参与意识——在准备会议时，为了使你的演说更加符合与会者的预期，你已经仔细调查了他们的情况。现在你站在他们面前，不妨让他们说说自己的观点，增强他们的参与意识。请你记住：一个成功的演说意味着让听众也能参与到你所讨论的问题中来。你与听众沟通的越少，你得到的支持也就越少，你对观众的了解就越少，于是你取得的成功也就越小。

让观众知道，在解决问题或困难时，你欢迎他们提出任何意见。让观众了解情况，与你共同商量解决办法。你可以在讲话中使用下列短语，以此来鼓励与会者的参与意识。如:“经过我们的共同体验”、“分担我们共同的忧虑”、“为了我们的共同利益”等。

(6)尽量增强讲话的说服力——说服他人的能力也是进行良好的语言交流所应具备的基本条件。如何在会议中成为胜利者,你需要全力一试。下面几个诀窍可能有助于你:

把好的心情传递给观众,让他们有足够的理由坐在那儿听你的演说;

使观众确信你的需要和兴趣同他们很相似;

使他们认识到某个问题或计划的重要性;

阐明你的目的和任务,不要给与会者有事被隐瞒的感觉;

尽量避免曲解事实,不要隐瞒关键信息。

会议答疑的艺术

1. 如何提问

在讲话中,你有时也许会向听众提些问题,为了迎合听众的心理,你提出的问题应当具有讨论的余地。不要提那些只需用“是”或者“不是”来回答的问题,也不要在提问时显露出自己所希望得到的答案。比如,不要说:“上个月我们的销售额不断下降,我们知道消费者的购买力已大大不如以前,你觉得这是为什么呢?”当你这样提问时,就会给观众在思考这个问题时划定了一个框框。所以,如果你这样说会更好——“今天我们在这儿讨论一下公司三个月以来的工作情况,不知道诸位是否注意到我们的经营趋势。”通过这种方法,你就会把会议的议题引向讨论形成这个趋势的原因上。这样有助于参加会议的人提出自己的观点,显露其才华。

当你提问时,鼓励他人只回答你所提出的问题。如果你不能有效地约束他们的答案,总会有一些与会者利用你的问题大谈其他的问题,他们也不管这个问题是否与会议有关。对你和与会的其他人来说,这无疑是浪费时间。当有人离题时，你可以说："这是个非常有趣的问题，也许我们可以另外找个时间讨论，我不认为它与我们正讨论的问题有关。"

但是，如果他人反驳说："但是，我认为它恰是我们话题的一个组成部分，因为……"然后又提出一些有力的事实来证实为什么这个问题是恰当的。这时候，你就不能再尽量回避他的问题，一味地回避问题，会使演说显得软弱无力。

解决这样的问题的一个方法是用"以问答问"的老办法。例如，你可以说："不知你能否再进一步解释一下，我不明白你想从这个问题得到什么样的答案?"

2. 如何回答问题

在答疑期间，不断向与会者询问是否有问题，但切记一次只能提一个，然后仔细考虑，简短而切题地给予回答。有时，当你开始向观众询问是否有问题时，他们往往都不愿意做第一个提问者。你可以先自己提一两个问题来鼓励他们开口提问。例如，你可以说："常有人向我提这样的问题……"或者"在演说前，我听到了这样的问题……"

如果听众提出的问题怀有敌意，与话题完全没有关系，或者含有对你的人身攻击，请控制你的怒气，礼貌地婉言拒绝回答这个问题。

对听众问题的回答，能够显示出你的言辞智商的水平。高智商的回答应该具有如下10个特征：

（1）回答直接针对所问话题；

（2）陈述果断自信；

（3）表达通俗易懂；

（4）回答明确具体；

（5）答案简明扼要；

（6）正面提出观点；

（7）不要节外生枝；

（8）不要上钩，提问者的那些心怀叵测或讽刺性的词语只是引诱你的诱饵；

（9）及时抓住机会表明或重申自己的观点；

（10）不要含有敌意，不要躲躲闪闪，不要总在为自己辩解。

不要过分在意你的回答是否贴切。无论你会前的预测是否准确周到，在答疑期间，总可能遇到难以解决的问题而形成对峙局面。仔细考虑以下三种最普通的情况以及解决方法：

第一，当你并不知道答案的时候——无论你做了多么充分的准备，对你所讲的话题有多么足够的了解，你也不可能知道所有问题的答案，这是很自然的。在这种情况下，不能猜测答案，也不要避而不答。你可以指出回答这个问题需要查询哪些资料，在哪儿可以找到答案，或者在会后再回答听众。

第二，当你需要时间考虑答案时——用一二分钟来集中精力思考问题是完全必要的，其中一个办法就是重复这个问题，与此同时，利用这点时间思考。不要认为片刻的沉默会被对方误认为你缺乏兴趣或不能胜任，你可以直说："让我想想……"或者"这正是我一直考虑的问题。"

第三，当问题不需要回答时——许多人提问时会使用反问句。如果你碰到这样的问题，首先问一下自己这个问题是否真正需要你回答。但你需要做出反应，你可以反问提问者"你怎么认为?"或者"你是说这是你的意思?"等。

会议语言的套式

每个行业都有一套自己的行话。除了使用许多术语外，国际会议也有一系列的套话。所谓套话就是在什么情况下说什么话的固定程式。有人称之为"陈词滥调"，但国际会议既不能排除形式，浮语虚词便也难以完全避免。与会者应当熟悉这些套话，既是为了入境随俗，也是为了避免显示自己是个"外行"或"生手"。只要我们注意观察与学习，这一套是不难学会的。例如：

开会时，主席把木槌一击，头句话便是："请安静，现在会议开始。"

遇有代表举手或举牌要求临时发言时，主席便会说："我注意到……

代表要求发言，现在请他讲话。”

代表得到发言许可，常以“谢谢主席先生……”开始。发言转题时，称呼一声“主席先生”，起转折作用。最后总是以“谢谢主席先生”而结束。

比较难学的是在国际交往中会议讲话的委婉语。

外交语言以婉转而著称，许多委婉语就包含于套话之中。有人称委婉语是，用一种不便明说但又能使人感到愉快的含糊其辞的话来代替令人不悦的暗含之意，或不够礼貌的表达法。这在一定意义上可谓切中要害。委婉语使用甚广而且花样翻新。举例如下并试做注释：

同意……的意见，对我来说没有困难（意即可勉为其难同意之）；
我想亟力理会……的发言（意即至今仍不得要领）；
这个问题是众所周知的（意即不必多费口舌）；
我可以考虑……表示的忧虑（意即准备妥协）；
我提请……注意……（意即对……有保留意见）；
我对同意……感到有点为难（意即不愿接受）；
我有点担心……（意即存疑）；
我希望没有人会反对……（意即估计有反对意见）；
我猜想……（意即看法没有把握）；
我原则上同意……（意即抽象肯定，留有余地）；
我个人认为……（意即不是官方立场）；
按照目前情况，我认为……（意即事过境迁，另作别论）。

有人认为，在会议语言中使用修饰语应特别注意。修饰语的轻重，反映了分寸的掌握。会议的参加者应当学习从不同的修饰词中品出不同的味道来。譬如说，形容某个建议是“建设性的”、“积极的”、“向前看的”、“重要的”、“可取的”，意味说话人对它基本上持肯定态度。如果说它是“令人失望的”、“消极的”、“有待改进的”、“需做进一步研究的”，则是表示说话人基本上持否定态度。如果说某建议“挺有意思”、“未曾想到”、“印象深刻”又是什么含义呢？很可能是一种模棱两可的评价，不说明什么问题；也可能是说话人有意回避明确表明立场的委婉表示。

我们经常从报纸上读到会谈公报、联合声明及对记者的谈话。从这些报道中，也可以体会到不同用词所暗含的意思：

会谈是诚挚友好的——气氛融洽、和谐；

达成了共识——看法相近或相似；

坦率地交换了意见——分歧较大，没有弥合；

各自申述了立场——各说一套，没有谈拢。

国际会议较讲礼貌。即使表示异议，也先讲几句客套话。文章往往做在"但"字上。因此，如果你听到了褒词，切莫高兴得过早，请注意后面的贬义。例如：

我对……代表怀有深深的敬意，但……

刚才……代表以机敏和自信叙述了他的看法，可是……

我专心致志地聆听了……代表的发言，不过……

我想……代表讲的很有道理，然而……

在连接词"虽然"、"如果"、"即使"、"尽管"、"除非"等词的后面往往引出一些和主句的意思相左或带有先决条件的内容，需予注意。例如：

虽然有代表表示怀疑，我仍坚持我先前的主张；

如果多数代表给予支持，我代表团将乐于接受这一提案；

除非做重大修改，这一建议是不可行的。

某些用语添加之后也往往使原意大为减色，请比较：

会议将认真考虑这一建议。

会议将在适当的时候认真考虑这一建议。(可能遥遥无期)

这一计划将会受到欢迎。

这一计划，只要切实可行，将会受到欢迎。（可能被否定）

委员会一致同意将方案付诸实施。

委员会一致同意尽可能将方案付诸实施。（可能半途而废）

某些表示不确定和反映客观立场的用词又可缓和说话人的语气，使某些话听起来不那么刺耳。

……代表忽略了一个重要事实。

……代表也许是忽略了一个重要事实。

这一建议违反了议事规则。

这一建议可能违反了议事规则。

我认为会议难以如期结束。

我认为似乎会议难以如期结束。

这种设想难以实现。

这种设想看来难以实现。

说话听音，锣鼓听声。国际会议语言暗藏许多“弦外之音”，需要我们细加琢磨，从委婉中窥见真意，并学会以委婉对付委婉。

即兴脱口秀

脱口秀是会议主持人综合素质的体现，是品德的修养，知识的积累，加上刻苦练习的结果。

1. 干净利落，不要拖沓

同样一句话同样一层意思，从不同人口中说出来，往往效果就不同。一般来说，说话也需要简洁明快，干干净净。赞美他人不易，难以启齿；

拒绝他人也用不着犹豫，不要留下讨价还价的余地。会议主持人更应如此，要以精练的语言赢得听众，使听众产生舒适愉悦感。不宜过多采用“啊”、“吗”、“呀”、“也就是说”、“那么”，尽管前后没有什么逻辑关系，却无中生有加入许多没有实际意义的关联词、副词，让人感到无病呻吟，没话找话或会议主持人思路不清的错觉。

2. “口”里含珠

语言的迷人之处在于它是一种交流工具，还在于它本身就具有快感，所以人们对绝妙口语的迷信和崇拜是不言而喻的，能在曲折的句子里凸现出智慧或借巧喻旁征博引。会议主持人真挚的感情，美好的祝愿，以及深刻的哲理，都精心包装在轻松自然的语言里，一定能为会议锦上添花。“口里含珠”也就是要求会议主持人在语言表达上要言之有理，言之有物，字字珠玑，掷地有声。

3. 秀出奇巧

“秀”就像掠城夺地，是利用语言诱惑听众或者攻击对手。欲望强烈的人，从语言就可以表达出来。所以，语言应该能够再现会议主持人的才华，绝顶的聪明，或成大业者的远见和霸气，能表现出个人的不同风格。会议主持人要有意识地使用语言这种工具，为塑造会议的形象，为达成会议的目的服务。会议主持人要有“语不惊人死不休”的精神，找到语言崭新的角度和最佳切入口，使听众耳目一新。

脱口秀的技巧多种多样，有借题秀、暗换秀、双关秀等。

（1）借题秀

这在会议主持中较为常用。即借对方话题引出另一事物或阐述另一事理，也就是借题发挥。运用这一技巧可以承上启下，或阐明超出会议范围且具有普遍指导意义的观点和看法，使会议内容丰富而完整。

（2）暗换秀

暗换转移是运用反逻辑的方式构成的语言策略。在会议中，应遵守逻辑思维的同一律这一基本规律，要求在同一个思维过程中，所运用的同一个概念、同一个判断，所讨论的同一问题，在含义上必须保持自身的同一。只有这样，会议主持人的语言才能保持思维的确定性，做到语言表达的和谐顺畅。

(3) 双关秀

双关是会议主持人常用的手法之一。在一定的语言环境中，利用语言或语义条件，有意让一句话产生双重意义，包含着两种解释，即表面的意思和暗含的意思，而又言此意彼，暗含的意思才是会议主持人要表达的意思，这就被称为“双关”。它使语言表达含蓄幽默，加强语意，给听众留下深刻印象。

综上所述，想成为一个受人欢迎的会议主持人，就得在语言表达能力上有更大的进步，就应当在语言表达的审美情趣、幽默感以及语言表达脱口秀等方面下大功夫。

第四节　即席讲话技巧

即席讲话的语言艺术

即席讲话，很能体现人的思维应变能力和口语表达水平。它有两个明显的特点：一是内容专一；二是时间短促。

领导者怎样才能使即席讲话达到精彩、动人、掷地有声以及听众乐于接受的效果呢?

1. 先声夺人，抓住听众

开场白很重要，往往决定着整个讲话的成败。好的开场白就像一个出色的导游员，一下子就可以把听者带入讲话人为他们拟设的情境中。因此，不能平铺直叙，平庸无奇，而要努力做到不落俗套，语出惊人，出奇制胜，先声夺人。

2. 审时度势，具有针对性

从参加会议的主要对象和本地区的实际情况出发，有重点、有目的地选择话题。抓住一些带根本性、倾向性和普遍性的问题，认真剖析，从理论与实践的结合上加以概括归纳，将重要的观点、独特的见解、精湛的论述、生动的事例，编成演讲纲目。这样，不但条理清楚、逻辑性强，有深度、力度，而且还能讲得活泼、生动、简洁，使听众在轻松、愉快的氛围中受到潜移默化的教育和启迪。即席讲话时间不宜长。讲话时间长，听众易产生疲惫厌烦心理。时间愈短，听众情绪愈好，精力愈集中。领导者若能把握时机，就能使讲话收到事半功倍的效果。因此，要做到无话不讲，长话短讲，切忌长篇大论。

3. 语言精练，具有概括性

即席讲话需要领导者寻找生动、形象、精确、简炼的言辞对会议活动进行恰如其分的肯定和总结。要语不繁，字字珠玑，能使人不减兴味；而唠唠叨叨，不得要领，必招人生厌。

4. 真挚诚恳，具有感染性

即席讲话时，要求领导者精力旺盛，声音宏亮，感情充沛，真心实意，使人产生共鸣，给人留下良好印象。

5. 争取有一个好结尾

结尾时，更需要有力度，不冗长拖沓、画蛇添足，而要在言犹未尽或达到高潮时戛然而止，给听众以深刻的印象，留有余地。

郭沫若同志的《科学的春天》的结尾："春分刚刚过去，清明即将到来。'日出江花红胜火，春来江水绿如蓝。'这是革命的春天，这是科学的春天，让我们张开双臂，热烈地拥抱这个春天吧！"郭沫若以散文诗般的言语作为结束语，寓理于情，以情感人，使人们由情明理。为繁荣科学真正振奋起来，并积极地为繁荣科学事业而奋斗。

即席讲话的结尾方法很多，可以用充满激情的话语结尾，也可以用总结全篇的简短结论、赞颂的话语、名言警句、诗词歌赋、幽默的语言和号召呼吁结尾等。不论采用哪种方法，都应使结尾干净、利落，起到再现主题、收拢全篇、回味无穷的作用。

突出个性，增强号召力

个性是一种较难捉摸的东西，它是由遗传和环境所决定的，而且极难更改。但我们可以将其扬善，加大到某种程度，使它变得更具吸引力，更有力量。

1924年8月，北洋奉系军阀张作霖要做一次战前训话。大帅府的秘书们彻夜赶写训话文稿。谁知张作霖一看10多页的文稿，就发了火："你们这帮耍笔杆儿的，准叫墨汁灌糊涂了！文绉绉的长玩意儿，多耽误事！说的人费劲，听的人难受，简直活坑人！他妈的重写！"于是秘书们又昼夜加班，八易其稿，好歹交了100多字的稿。训话开始了，张大帅气宇轩昂地走上讲台："军人说话，贵乎明简。军人说话，贵乎明简。呵咳！呵咳！"张大帅干咳了几声，就再也背不出来了。原来，张作霖把"贵乎简明"颠倒为"贵乎明简"，一经颠倒，就再也接不上下文了。全场一片寂然。突然，张大帅把日本式的胡子一捋，放开嗓门，来了个即兴演讲：

“咱们就说大实话：前年夏天，咱们跟吴某人老小子干了一仗，大家还记得吧?!（军官们低头不语。稍停片刻）嗯，丢人的事都记在我账上，你们剐抹不开。眼下，姓吴的又找茬了！你们说说，该咋办?（群情激愤，振臂高呼‘打’!）好！打！咱们丑话说在前：这回，许胜不许败！胜的，升官得奖；死的，多给恤金；败的，军法论罪！我说话算数！你们好好合计合计。我的话完了！”

张作霖的即兴训话，言简意明，结构紧凑，号召力极强，粗鲁而率直的用语正是张作霖行伍出身的真实个性的表现，堪称个性演讲的杰作。

世界上没有完全相同的两片树叶，也没有个性完全相同的人。善言者总是力求突出自己的个性风格，创造独特的“我”。伟大的政治家都具有自己的说话风格。如鲁迅的风格是分析深刻、外冷内热、富于哲理；郭沫若的风格是热情洋溢、奔放不羁、文采华丽；毛泽东的说话风格是通俗风趣、论证严谨、民族特色浓厚。

固然，张作霖不能和这些伟人相提并论，但他的极有感召力的战前训话，不失为一个极富个性的演讲杰作。

张作霖的训话事例还说明，当说话人与讲话稿作者不一致时，个性问题应该引起特别的注意。一个文化水平很低的人，大谈古今中外的文学名著，总是显得生硬牵强；一个平时不苟言笑的人，照念充满幽默情趣的演讲词，总是显得不伦不类。说话风格的个性化还应体现为说话中涉及人物的个性，对说话中涉及的人物，不应仅仅只是一种平铺直叙的交代，而应通过细节描写、对话模拟、形态模仿等手法，充分表现人物个性。有些言论无法给听众留下深刻的印象，而听众对说话主题和基本内容又挑不出更多的毛病，其失败原因往往就是缺乏鲜明的个性。可以这样说，缺乏个性，任何人都可以上台照念一通讲话稿，那只能是昙花一现的普通发言。

出言有据，使人信服

在领导活动中，有时一句不得体的话就会引发僵局。尽管有许多事情很难处处圆满，但身为主导的一方，领导者必须善于掌握局面，学会用说服技巧，如此才能打动人心，使其信服。

美国一家贸易公司出口部经理设计了一个商标，会上征求各部门的意见。营业部主任和广告部主任都极力恭维其构想正确。

但总经理最后总结了这样一段话：

“我倒不是不喜欢这个设计，我害怕它太好。”

出口部经理笑了起来：“怎么讲?”

“这个设计鲜明而生动又与日本国徽相似。无论哪个日本人都会喜欢的。”

“是啊，我的意思就在于此。”出口部经理说。

“然而，我们在远东还有一个重要的市场，那就是中国。中国人看到这个商标，无疑也会想到日本国徽，即使日本人喜欢，也会引起中国人的反感。我们公司的出口计划是扩大对华贸易，但这样的商标做成之后，不是顾此失彼吗？我建议做适当的修改。”总经理如是说。

“天啊！我倒没有想到这一层，你的话对极了。”出口部经理几乎叫了起来。

要想拒绝下属的建议，你必须有充分的理由，更要说得他完全信服。不过技巧的运用，不能不讲究。这位总经理一句“我恐怕它太好”，恭维的话先填平了出口部经理的不平，同时也维护了他的体面。后来他虽然陈述了更充分的理由，下属也不会因此而难堪。

无论是在下属牢骚满腹时做思想工作，还是在下属知错不改时耐心开导；无论是在下属萎靡不振时鼓舞士气，还是在下属之间发生纠葛时巧妙疏通，领导都必须要具备说话打动人心的能力。领导虽有权力，但凡事不能只靠行政命令，必须学会“在人心上做文章”这是领导口才艺术。那么，关于这方面的技巧究竟有哪些呢?

一般来说，应注意如下方面：

先对对方的态度和行为表示理解，然后指出此态度和行为在某一方面的潜在危害性，使对方产生心灵上的震撼。下属产生了某种不良的思想倾向，或是做出了某种错误的举动，常常是因为他只顾个人情绪的意气的宣泄，而没有考虑到别人所受的影响。领导在做思想工作时，应抓住这一心理症结。先表示理解对方的心情，也理解对方在情绪支配下的宣泄做法，接近与对方的心理距离，然后再提示出其做法对自己或他人的学习、工作带来的影响。要指出双方只是在闹意见，任凭意气用事，凭感情冲动，这种心理的表现，却是有害无益的。聪明的管理者知道争论无益，于是用各种聪明的方法来解决和对方的争论，其中最常见的是用一种玩笑的方式，使大家一笑了之。

以玩笑的方式，是对付争论的聪明方法。例如：“你说的话都对，只有一点，我觉得……”“我知道你对，但还有一层意思……”“你的意见我完全赞同，但有一点小小的补充……”“你所讲的我都同意，只是如果能在小节上加以考虑……”因为争论的实质就是争胜，以玩笑的方式在和平里得以共识，无疑是令人满意的。争论会继续激烈进行的主要原因就在于一方的步步紧逼，得理不饶人，得势不让人，进而使对方恼羞成怒。所以，正确地对待不可避免的争论，还要注意得理让人，得势容人。当然关键问题是要区别对待的。

言简意明，讲解深透

观点是即席讲话的核心，应贯穿于讲话的始终。如果用几句精练的语言就能集中表达出你的观点，就无须再多费口舌，与题无关的话大可不讲。抓住重点，讲深讲透，用你的精妙语言激发听者与你共节拍。

1981 年世界杯排球赛最后一场是中日之战，中国女排轻松地赢得了第一、第二局，几乎已经取得世界冠军。第一次荣获排球世界冠军的中国女排因高度兴奋而激动得不能自已，因失控而打得毫无章法，导致第三、第四局稀里糊涂地输给了日本。袁伟民一再暂停，面授机宜，却不见成效。怎样才能使女排姑娘镇定下来，成为全胜的真正冠军，不失中华民族之志呢？在第五局开始前的短暂时间里，主教练袁伟民说了几句话："要知道，我们是中国人，你们代表的是中华民族，祖国人民在电视机前看着你们，要你们拼，要你们搏，要你们全胜。这场球不拿下来，你们要后悔一辈子！"姑娘们在这沉重的话语下，胜了第五局，赢得了全场比赛。

英国人波普说："话犹如树叶，在树叶太茂盛的地方，很难见到智慧的果实。"

清代画家郑板桥有诗云："削繁去冗留清瘦，画到生时是熟时。"语言大师们则认为：言不在多，达意则灵。可见用最少的字句，包含最多的内容，是讲话水平的重要技巧。滔滔不绝，出口成章，是一种水平，而善于概括，词约意丰，直切主题，同样是一种水平，而且更为难得。

古时，马其顿国王率领军队远征印度，时值盛夏，将士们口干舌燥。

国王无奈，派人四处找水，结果只找来一杯水。国王高举水杯，对将士们喊道："现在已经找到一杯水，有水就有水源，为了找到水源，前进吧！"说完，便将那杯珍贵的水倒在地上。将士们受到鼓舞，群情激奋，顽强地向前线冲去。最终夺取了战斗的胜利。

试想，倘若国王自己把水喝了，再发一通冗长的指示，恐怕是不会有"群情激奋"之效的。正如前一例中，袁伟民简短的几句话，容纳了丰富的语言，中国人的风貌，中华民族的精神和尊严，祖国人民的期待，以及这场球的关键意义，姑娘们自身利害得失等，都在这几句话中或明或暗地展示出来了。

所谓长话短说，即是驾简驭繁。老舍说："简练就是话说得少，而意思包含得多。"话少而意思也少就算不得简练。

毛泽东是最善于长话短说的。他用"夺取全国胜利，这只是万里长征走完了第一步"来比喻社会主义建设的道路艰苦而漫长；他用"早上八九点钟的太阳"来赞美朝气蓬勃的青少年；用"妇女能顶半边天"来说明妇女在建设中的巨大力量。可谓言简意实，内涵丰富。

抓紧题眼，善于发挥

经验丰富的领导，总是不会放过一切机会宣传自己的观点，总是随时抓住关键点，对其进一步阐述、论述，并极力渲染扩大其影响。运用借题发挥，关键要敏锐抓住讲话的关键点，"借"要借得自然，所借言辞和真正表达的事理具有合理性。此外，所做的引申发挥要中肯而恰如其分，不造作，不牵强附会。

有位教师应邀参加迎接新生的集会，会上主持人要他代表教师说几句话。

他巧妙破题，抓住题眼——“新”字发挥：

“亲爱的新同学，你们好！

“大家带着父母新的希望，带着朋友新的祝愿，也带着自己新的理想，来到了一个新的地方。在这新的学期里，衷心希望大家以新的语言、新的行动、新的风貌、新的一切去适应新的环境；开始新的学习，展示新的生活以掌握新的知识，增加新的技能，取得新的成绩。相信大家三年之后，将以新的姿态、新的风采站在父母、朋友、社会的面前，那时你就可以骄傲地说：‘新的生活开始了！’”

这段发言抓住了题眼。由点及面，一气呵成，自然受到了热烈欢迎。

寻找“题眼”关键在于审题，结合题目和环境全面分析。如表达“成功来自于勤奋”时，就应抓住“勤奋”二字加以讲述。

对于即席讲话也要抓住关键——题眼。

即兴说话，关键点是借题发挥。无论是有明确的主题的赛场，还是未明确题目只有情境的大会发言，甚至是那种生活中的突然发问句，表达者都要抓住关键的题眼。题眼确定了，就可以在丰富多彩的生活阅历中，从古今中外的知识宝库里寻找材料围绕题眼进行组织。有一即兴演讲名篇《渡船》，其题眼抓得就比较好。

渡船本来是一种交通工具，来回于江河两岸，将人们送到目的地。即兴讲话的目的并不要我们介绍渡船有什么作用，而是应适当引申，赞颂具有渡船性格的人们：比如人民教师，要抓住的题眼是“渡”字，联系到教师把学生“渡”向知识的彼岸，理想的彼岸。由此，通过联想、引申、比喻，使表达的内容意境高远，更加感人。

因人而异，对症下药

人的性格各异，对某些事物的接受态度也不尽相同。因此，在进行劝谏性的说服时，必须因人而异，采用不同的说服方式，如此，才能取得理想的效果。

如李斯的千古名篇《谏逐客书》的劝谏方式。

李斯生在战国末年，七国争雄。秦国的近邻均畏惧秦的强大，密议后决定派一名姓郑的水利工程人员到秦国帮助修筑水渠，目的在于耗费秦国的人力、财力和物力，以削弱秦国向外扩张的力量。此事败露后，秦王做出了驱逐客卿之判。

“君无戏言”，要说服一国之君改变成命无疑是相当困难的。此时对此事的说服仅仅做到言之有理是远远不够的。必须牢牢抓住对方的地位、性格、心理等一切特征，实施最具策略的、切中其要害的“语意”。李斯在《谏逐客书》中没有拘泥于“逐客”这件事本身，也没有为自己喊冤叫屈，而是始终围绕秦王“跨海内、制诸侯”这一最高的目标。从历史、现实和未来三个方面论述了纳客与逐客的利害关系，以不容置辩的事实说明只有广纳贤才才能统一天下。正因为李斯把驱逐客卿主事与秦王的雄心大志联系起来，一下子就抓住了秦王的性格与心理特征，使秦王及时收回了逐客令，并快马追回了已启程离秦的李斯。李斯劝谏成功的秘诀也就在于他洞察秦王的性与情以及“跨海内、制诸侯”这一最大的心病，从而对症下药，以高远的立论、磅礴的语势征服了秦王的心。

从信息论的角度看，说服是一个编码与解码的过程。说服人的话要被对方理解并接受，有一个基本前提是说服者的话说得是否恰当得体，是否适合这一特定的受话人。什么样的话才算恰当得体呢？一句话——对症下药。也就是要充分掌握主观条件和客观条件。比如：对方的地位、身份、需要、欲求、兴趣、爱好、知识经验、情绪特点以及当时的场合、时机、人文背景，等等。了解并掌握这些因素，才能因势利导，把自己的谏言和整个语境及受劝人的特征最大限度地和谐起来，语锋或曲或直，或软或硬，语意或详或略，或深或浅，如此方能取得说服的最佳效果。

第五章　激情演讲口才
——充分展示和表达自己的利器

俗话说：“一人之辩，重于九鼎；三寸之舌，强于百万之师。”演讲是一门独特的艺术。无数成功者的经历告诉我们，能在演讲中做到慷慨陈词，从容演讲，传播思想，鼓舞人心，他离成功已经不远！

第一节　演讲的语言基本功

演讲的本质和特征

演讲作为人类一种社会实践活动，它必须具备以下四个条件：演讲者、听众、沟通二者的媒介以及时间和环境。离开其中任何一个条件都构成不了演讲。演讲的传达手段包括：有声语言、态势语言和主体形象。

有声语言是演讲活动最主要的表达手段。它由语言和声音两种要素构成，以流动的声音运载思想和情感，直接诉诸听众的听觉器官。它要求吐字清楚、准确，声音清亮、圆润、甜美，语气、语调、声音、节奏富于变化。

态势语言就是演讲者的姿态、动作、手势和表情，是流动着的形体动作辅助有声语言运载着思想和感情，直接诉诸听众的视觉器官。它要求准确、鲜明、自然、协调。

主体形象是指演讲者的体形、容貌、衣冠、发型、举止神态等。主体形象的美与丑，好与差，直接影响着演讲者思想感情的表达。它要求演讲者在符合演讲思想感情的前提下，注重装饰朴素、得体，举止、神态、风度的潇洒、优雅、大方，给听众一个美的外部形象。

必须指出，演讲如果只有“讲”没有“演”，只作用于听众的听觉器官而不作用于听众的视觉器官，就会缺少动人的主体形象和表演活动；如果只有“演”而没有“讲”，就只能作用于听众的视觉器官而不作用于听众的听觉器官。所以，二者缺一不可，相辅相成。但是，“演”与“讲”

的和谐必须是以“讲”为主，以“演”为辅，“演”必须建立在“讲”的基础上，否则便失去了演讲的意义。现在，可以给演讲的本质下一个定义了：演讲者在特定的时境中，借助有声语言和态势语言的艺术手段，针对社会的现实和未来，面对广大听众发表意见，抒发情感，从而达到感召听众并促使其行动的一种现实的信息交流活动。

那么，演讲都有哪些特征呢？

第一是它的现实性。这是因为演讲属于现实活动范畴，不属于艺术活动范畴。它是演讲家通过对社会现实的判断和评价，直接向广大听众公开陈述自己主张和看法的现实活动。

第二是它的艺术性。这里的艺术性是现实活动的艺术。它的艺术性在于它具有统一的整体感和协调感，即演讲中的各种因素（语言、声音、表演、形象、时间、环境）形成一种相互依存、相互协调的美感。同时，演讲不单纯是现实活动，它还具备着戏剧、曲艺、舞蹈、雕塑等艺术门类的某些特点，并将其与演讲融为一体，形成具有独立特征的演讲活动。

第三是它的鼓动性。没有鼓动性，就不成为演讲。政治演讲也好，学术演讲也好，都必须具备强烈的鼓动性。这是因为：其一，一切正直的人都有追求真善美的渴望，演讲者传播了真善美，自然会引起共鸣，激励和鼓舞听众；其二，演讲者以自己炽烈的感情去引发听众的感情之火，容易达到影响听众的目的；其三，演讲者的形象、语言、情感、态势以及演讲辞的结构、节奏、情节等均能抓住听众；其四，演讲的直观性使其与听众直接交流，极易感染和打动听众。可以说，鼓动性是演讲成功与否的一个标志。

第四是它的工具性。演讲是一门科学，更是一个工具，是人们交流思想的工具。任何思想、任何学识、任何发明和创造，都可以借助演讲这个工具来传播。可以说，演讲是最经济、最实用、最方便的传播工具，任何人都可以利用它。

以上，我们谈了演讲的本质和特征。在现实的演讲活动中，有以下两种倾向很值得注意。一是有的演讲者只“讲”不“演”，只注重演讲的实用性而忽略了演讲的艺术性，使演讲不伦不类，干巴枯燥，因而削弱了演讲的效果。二是有的演讲者一味过分地“演”，追求相声、评书、朗诵、故事等其他艺术表演技巧，冲淡了演讲的现实性、实用性和严肃性，显得滑稽、夹生，起不到演讲应有的作用。这两种倾向都是必须认真加以克服的。

演讲要让人当场就懂

通俗、清晰的语言，是保证信息传输的根本条件，也是演讲语言的首要特征。只有概念准确、表意清晰，才能真实反映出现实面貌和思想实际，才能为听众所接受，达到宣传、教育、规劝、影响听众的目的。

演讲的语言要做到通俗易懂，首先要用通俗的说法，尊重多数人的语言习惯。其次，要规范化。

我国著名作家老舍先生作为一代语言大师，以其通俗晓畅的语言，独步于现代文坛。他曾多次向青年作者这样介绍："我写作中有一个窍门，一个东西写完了，一定要再念再念再念，念给别人听（听不听在他），看念得顺不顺？准确不？别扭不？逻辑性强不？……看句子是否有不够妥当之处。……语言的创造，是用普通的文字巧妙地安排起来的，不要硬造字句，如'他们在思谋……''思谋'不常用，不如用'思索'倒好些，既现成也易懂，宁可写得老实些，也别生造。"这个窍门值得所有演讲者学习，并掌握应用。

做到演讲语言的通俗和规范，可以从以下四方面入手：首先，把生僻的词换成常用的词；其次，不用生造的古里古怪的词语；再次，恰当、准确地使用文言和方言词语；最后，用明白的语言解释难理解的术语，以浅显的形象事物解释抽象的概念，也可以用举例来说明听众感到陌生的事物。

无产阶级革命运动的伟大导师列宁，在面对劳动群众发表演讲时，最善于运用听众日常生活中能够感知的形象来表达复杂深奥的政治问题。在

《什么是苏维埃政权》这篇广受欢迎的演讲中，他说："日益吸引每个国家工人的新政权的实质就在于：从前管理国家的总是富人或资本家，而现在第一次是由遭受资本主义压迫而且人数最多的阶级来管理国家。在世界上，我们俄国第一次这样建立了国家政权，没有剥削者参加，只有工人和劳动农民组成群众组织——苏维埃。而国家的全部权力都交给苏维埃。"这些再朴实不过的语言，直观明了，准确实在地回答了"什么是苏维埃？这一新政权的性质是什么？"这两个关键问题，解除了人们心头的疑惑。

我国民主革命的伟大先驱孙中山先生，在一生坎坷而漫长的革命生涯中，演讲始终是他宣传民主的有力武器。他以演讲阐明观点、宣传真理，以演讲发号施令、激励斗志。1905年，他在《民报》发刊词中首次公开提出了"民族、民权、民生"三大主义的革命号召，建立起了中国资产阶级民主革命的理论基础。他在演讲中，满怀爱国主义情感，以富有哲理的论述，质朴通俗的语言，系统阐明了"三民主义"。

其中，对于民族主义，他以一个人与父母的关系作对比："譬如一个人，见着父母总是认得，绝不会把他当作路人，也绝不会把路人当作父母；民族主义也是这样，这是从种性发出来的，人人都是一样的。满洲人入关到如今已有260多年，我们汉人就是小孩子，见着满人也是认得，总不会把满人当作汉人。这就是民族主义的根本。"

说到民生主义，他又以大灾大祸防止要比扑灭容易的道理做类比，说明它虽非燃眉之急，但却必须高度重视。"凡是大灾大祸没有发生的时候，要防止它是容易的；到了发生之后，要扑灭它却是极难。社会问题在欧美是积重难返，在中国却还是幼稚时代，但是将来总会发生的，到时候收拾不了，又要弄成大革命了。革命的事情是万不得已才用，不可频频伤国民的元气。我们实行民族革命、政治革命的时候，须同时想法子改良社会经济组织，防止后来的社会革命，这真是最大的责任。"

孙中山博学多识，才高八斗，青少年时代就积累了广博的知识。但在这篇演讲中并没有用"之乎者也"来卖弄自己，而是以最朴实、最通俗易懂的语言和比喻类比这样的修辞方法，形象化地说明革命要成功，首先就要唤起民众的觉悟，获得民众的支持，让民众做革命的主力军。孙中山的演讲以听众为中心，以听众接受为目的，他深入浅出的演说正符合了大多数人的知识水平和理解能力，他的理论最终深入人心。

我国现代文学的旗手鲁迅先生，以简洁准确而又通俗易懂的语言痛陈时弊，深刻揭示社会现实，在这方面，堪称楷模。

鲁迅的演讲，其友人许寿裳评价说："深入浅出，要言不烦，恰到好处。"许广平在《鲁迅回忆录》中描述说："以朴素的、质直的、不加文饰的讲话，款款而又低沉的声音，投向群众。""雄辩地驳斥了异端邪说，摒弃了弥漫世间的乌烟瘴气，给听众如饭醇醪，如服清凉散。"在鲁迅的一生中，曾多年执教，多次演讲，直接谆谆教导青年，鲁迅的每一篇演讲，都是一篇精彩的战斗檄文。

1927年2月鲁迅应香港青年会的邀请，赴港做了《无声的中国》和《老调子已经唱完》两篇演讲。

在《老调子已经唱完》中，鲁迅郑重地指出，许多国家都出现了新的声音，只因中国的老调子还没有唱完。这是因为"以自己为中心的人们，都绝不肯以民众为主体，而专图自己的便利，总是三番四复地唱不完，于是，自己的老调子固然唱不完，而国家却已被唱完了。"封建统治者掌握了文化，就是要巩固他们自己的权力，至于国家和民族的命运，却不在他们考虑的范围之内。

鲁迅又指出，外国帝国主义者的尊重文化，不过是一种利用的手段，好来造成更多驯服的奴才。中国的文化确实是用来侍奉主子的，外国人愈是赞美这种文化，中国将来的苦痛会愈深，所以应该舍弃这唱了多年的"老调子"。"中国的文化，都是侍奉主子的文化，是用很多人的痛苦换来的。无论中国人、外国人，凡是称赞中国文化的，都只是以主子自居的一部分。"所以，"贪安稳就没有自由，要自由总要历险，只有这两条路。"这样的结论是对彻底地消除封建主义残余的最好回答。这也是演讲语言深刻、简洁而又通俗易懂的典范。

掌握演讲的合适语速

要想演讲获得成功，就必须充分利用各种语言技巧，掌握好演讲的语速和语调。这是演讲获得成功的大法宝。

1. 演讲的语速

正像人走路有快有慢一样，人的说话声音也有个速度问题，有时快一点，有时慢一点，快慢相间，变化有致，给人以一种变化的美感。假若一个人说话，其语速就像机器的机械运动一样，总是一个速度，一个节奏，那儿不仅不利于表情达意，而且还令听众感到枯燥呆板，索然无味。

演讲中当然也存在语速问题。凭借语速变化这种技巧，你可以让听众的喜怒随着你的好恶而变化，既使是平铺直叙的枯燥沉闷的内容，经过你的处理，也会变得异常吸引人。

那么，演讲中的语速应如何把握呢？

（1）正常语速：当表达一般的内容时，语速要适中，既不要太快，也不要太慢。

（2）加速：当要表达热烈、兴奋、激烈、愤怒、紧急、呼吁的思想感情时，语速应尽量要快。当内容达到精彩的高潮时，或为制造结尾戛然而止的效果而蓄势时，语速有一个陡然加快的过程。但要注意，加快语速并不意味着一口气说完，如果句子较长，喘不过气来，反而影响效果，得不偿失。

（3）减速：内容涉及极为严肃的事情，想要给人一种深深警醒、撞击心灵的作用时；当表达怀念、悲伤、寂寞、失落、失望的思想感情，特别需要唤起听众注意时；演讲者在自己的讲述中欲作特别强调时；有关数字或统计、人名或地名的交待之处；故设疑问引人思考之时，都需要减慢语速，给听众一定的思考时间。

语速变化还要考虑到语言自身的特点。如句式冗长、词汇生僻时，语速不宜过快；而如是整齐、富有韵律色彩的语句，说得快些，才听得顺耳，听出节奏感。

语速的变化，应当是自然的、顺畅的。只有语速适宜，快慢有致，才能有效地传达情意，让听众感到优美悦耳。

2. 演讲中的停顿

停顿就是指一句话、一段话中，演讲者有意换气或进行长短不等的时间间隔。这种停顿，既是人的生理上的需要（说话时需要换气），也是表达思想感情的需要，因为它可以把某种相对独立的意思同另一种意思分开。从听众的角度讲，听话时也是非常需要停顿的，因为耳到心，总要有个传递的时间，总要在头脑中转一转才能心领神会。假如说话时没有停顿，像“连珠炮”一样，无论对演讲者还是对听者都难以忍受。

一般来说，停顿有三种：一是自然停顿，即词语或句子间的自然间隔；二是文法停顿，即讲稿中出现停顿符号；三是修辞停顿，即出于某种修辞效果的需要而停顿。

停顿是演讲中一种非常有效的表达艺术。演讲中恰当运用停顿艺术，不但不会使演讲散乱，反而能使整个演讲起伏跌宕，让听众得到一种美的享受。

演讲语言应生动形象

一篇好的演讲稿，只有语言的通俗、明白还不够，讲出的话为听众所理解，只是最基本的要求，但与成功的演讲还相距甚远。好的演讲还要能吸引人，让听众爱听，这就要求语言的生动形象，要求语言表达言之有物，使人获得真切实在的感受。要用形象化的语言把抽象变为具体，把深奥讲得浅显，使枯燥变成有趣。

运用形象化的语言可以从多方入手，或选用形象化的词语，或用形象化的修辞方法。形象化的词语就是形象色彩比较浓厚的词语。我们以恩格斯《在马克思墓前的讲话》中的开头部分为例：

“3 月 14 日下午两点三刻，当代最伟大的思想家停止思想了。让他一个人留在房里总共不过才两分钟，等我们再进去的时候，便发现他在安乐椅上安静地睡着了——但已经是永远地睡着了。”

这段质朴无华的语言给人的印象是极为深刻的，全世界爱戴马克思、尊敬马克思、信仰他创立的科学共产主义的人们，都在恩格斯形象的描述中重温了伟大导师去世时的情形，人们屏住呼吸，默默地送别他的灵魂，在绵绵哀思中整理着对这位伟人的片段回忆。形象生动的语言能够有效地渲染出事件发生时的气氛，使人有身临其境之感。

有的读者可能会产生这样的疑问：既然说语言要朴素就得少用虚饰的形容词，那么又为什么主张选用形象化的词语呢？其实，这二者并不矛盾而是辩证的统一。朴素未必失去形象，形象也未必就一定不朴素。语言的选用要依据演讲者所要讲述对象的特点，需要具体描述的就不该吝笔墨，而只需简要说明的就不必冗言赘语，最根本的是要服务于演讲的主题，既能准确地表情达意，又让听众觉得生动感人。形象化的语言绝不是堆砌形容词，这样只会适得其反，影响表达的效果。

要使语言形象化，各种修辞手法的合理运用也十分有效。

1. 生动活泼的比拟

当演讲者向听众讲大家不熟悉或不很熟悉的话题时，就可以引用一个生动而容易理解的比拟，以收到事半功倍的效果。

例如，毛泽东在《改造我们的学习》中，把那种只知背诵马恩列斯著作中若干词句、徒有虚名的人比拟为“墙头芦苇，头重脚轻根底浅；山间竹笋，嘴尖皮厚腹中空。”一副对联两个比拟，把教条主义者模拟得活灵活现。

我们再来看一个有关邓小平同志的例子：

1957年4月8日，邓小平在西安干部会上做了题为《今后的主要任务是建设》的报告演讲，他将西安的城建问题比拟为“骨头”和“肉”的关系。他认为西安市的城市规划摆得满满的，实际上里边空的地方很多，注意了“骨头”，对“肉”重视不够，应该办的商店、理发店等服务性行业，没有注意办。他表示，我们国家那么大，搞点富丽堂皇的东西，以表示新气象，是应该的，但同时，应多搞些商店、戏院、电影院、学校等，“肉”的问题就解决了。邓小平在这里的生动而又有说服力的比拟，道出了经济工作中的辩证关系。“骨头”指工业、交通、高楼等大的建设项目，“肉”是指配合生产和生活需要的多种设施建设，如科研、文教、卫生、商业服务网点、职工住宅和城市公用事业等。

2. 形象通俗化的比喻

郭沫若演说就很喜欢大量运用比喻。

1937年，郭沫若从日本只身潜回祖国参加抗日，上海地下党组织各界人士集会，欢迎他与获释的“七君子”返沪。会上，有人喜欢鼓吹“一党专政”和抗日必须依于政府之下。郭沫若做了一个精彩的发言，说：“政府好像是个火车司机，人民好比火车上的乘客，司机、乘客是向着同一目的地的，乘客应该一致服从司机开车，才能达到共同的目的地。但是，如若说我们开车的司机，是个喝了酒的醉汉，或者他已经睡着了，这个时候全车乘客都将有生命之危，怎能安全到达目的地？这样我们就不能再服从他了。我们不但不服从他，而且应该叫醒他了！”会场上掌声雷动，他接着说：“即使他没喝醉，没有咋着，则这个司机不是个好司机，那他也是不会注意安全行车的。像前面轨道上堆放着许多石块、障碍物，他还是硬向前开，全车乘客的生命安全危在旦夕。这时我们全体客人，为着自己的生命，为着胜利到达目的地，也就不能盲目地服从他。大家应该命令他停车，应该赶快下车，一齐动手把石块、障碍物搬掉。”郭沫若的这个比喻，取自日常生活，明白易懂，又说理透彻、无可辩驳。他有力地回击了“一党专政”的鼓吹者，大快人心，赢得全场长久不息的掌声和欢呼声。

3. 运用成语、名言、典故、诗词、神话等

一个好的演讲者，不仅要有雄辩的逻辑思维，还应有完美的形象思维。当二者结合在一起时，即如车之两轮、鸟之双翼，才能行驶、才能腾飞。通过形象的引用，比讲抽象的道理收效更大。

1971 年，美国总统尼克松访华，出席专为他举行的欢迎宴会。他在致祝酒词时就引用了毛主席的名句："一万年太久，只争朝夕"。既表达了对主人的尊敬，又体现出中美两国要抓住历史的机遇，共同努力，实现两国关系的改善。

1990 年，江泽民主席会见巴巴多斯总理劳埃德·厄斯金·桑巴福德。会见中，桑巴福德引用了中国成语"千里之行，始于足下"，表明中巴两国友好关系的开辟是脚踏实地一步一个脚印的，同时还表露出对两国之间的友谊源远流长有着美好前景的愿望与决心。

又如：1988 年 6 月，北京召开了中美工业、贸易和经济发展研讨会。这次会议是中美经贸合作的里程碑。在答谢宴会行将结束之时，美方代表用刚学会的汉语朗诵中国的古诗，作为他演讲的结束："白日依山尽，黄河入海流。欲穷千里目，更上一层楼。"这首在中国几乎妇孺皆知的古诗，用来表达宾主双方对中美关系更进一步发展的共同心愿，真是再贴切不过了。

这些外国友人在演讲过程中，都不约而同地引用了中国的成语或诗词名句，贴近了与中国听众的距离，沟通了情感，又贴切地表示出了自己的心情、愿望，表现了他们对异国文化的理解和运用。

4. 趣味性的语言和表演有机结合

心理学家告诉我们，人类 85% 以上的知识，是通过视觉印象被我们吸收的。为了增强视听效果，说话者要善于调动语言表达手段，让抽象的哲理物化为活动的景象；让空洞的说教转化为鲜明的画面。演讲者充沛的感情可以通过他的肢体动作、面部表情、语调高低、口气轻重、语速快慢表

现出来，但最重要的还是要以语言为载体有效传达出来。

我们再来看蔡顺华的题为《小狗也要大声叫》的演讲：

各位青年朋友，到这个讲坛演讲的，应该是曲啸、李燕杰、邵守义那样的大人物。我这个嘴上无毛的青年人站在这里，很不般配哟。（停顿，提高声调）不过，我很欣赏契诃夫的一句名言："世界上有大狗也有小狗，小狗不应该因为大狗的存在而慌乱不安，所有的狗都要叫！"（配以态势语）小狗也要大声叫——就按上帝给的嗓门叫好了！今天，我这个自信的"小狗"，就来大胆地叫几声。

利用这种新颖滑稽的开场白吸引听众后，蔡顺华简单解释了契诃夫比喻的本意，又很快将"小狗叫"引入了主话题：

试想，一个单位，一个部门，一个地区乃至一个国家，倘若只充斥着极少数名家、权威和当权者的声音，虽不算"万马齐喑"，但群众，尤其是最富有创造力的年轻人的智慧和声音被压抑了，哪里会有真正的"九州生气"？

蔡顺华接着以青年工人石峰为例，说明了青年人应该关心国家改革大业的演讲主题。演讲的结尾仍然紧紧围绕着"小狗叫"做出了如下结论：

那些腹有经纶但阴柔有余、阳刚不足的奶油小生是不敢"叫"的；那些虽"嘴上无毛"，但已深谙"出头椽子先烂"等世俗哲学的平庸之辈是不敢"叫"的。响亮而优美的"叫声"，往往发自那些有胆识的开拓者与弄潮儿。如果我国的每一位"小狗"都发出自己的叫声，那么地球也会颤抖的！

蔡顺华的演讲，通篇利用了"小狗叫"这个生动、新奇而又幽默的比喻，把开场白、正文、结尾贯串起来，并配以恰当的态势语，使听众在笑声和思索中接受了一个普通而又严肃的话题。

5. 将枯燥的数据变得生动

有些会说话的人为了证明某些话的可信性，说话时需要引用大量的数据。但演说又不同于调查报告和工作总结，仅仅把一连串枯燥的数据抛向听众，会使现场气氛沉闷平淡，听众也无法记住那些一带而过的阿拉伯数字。高明的演说者总是善于把干巴巴的数据转化为具体、生动的图景。

美国记者爱德文·史路森呼吁人们充分利用尼加拉大瀑布的能量的文章，实在是值得人们学习借鉴：

我们知道，美国境内有几百万穷人，吃不饱，穿不暖，然而在尼加拉瀑布这儿，却平均每小时浪费相当于25万条的面包……每小时有60万颗新鲜的鸡蛋从悬崖上摔下去，在旋涡中制成一个大蛋卷。如果印花布不断地从一架像尼加拉河那样宽达4000尺的织布机上织出来，那也就表示同样数量的布料被浪费掉了。如果把卡耐基图书馆放在瀑布底下，大约在一到两小时内就能使整座图书馆装满各种好书。或者，我们也可以想象，一家大百货公司每天从伊利湖上游漂下来，把它的各种商品冲落到160尺下的岩石上。

要想不理会充满形象的言谈，就好像要求球迷坐在沸腾起来的足球场上不看球赛一样困难。所以，法国哲学家艾兰说：“抽象的风格总是差的，在你的句子里应该充满了石头、金属、椅子、桌子、动物、男人和女人。”

使演讲合乎人情的技巧

人是有感情的动物。感情在认知活动中的作用有时是很大的，它可以敞开理性的大门，从积极方向来理解演讲内容，也可以关闭理性的大门，或者抗拒性地、消极地对待演讲内容。在演讲过程中，听众的注意力、理解和记忆选择性，很大程度上是由感情因素决定的。林语堂曾说：“对中国人来说，一个观点在逻辑上正确还远远不够，它同时必须合乎人情。”其实何止是中国人，只不过中国人更加重视罢了。

一篇演讲，无论内容如何丰富，语言怎样准确、清楚、简洁、明了，如果缺乏情感，那还是很难打动听众的。俗话说“晓之以理，动之以情”，成功的演讲不仅能把道理说得清楚明白，使听众不得不信服，而且还能以自己真挚的感情感染听众，引起听众的共鸣，使听众心悦诚服地接受演讲者的思想感情。

情感的表达既要靠语意，也要靠语音。因此，一些演讲名家，他们在遣词用语的时候，总是字斟句酌，选用那些适合表现思想内容，蕴含着炽烈情感的语言，并以这些带有强烈感情色彩的语言，来叩动听众的心扉，引起共鸣。

林肯总统是一位具有超人的演讲才能的政治家，他的《葛底斯堡讲演词》直到今天不论任何大文豪，仍不能在这篇名文上增加一词，仍被人们当作模范讲演词。

这篇不足300字的讲演之所以被世人所称赞，成功之处不仅在于以简短为妙，更重要的是注入了林肯的情感。

让我们重温一下林肯的这篇演讲词吧！

1789年前，我们的祖先在这块大陆上创造了一个新的国家，她在自由之中成长，并为人人生而平等的主张而献身。

如今我们已从事一场伟大的内战，考验这个国家，看为何如此成长和如此献身的国家能否长存于世。

我们在这场战争的战场上聚会，奉献出战场的一部分土地，作为那些为国家生存而捐躯的人的最后安息之所，这全然是必须而正常的，也是我们应该做的。

世人不太会注意也不会太长久记忆我们此刻所说的话，但永远不会忘记，他们在这里所做的一切。

我们面对这些光荣地为国家奋斗牺牲的人，我们更应该发挥我们的爱国热忱。换句话说，我们绝对不能让这些爱国者白白牺牲，我们要祈求我们的国家，在上帝保护之下，能获得更新更大的自由。

我们只要能树立起民有、民治、民享的理想政治，我们的国家就不会从地球上灭亡。

整个演讲只用了5分钟，却给听众留下了深刻的印象。林肯简短的演讲词之所以激发人心、具有强烈的感染力，主要有三方面的原因。首先是林肯站在听众立场上说话，每段开头、中间、末尾都离不开“我们怎样”，用他的切身体会来表明他对人民的关心、爱护；其次是语言的真诚朴实，乃是发自内心的肺腑之言，道理虽简单，听众却有如饮甘泉的畅快感觉；再次是林肯对民众的热爱促使他把听众当作上帝，通过语言的力量，团结人民，为美国的解放而斗争。

林肯把感情投到演讲的主题和内容上，并适当地通过有声语言把这种感情表现出来，产生了心理的共振效应，达到了演讲预期的交流、鼓动和说服的目的。

英国前首相丘吉尔素以非凡的雄辩天资和演说能力闻名遐迩。在第二次世界大战期间，他以出色的军事才能领导了英国对法西斯德国的斗争，其间发表了许多演讲，对鼓舞英国军民和全世界人民奋勇抗战，具有重大意义。1941年6月，苏德战争爆发。尽管丘吉尔是一个一贯仇视苏联社会主义制度的资产阶级政治家，但在当时的情况下，他审时度势，认识到要消灭德国法西斯，就要团结一切反法西斯力量，支持一切受法西斯迫害的国家和人民，否则将重蹈绥靖政策的覆辙。用他自己的话说：“如果希特勒入侵地狱，我至少也要在下院发表一篇同情魔王的声明。”为了向全国表明他的态度，丘吉尔通过广播发表了著名的《关于希特勒入侵苏联的广播演说》。

……希特勒是个十恶不赦、杀人如麻、欲壑难填的魔鬼，而纳粹制度除了贪得无厌和种族统治外，别无主旨和原则。它横暴凶悍，野蛮侵略，为人类一切形式的卑劣行为所不及。

过去的一切，连同它的罪恶，它的愚蠢和悲剧，都一闪而逝了。我看见俄国士兵站在祖国的大门口，守卫着他们的祖先自远古以来劳动的土地。我看见他们守卫着自己的家园，他们的母亲和妻子在祈祷——啊，是的，有时人人都要祈祷，祝愿亲人平安，祝愿他们的赡养者、战斗者和保护者回归。

我看见俄国数以万计的村庄正在耕种土地，正在艰难地获取生活资料，那儿依然有着人类的基本乐趣，少女在欢笑，儿童在玩耍，我看见纳粹的战争机器向他们碾压过去，穷凶极恶地展开了屠杀……我还看见大批愚笨迟钝、受过训练、唯命是从、凶残暴戾的德国士兵，像一大群爬行的蝗虫正在蹒跚行进。

这里一美一丑的生动刻画，对照鲜明，字里行间充满着对法西斯令人发指罪行的控诉，对灾难深重的人民的同情。饱含演讲者激情的语言使一切正义、善良的人们对侵略者更加深恶痛绝，对受害的苏联人民及其国家更加同情，并抛弃一切旧有的偏见。正所谓感同身受，丘吉尔自身鲜明的爱憎，通过他流畅的语言表达出来，产生了强大的感染力。

接着他以准确有力的语言，阐述了英国所要采取的政策和所要达到的目标。丘吉尔以战略家的眼光看到了这次大战的世界性："这不是阶级战争。这是一场整个大英帝国和英联邦，不分种族，不分信仰，不分党派，全部投入进去的战争。希特勒就要迫使西半球屈服于他的意志和他的制度了，而如果做不到这一点，他的一切征服都将落空。"丘吉尔通过演说，晓之以理，动之以情，对动员英国人及世界人民大力援助苏联，彻底打败德国法西斯具有重要意义。

他在演讲的最后说：

"因此，俄国的危难就是我们的危难，也是美国的危难。正如俄国人为保卫家乡而战的事业，是世界各地的自由人民和自由民族的事业一样。让我们吸取通过残酷的经验得来的教训吧。让我们加倍努力，只要一息尚存，力量还在，就齐心协力打击敌人吧！"

这诚恳真挚、感情热烈的号召极为鼓舞人心，我们今天似乎还依然感觉余音不绝于耳。

第二节　演讲的表演功夫

让态势语更优美

一般而言，演讲除了依靠好的语言功底，还要辅以动作优美的表演。其中最重要的是态势语，它包括仪表、姿态、神情、动作等方面，是演讲者立与坐、眼神、手势、身体动作、步伐移动等的综合反应能力。正所谓演讲是有声语言，给人以听觉形象；演讲是无声语言，给人以视觉形象。俗话说："花好还要绿叶扶。"如果说，有声语言是红花，无声语言就是绿叶。光"讲"不"演"，或光"演"不"讲"，都不能构成演讲之美；只有动静相兼，将两者有机地融合起来，才能构成完整的演讲。也就是说，唯声、色、姿、情，相得益彰，方能称作上乘的演讲。

演讲者的风度、仪表、神态，应给观众留下最佳的第一印象。心理学理论"晕轮效应"认为：一个人给别人的第一个印象往往是人们对其做出判断的依据。如你见到一个人衣着整齐、合体入时，表情自然，则会认为此人做事细心，有条有理，进而会想这个人一定有责任心，你就必然会在心里产生最初的中意的感觉，并且还会联想到其人会有这样、那样的能力。倘若一个人给你的最初印象是衣冠不整，嘴巴里骂骂咧咧，你定然会对其做出缺乏道德观念的结论，甚至还会联想到此人的其他缺点。

一次，心理学家雪莱在莫萨立斯特大学挑选了68个自愿参加实验者，这些应试者的外貌、口才及对事物的理解判断能力都挑不出毛病，但仪表、风度却大不相同。68人分别征求4位素不相识的过路人的意见，以期得到他们的支持。结果表明，风度翩翩者较之仪态平平的对手，自然是稳操胜券。

登台讲演时，仪容更不能不修边幅，穿着随便，而要整洁、大方、有风度，但也不能过分打扮。服装应该同身份相称，不宜过于奇特，那种自恃高雅，油头粉面，衣冠楚楚，似奶油小生的装束，或一味追赶时髦，仔裤港衫，长发垂肩，仿洋人港客模样，纵然口吐莲花，舌绽春蕾，也绝不会使人产生钦敬之感。

“峨冠博带话务农”必显得滑稽可笑，“蓬首垢面谈诗书”，则有失风雅。要针对特定的演讲环境来决定演讲时自身的仪表、衣着和态势。演讲者的外部表象即仪表、衣着、态势是被听众直接感受的，它对演讲的效果乃至成败会有直接影响。据一般的社会心理分析，听众往往会将演讲者的仪表、衣着等与自己的仪表、衣着相比较，以自己的仪表、衣着、态势作为评判演说者的标准。所以演讲者就要尽可能将自己的仪表、衣着与听众接近或一致起来。如果是在高雅的宴会上，听众衣冠华贵，讲者衣衫不整，举止粗俗，就难登大雅之堂了。而在沸腾的工地，繁忙的田野，西装革履的登台，就必定在心理上产生与听众的距离。

美国口才训练专家桑迪·林弗说：“凡演讲99%都无需拿讲稿。一个人拿起讲稿来读‘话’时，人们对他信任的程度也随之降低了。听众越是感到你在与他们交谈，你演讲的效果也就越好。”由此可见，演讲时拿不拿演讲稿，也是一个人演讲形象好坏的关键。当然，朗诵讲稿也不行，背讲稿也是不行的。因为演讲大厅正像运动场一样，是一个剧烈变化的动态系统，听众情绪、会场气氛都有改变的可能，有时还会发生意外的事件，这就要演讲者有即席调整的应变能力，如果一切都照预定的程式，按部就班地背诵，就难免会手足失措，碰壁失败。

心理学家认为：人的注意具有指向性的特点。当大脑皮质的某一个兴奋中心的刺激得到加深时，注意的指向性就愈来愈强。就是说，对某事物，人的注意越集中，对别的事物的注意必然就会减少。所以，演讲者要在临场前妆点自己的仪表和风度，就必须脱离演讲稿免受其影响。另外，上场时，要保持安然自若的神态，坚定有神的目光。这样使听众在第一印象中，就加深了视觉形象的刺激，从而让人们注意的指向性得到强化。

演讲者的神态要自然大度，神态即指面容表情和举止姿态。面容表情中又应注意以眼传神和以笑达意。眼神可以表示种种复杂的感情，笑意能传达各种心理信息。用得巧，无疑会使讲话增色添彩。要使讲话得心应手，运用自如，甩开讲稿当是上上之策。简单地讲，精心准备讲稿是必要的，但是上台照本宣科就太令人乏味了。所以，应该将演讲稿烂熟于心，演讲时既以它为依据，又不受其束缚，便能收到良好的演讲效果。

非语言与控场技巧的运用

演讲的非语言方式开端，往往可起到调节现场气氛的作用。在演讲者没有任何预示及听众没有任何准备的情况下，突然采用默语或笑声的方式，可吸引观众的注意力。这样，好奇心驱使听众思想集中地来听演讲。如我国著名的革命家恽代英，在一次演讲开始时，便出乎意料地“哈哈哈”三笑，那些早已疲倦的听众（因前面已有几位同志演讲过了），被弄得莫名其妙，吃了一惊。随后，也跟着哄堂大笑起来，听众疲倦的精神一扫而光，恽代英的“三笑”目的达到了，于是开始他的正式演讲。有时，如现场气氛混乱，演讲者可用默语开端——两眼环顾会场，沉默良久。不多时，听众会自觉不自觉地安静下来，一下子集中了注意力，凝视着演讲者，想探个究竟。这时，演讲者可利用这一时机，开始演讲。通过用笑声或默语，即非语言的方式开端，效果是明显的，但要注意视具体情况，用之有度。同时，演讲中要懂得应变与控场。

演讲者要想取得良好的演说效果，还应该具有应变和控场能力。即善于临场察言观色，以便把握住听众的心理变化、兴趣要求，及时修正补充自己的演讲内容，为演讲成功打下良好基础。

那么，一个成功的演讲者需要哪些应变与控场能力呢？

（1）控制感情，掌握分寸

当发现意外情况时，要镇静，要有好的心理素质，能控制感情，掌握分寸。不要在讲台上惊慌失措，更不要因急躁而冲动行事。

（2）从容答题，妙语解脱

演讲时，常有听众提出较尖锐的问题，欲“将你一军”，这时候该怎么办呢？要学会从容地回答听众提出的问题，特别是那些乍看起来十分棘手的问题。有的人采取压制的方法，发火批评，喊“别吵了，安静下来”，这样只会使自己陷入窘境。有的人则采用以诚相待、妙语解脱的办法，变被动为主动。

（3）巧妙穿插，活跃气氛

如果会场沉闷，要尽快调节，巧妙穿插，活跃气氛。演讲者使用穿插的方法，除了把事理说得更形象、更深刻外，还可活跃现场气氛，增加听众兴趣。比如，讲个笑话，讲个故事，谈点趣闻，唱首歌儿等。

（4）将错就错，灵活处理

要想在演讲中不说错一句话是相当困难的。一旦出错，在这种情况下最忌讳两点：一是搔头挠耳，二是冷场过久。有人观察得出这样的结论：在演说过程中冷场15秒以上，听众群中就会有零星笑声；冷场30秒以上，就有少数听众的笑声；冷场时间再长一点，听众就会普遍不耐烦了。

演说过程中，如果是漏了个别字句的小错误，只要无伤大雅，不予更改为好。如果是讲了一段之后突然忘了下一段该说什么，那该怎么办？卡耐基介绍了几种方法，我们可以借鉴一下：

①就地换掉话题，用上段结尾中的句子来发挥。

②向听众提出问题。

③如果实在是大脑一片空白，就应该临时编一段较完整的结束语，有礼貌地结束。

演讲者的表演秘诀

每次你演讲的时候是不是都想要得到一个奥斯卡奖？即使一个故事你已经讲过500遍了，你在讲的时候好像仍是刚刚想到的一样，这里面就含有“演”的技巧。很多成功的演讲者都运用表演技巧来提升他们的台前技巧。毕竟，演讲者的工作和演员的工作相类似——吸引观众。演员必须日复一日、年复一年重复同一个角色。如何使之保持新鲜呢？这就是演讲者要从演艺圈中学习的。

这里有几个从表演技巧中总结出来的实用秘诀，它们会帮助你在台上赢得奥斯卡奖。

秘诀之一：即兴创作

即兴创作意味着在你要行动的时候要灵活变通。它表示放弃一成不变，尝试新的和激动人心的东西。演员们用即兴创作释放他们的创造力，再借着剧本找到他们的最佳状态。

试着用即兴的词汇来表达你已有的故事——你会发现感觉最好的用词和表达方式。你不用去管时间，重复地用中速表达或乱讲一气。

这个观点是为了让你自由和开放。即兴创作给你空间使你有创意和显得更自然。

秘诀之二：个性化你的故事

讲故事的关键不是记忆词汇，而是记忆那种体验。演员使用一个称之为“个性化”的技巧来达到这个目的。这意味着从你的生活中提炼出一种经验，然后把这种经验中的情感的影响力应用于表演的场景和故事当中。个性化是演员演得真实的秘诀。

举例来说，当安东尼·霍普金斯在影片《沉默的羔羊》中扮演杀人狂汉尼拔·莱克特时，他根据他曾经发狂地想去杀人的经历，再造了情绪的感染力。我们在荧幕上看到的霍普金斯是一个精神错乱的杀人狂。实际上，演员霍普金斯只是从他替代性的经历中演出真实的情绪。

作为一个演讲者，个性化意味着把你自己带进演讲。“就讲故事而言，如果你不能领会它，那观众也不能。”通过体验的再现把观众带进演讲。你得到的回报是，每一次你再造这个体验，它都会是新鲜的。

秘诀之三：强烈的意愿

一个演员在每个场景中都有一个意愿（或是目的），一个意愿对剧本来说是一条主线。意愿激励着每个角色。哈姆雷特的意愿是杀死他的叔叔克劳蒂斯。哈姆雷特一路上有很多障碍，如果他没有这个意愿的话，这部戏就演不下去了。

作为一个演讲者，你的意愿是向观众宣扬你的观点。

诀窍之四：戏剧化

演员总是要在台上尽量显得真实。但是舞台上的真实——实际上只是对我们真实经历的强化。真实却没有戏剧性是非常了无生趣的！即使是最敏感的电影表演都会有戏剧性的成分。

好的表演是即使只是阅读电话号码簿，也会使观众得到享受。当你在和一大帮观众交流时，会有很多“电流”划过。使用这些“电流”，使演讲辉煌起来。

诀窍之五：保持敏锐

伟大的演员都是敏锐的反应者，他们一秒钟都不停。这意味着他们保持神经高度敏锐及紧张，不会去期望由另一个演员去处理。杰克·尼克尔森的表演尤为激动人心，是因为他对其他演员的反应是很自然的，而不是事先计划的。

不要像我们曾经见过的那些演讲者一样，总在他的演讲中某些地方故意停上几秒钟让观众笑——而不管他讲得是不是好笑。那样就很傻了。让你的神经对你的演讲中的每件事都保持敏感，相应地调整你的演讲。

“‘魔术’是自然发生的，”魔术师刘成认为，“对观众进行反应。通常我最好的素材是取自演讲中正在发生的东西。我的演讲不是固定在一个轨道上的火车——它更像冲浪，这样或那样移动，甚至有时往下倒！”

诀窍之六：多样化

任何东西若总是用同样的方式表达都会显得很无聊。演员把一段场景分成几个部分，每一部分都互不相同。演讲者要致力于强调、移动、声音、精神层次、素材，等等。

你能在你的演讲的组织中加入多样性，如故事……过渡……故事……主要观点……故事……多样性能在你的声调和声高中体现。停顿也是一种多样性。同时，不要忘记在你肢体语言中建立多样性。

诀窍之七：你的放松来自你的专注中

如果演员的思路可以允许自由漫步，他会专注于他的紧张神经。演员通过专心地准备剧本和默契配合其他演员可以得到放松。演讲者可通过专注他们的意愿、观众、定制的细节、室内的设备等得到放松。

作为一名演讲者，必须让你的“表演技巧是吸引人的，而且简单易用，但如果没有融入你自身自然的演讲风格的话，你将会冒险，失去真实性，变得生硬刻意”。如何避免？你必须练习，观察反馈，直到确信你演讲中的表演技巧已经没有痕迹、看不出来为止。

第三节　演讲的一般技巧

运用匠心独具的开场白

万事开头难。作演讲开场白同样不易把握，要想三言两语抓住听众的心，并非易事。但如果在演讲的开始听众对你的话就不感兴趣，那后面再精彩的言论也将黯然失色。因此运用匠心独具的开场白，才能在瞬间集中听众注意力，演讲才能成功。具体来说，下面几种技巧值得借鉴：

1. 奇论妙语，石破天惊

听众一般对平庸普通的论调不屑一顾，倘若演讲者用别人意想不到的话语引出话题，造成“此言一出，举座皆惊”的艺术效果，就能达到吸引听众的目的。

在一次毕业欢送会上，班主任在给他的学生致词时，说：“我原来想祝福大家一帆风顺，但仔细一想，这样说不恰当。”这句话把他的学生们弄得丈二和尚摸不着头脑，大家屏声静气地听下去。“说人生一帆风顺就如同祝某人万寿无疆一样，是一个美丽而又空洞的谎言。人生漫漫，必然会遇到许多艰难困苦，比如……”最后得出结论：“一帆风不顺的人生才是真实的人生，在逆风险浪中拼搏的人生才是最辉煌的人生。祝大家奋力拼搏，在坎坷的征程中，用坚实有力的步伐走向美好的未来!”班主任的话给他的学生留下了永难磨灭的印象。

“一帆风顺”是常见的吉祥祝语，而老师偏偏反弹琵琶，从另一角度悟出了人生哲理。第一句话无异于平地惊雷，怎能不震撼人心？需要注意的是，运用这种方式应掌握分寸，弄不好会变为哗众取宠，应结合听众心理、理解层次出奇制胜。再有，不能为了追求怪异而大发谬论、怪论，也不能生硬牵扯。否则，极易引起听众的反感和厌倦。

2. 自嘲开路，幽默搭桥

自嘲就是自我贬低，用在开场白里，目的就是用诙谐的语言在无形中缩短了与听众间的距离。

1990 年，中央电视台邀请台湾影视艺术家凌峰先生参加春节联欢晚会。当时，许多观众对他还很陌生，可是他说完那妙不可言的开场白后，一下子被观众认同并受到了热烈欢迎。他说："在下凌峰，我和文章不同，虽然我们都获得过'金钟奖'和最佳男歌星称号，但我以长得难看而出名……一般来说，女观众对我的印象不太好，她们认为我是人比黄花瘦，脸比煤炭黑。"这一番话嬉而不谑，妙趣横生，给人们留下了良好印象。

3. 即景生题，巧妙过渡

一上台就开始正正经经地演讲，会给人生硬突兀的感觉，让听众难以接受。不妨以眼前人、事、景为话题，引申开去，把听众不知不觉地引入演讲之中。

1863 年，美国葛底斯堡国家烈士公墓峻工。落成典礼那天，国务卿埃弗雷特站在主席台上，只见人群、麦田、牧场、果园、连绵的丘陵和高远的山峰历历在目，他心潮起伏，感慨万千，立即改变了原先想好的开头，从此情此景谈起："站在明净的长天之下，从这片经过人们终年耕耘而今已安静憩息的辽阔田野放眼望去，那雄伟的阿勒格尼山隐隐约约地耸立在我们的前方。兄弟们的坟墓就在我们脚下。我真不敢用我这微不足道的声音打破上帝和大自然所安排的这意味无穷的平静。但是，我必须完成你们交给我的责任，我祈求你们，祈求你们的宽容和同情……"

这段开场白语言优美，节奏舒缓，感情深沉，人、景、物、情是那么完美而又自然地融合在一起。据记载，当埃弗雷特刚刚讲完这段话时，不少听众已泪水盈眶。但即景生题不是故意绕圈子，不能离题万里、漫无边际地东拉西扯。演讲者必须心中有数，还应注意点染的内容必须与主题互相辉映，浑然一体。

4. 讲述故事，顺水推舟

用形象性的语言讲述一个故事作为开场白会引起听众的莫大兴趣。选择故事要遵循这样几个原则：要短小，不然成了故事会；要有意味，促人深思；要与演讲内容有关。

1962年，82岁高龄的麦克阿瑟回到母校——西点军校。一草一木，令他眷恋不已，浮想联翩，仿佛又回到了青春时光。在授勋仪式上，他即席发表演讲，他这样开的头："今天早上，我走出旅馆的时候，看门人问道：'将军，你上哪儿去？'一听说我到西点时，他说：'那可是个好地方，您从前去过吗？'"

这个故事情节极为简单，叙述也朴实无华，但饱含的感情却是深沉的、丰富的。既说明了西点军校在人们心中非同寻常的地位，从而唤起听众强烈的自豪感，也表达了麦克阿瑟深深地眷恋之情。接着，麦克阿瑟不露痕迹地过渡到"责任——荣誉——国家"这个主题上来，水到渠成，自然妥贴。

5. 制造悬念，激发兴趣

人们都有好奇的天性，一旦有了疑虑，非得探明究竟不可。为了激发起听众的强烈兴趣，可以使用悬念手法。在开场白中制造悬念，往往会收到奇效。

有位教师举办讲座，这时会场秩序比较混乱，学生对讲座不感兴趣，老师转身在黑板上写了一首诗："月黑雁飞高，单于夜遁逃。欲将轻骑逐，大雪满弓刀。"写完后他说："这是一首有名的唐诗，广为流传，又选进了中学课本。大家都说写得好，我却认为它有点问题。问题在哪里呢？等会儿我们再谈。今天，我要讲的题目是《读书与质疑》……"这时全场鸦雀无声，学生的胃口被吊了起来。演讲即将结束，老师说："这首诗问题在哪里呢？就在于它不合常理。既是月黑之夜，怎么看得见雁飞？既是严寒季节，北方哪有大雁？……"

老师就是利用了学生好奇的心理而抓住了学生的注意力，从而使自己的讲座顺利进行。

演讲入题的语言技巧

毫无疑义，欲使听众尽早进入自己规定的主题，就必须重视入题的速度和方式两方面的安排，既要做到“开门见山，一针见血”，又要在逻辑上做到有悬念、起伏和跌宕，以收到“文似看山不喜平”的效果。想达到这样的效果，一般有如下几种方式：

1. 开门见山，迅速将听众带入既定情境和思路中去

恩格斯的《在马克思墓前的讲话》，起初草稿上是从马克思的逝世说起，进而才进入自己的题目。在客观和冷静的叙述中，难以将听众迅速地引入既定情景。因此，恩格斯对此进行了认真地修改。在后来的定稿中，他采用单刀直入的入题方法，直接讲马克思“停止了思想”，“永远睡着了”，这样就迅速将听众引入到沉痛和肃然的既定情境之中，比原稿那种缓慢的节奏强多了。

2. 讲究悬念和曲折，以引起听众的关注

入题要快，并不是说所有入题都以“开门见山”这样的方式为佳。其实，有时候入题更需要讲求一定的曲折和委婉，尤其要讲求一点逻辑悬念，方能有利于入题的引人入胜。因此，有时候，我们不妨多用一点言辞，以悬念抓住听众心理，引起他们的注意和重视。有一篇叫做《人呵，认识你自己》的演讲，主讲人给自己划定的题目是“人与社会和自身的关系”。可是一开始，演讲者并不直接挑明这个题目，而是先援引恩格斯的话，讲了个“司芬克斯之谜”的引子：“司芬克斯向每个人和每个时代提出了问题……”继而话锋一转，问道：“那么人类呢？人和人类社会有什么难题呢？”最后他自己答道：“人类面对着的有三大难题：人生、社会和人自身。”这就是转折式入题了，它使自己的入题显得有些跌宕，有些波澜甚至悬念，一点也不平铺直叙，自然能引起听众的关注与兴致了。

3. 制造强烈的反差

对比要引出的题目，以期在人心目中留下深刻的印记。这主要指以对比、对照和映衬之类的修辞手法，来导入自己的话题。

有一篇名为《论男子汉》的演讲，一开始，演讲者的话似乎跟一般的谦辞没什么两样，颇有离题之嫌。因为，他一口气就洋洋洒洒叙说了四个“为难”之处：“我一点也不明白主办者的意图何在，这使我感到为难，这是我遇到的第一个困难；今天，我是第一次来到你们学校，一切都是陌生的。在一个陌生的环境里，人容易有一种不适应的感觉，这是我遇到的第二个困难；况且，刚才前面的几位同学又做了精彩的演讲，热烈的掌声可以作证，这给我增加了压力，算是我遇到的第三个困难；不巧得很，我本想凭手中这么一张卡片做一次演讲，却忘了戴眼镜了，想把它放在桌上偷偷地看几眼也不成了，这就是我的第四个困难……”

这开场白听起来颇有些饶舌的味道，岂料到，那演讲者讲罢“第四个为难”之后，话锋突然一转，便进入自己早已拟定的题目了：“但是，我并不胆怯，相反我充满了信心。我相信，既然我站到了这个讲台上来，我就必定能够鼓起勇气，竭尽全力，让自己体面地走下台去！因为，我选择了这样一个演讲题目——《论男子汉》！”

这样《论男子汉》特有的“勇气”之题目，便同一开始的“胆怯”与“为难”形成鲜明对比和反差，巧妙、贴切而又风趣盎然，听来令人解颐。

演讲破题的语言技巧

演讲中，入题并不等于破题，二者的区别在于：入题只是引导进入设定的题目或论点的方式，而破题则是提纲挈领地进入各个论据或阐述的要点之中。可见，破题是否能使听众在不知不觉中跟随自己的思路走，是关乎演讲成败的又一重要环节。大致说来，我们可选择以下几种方式来做到破题的明确。

1. 立一定句并加以强调，以期引起听众的注意和重视

在《论男子汉》的演说中，作者为了论述“男子汉”最突出的特征——勇气，故意使用了“勇”的对立物，即一个“难”字来作为破题的标志字符。当然，这个标志字符也不是凭空而来的，且听他是如何表述的：

刘晓庆说，做女人难，做一个名女人尤其难。我说，做男人难，做一个男子汉尤其难！但男同胞们是欢迎这个“难”的，正因为其难，才富于挑战，才能显示勇气和力量，因此令人神往。

2. 制造语义的转折

用对立等手法来制造波澜以实现破题的目的，并给人以警醒，达到新颖的意境和感受。道格拉斯在《谴责奴隶制的演说》中，使用了提问的入题方式：“为什么今天邀我在这儿发言？我和我所代表的奴隶们，同你们的国庆节有什么相干？”接下去他没直接指出“废奴”这个主旨，而聪明地选择了“国庆”，以及和这个与全美利坚公民欢乐气氛相反的词——“凄凉”来破题，一开始就引起了听众的同情。他在叙述了国庆意义后这样说道：“但是，情况并非如此，我是怀着一种与你们截然不同的凄凉心

情来谈及国庆的。我并不置身于欢庆的行列，你们巍然独立只是更显露出我们之间难以度量的差距。”

3. 使用自问自答的方式来破题

丘吉尔在担任首相时发表的就职演说就用了两处设问来加以论述，当然也可以看作是为破题而设立的标志语了。他说：“你们问，我们的政策是什么？我要说，我们的政策……这就是我们的政策。你们问：我们的目标是什么？我可以用一个词来回答：胜利——不管一切代价，必须赢得胜利。”

当然，破题的方式还有不少，但有一个共同点，就是尽量简约。用明确的言语标志符号去吸引听众，以便朝自己拟定的方向去理解、接受自己阐述的内容。

演讲点题的语言技巧

所谓点题，即点明主旨。这里所谓的点题，主要指的是最能点明演说目的、主旨的那些话。点题的词语一般要有新意、有底蕴，并尽可能做到理性与精通的融会贯通，给人以隽永、深刻且耐人寻味的印象。下面是演讲点题的主要形式：

1. 用感情色彩浓烈的词语来点题

马丁·路德·金的《我有一个梦想》的演说，为了点明题旨以增强感染力，就反复描述了“我梦想有一天”的情景，每一个情景就是一个镜头，连续组成主观与客观相融为一体的连续不断的“画面群”，强烈地渲染主题，是一种颇为艺术的点题方法。

2. 使用点出主旨的警句

警句得来并不容易，但是，如果我们注意将情感和理智融为一体，并辅以反复、倒序、排比等多种加强论证的言语力度和感染力的手段与方法，也是有可能留下警句名言的。肯尼迪总统的就职演说，开头并没多少新意，更不用说警句了。但快结束时，他连续使用了两个重复的呼告语，使那警句立即凸现了出来，不仅新意盎然，而且颇有深刻寓意："不要问你们的国家能为你们做些什么，而要问你们能为自己的国家做些什么；不要问美国将为你们做些什么，而要问我们能为人类的自由做些什么。"

3. 艺术地运用熟语点题

熟语，包括成语、民谣之类，人们耳熟能详。对此，切不可视之为下里巴人的语言而妄加轻视与贬低。如果演说时，我们对此能艺术地加以改造和利用并加以强化，也有可能赋有新意并铸成警句，从而给人以艺术享受与心灵震动。朱镕基在当选总理后的记者招待会上，有一段讲话就颇有感染力，至今让人津津乐道，念念不忘："不管前面是地雷阵还是万丈深渊，我都将一往无前，义无反顾，鞠躬尽瘁，死而后已。"其实，推究起来，也大都不过是一些熟语罢了，可是由于将它们导入连续的排比句式之中，再辅以形象生动的比喻，因此，使人感受到了一股排山倒海的言语张力和气势，同时也点出了题旨，表达了自己的决心。

演讲结尾的语言技巧

整个演讲犹如画龙，而收尾部分就是点睛之笔，能给人以强烈的印象。戴尔·卡耐基说过："最后，也是最重要的。"

下面介绍几种常见的演讲收尾方法：

1. 总结全篇

这种结尾扼要地对全篇进行了总结，即使你没有听到他演讲的其他部分，也完全能够了解他通篇讲话的大致内容，因为他已把它们概括成言简意赅的几句话，从而加深了听众的印象。

毛泽东《实践论》演讲的结尾就属这一类："通过实践而发现真理，又通过实践而证实真理和发展真理。从感性认识而能动地发展到理性认识，又从理性认识而能动地指导革命实践，改造主观世界和客观世界。实践、认识、再实践、再认识，这种形式，循环往复以至无穷。而实践和认识之每一循环的内容，都比较自然地进到了高一级的程度。这就是辩证唯物主义的全部认识论，这就是辩证唯物论的知行统一观。"

2. 鼓动号召性地结尾

这种结尾是用得最多的一种，它以发出号召收拢全篇，其优点是鼓动性强，能给听众极大的鼓舞和深刻的印象。

周恩来在《亚非会议全体会议上的补充发言》的结尾："十六亿亚非人民期待着我们会议的成功。全世界愿意和平的国家和人民期待着我们的会议能为扩大和平区域和建立集体和平有所贡献。让我们亚非国家团结起来，为亚非会议的成功而努力吧!"

3. 借用名言收尾

这也是常见的结尾方法之一。用被人们普遍认可和使用的名人名言或诗句结束演讲，给整个演讲的论点一个强有力的证明，进一步深化了主题，并把演讲推向高潮。

在1995年国际大专辩论会即有名的"狮城舌战"上，复旦大学四辩蒋昌健在进行总结演讲时，就引用了顾城的名言，可以说是神来之笔，令无数听众拍手叫绝。

“只有认识人性本恶，才能调动一切社会教化的手段来扬善避恶。光阴荏苒，逝者如斯，在物质和科学技术突飞猛进的同时，而人类的精神家园可谓是花果飘零。在这个时候，我们要警惕，‘人性本恶’这个基本的命题。可喜的是，在东方的大地上，我们说传统文化的发扬光大，已经开始走向了新的春天。我们也相信，通过传统文化的精华，必将使人类从无节制的欲望中合理地扼制并加以引导，从他律走向自律，从执法走向立法。人类才可能挽狂澜于既倒，扶大厦于将倾。黑夜给了我黑色的眼睛，而我却要用它来寻找光明！”

4. 抒情式结尾

满怀激情，以优美的语言直抒胸臆。这种结尾感情丰富，意境深远，具有强烈的感染力。抒情式结尾是一种常见的效果较好的结尾方式，但要注意克服套话，应多在内容上下功夫。只有内容与形式的统一，才能达到完美的境界。

“今天，当我们回顾古老的中国农业在过去的 20 年里所走过的历程时，既为其取得的巨大成就而欢欣鼓舞，又为其面临的种种困难而忧心忡忡。中国将以何种姿态迈入下一个世纪？中国农业和中国农村又将以何种途径跨入兴旺发达的明天？如此一系列关系国家前途和命运的重大问题都刻不容缓地摆在我们面前。在这新的机遇与挑战并存的世纪之交，中国农业需要科技进步，中国农村盼望科技人才，中国农民渴望科技知识。这一切向我们明示：中国未来蓝图的画笔已经交到了我们手中。既然老师说我们是国家的希望，国家说我们是祖国的栋梁。那么我想，我们就应该，也一定要能撑起祖国的希望，使这希望熠熠闪光！”

5. 借助动作收尾

这种方式不是很常用，但如能加以巧用，效果也很不错。

1930 年，鲁迅在上海中华艺术大学做《绘画杂论》的演讲，指出喜欢

"病态的女性"是一种畸形的审美观。讲到最后，他拿出一幅画着病态女人的月份牌，请听众"欣赏欣赏"，引得哄堂大笑，他在笑声和掌声中结束了他的演讲。

6. 哲理升华

李燕杰在做《德才学识与真善美》的演讲时，这么说道："一个人没有强烈的希求成功的愿望而能取得成功，天下绝无此事，人间也绝无此理。在人类历史上，存在遇到障碍、遇到困难、遇到打击的时候，由于缺乏坚韧和毅力而后倒转，就造成了千万个放弃理想而失败者的墓碑，这是人生的历史上一条沉痛的哲理。"

第六章　婚恋、居家说话技巧
——用甜言蜜语给爱情婚姻保鲜

恋爱中，恋人情意绵绵地说，才能做到两心相悦；结婚后，夫妻间情真意切地说，才能永葆婚姻的甜蜜；婆媳间嘘寒问暖地说，才能做到和睦共处，亲子间循循善诱地说，孩子才会听……

第一节　与异性交往的说话技巧

与异性交往的说话分寸

在工作和社交活动中，和异性来往是经常的事。那么，如何把握交往之中的说话分寸呢？这里头大有学问。

简而言之，与异性交往时需要遵循“自然”和“适度”两个原则。具体而言，异性交往应注意几个方面的问题：

（1）不必过分拘谨。与异性交往，消除异性交往中的不自然是建立正常异性关系的前提。自然原则的最好体现是，像对待同性那样对待异性，像进行同性交往那样进行异性交往。要该说就说、该笑就笑，需要握手就握手，需要并肩就并肩，忸怩作态反而使人生厌；反之，过分随便也不好，男女毕竟有别，有些话题只能在同性之间交谈，有些玩笑不宜在异性面前讲，这都是要注意的。

（2）不应过分随便亲昵。男女之间过分拘谨固然令人难堪，但也不可过分随便，诸如嘻笑打闹、你推我拉之类举止应力求避免。须知，男女毕竟有别。说话过分随便亲昵，会使你显得轻佻而引起对方反感，容易造成不必要的误会。

（3）不宜过分严肃冷淡。男女交往时，理智从事、善于把握自己的感情固然是必要的，但过分冷淡、严肃，会伤害对方的自尊心，也会使人觉得你高傲无礼，对你望而生畏、敬而远之，同时也不可太轻薄。幽默感是讨人喜欢的，而故意出洋相、显滑稽，就适得其反了。

（4）不可过分卖弄。在与异性交往中，如果想卖弄自己见多识广而讲个不停，丝毫不给别人以说话的机会；或者在争辩中有理不让人，无理也要辩三分，都会使人反感。当然，也不要总是缄口不语，或只是“嗯”、“啊”不已。如果这样，尽管你面带笑容，也会使人觉得你城府太深，使人扫兴。

（5）不要违反习俗。男女交往的方式要适应当前的社会心理。比如，当前绝大多数人认为，男女间经常单独相处是超出了友谊的范围。所以，男女间进行交谈时，要注意“入乡随俗”。

男女交谈的不同语言特点

在与异性交谈时，充分发挥性别的语言优势，可体现其内在魅力；但也应注意适当，如过多地具有异性语言特点，则让人感到别扭，难以接受。

男人的语言风采表现在话语铿锵，掷地有声，具有撼天地、泣鬼神的威力。具体讲，有以下几方面的特点：

（1）豪爽。男性大多是性格豁达、语气率直、语言粗犷，表现出男子汉豪爽坦诚的性格和品质。项羽的“力拔山兮气盖世”，刘邦的“大风起兮云飞扬”等，都显示出男性语言粗犷率直的风格。从这些话语中，我们可感受到男子汉的力度和气度。

（2）理智。俗话说，感性是女人的，而男人是理智的。同一种事情，从表述的角度来说，女性重于感性，男性则重于理性。

（3）潇洒。有的男人说话缠缠绵绵、吞吞吐吐，想说又不痛快地说出来，这不是真正的男子汉；而想说就说、干脆利落、洒脱旷达、直抒胸臆，则充分显出男性语言的潇洒。

此外，语言逻辑的严密、语句的简练准确等，都是男性语言的重要特点。

中国妇女善良、温柔，这种美德也体现在女性语言中。我们应了解女性语言的特点，充分展示其独特魅力，发挥女性语言的优势，从而使自己在社交中获得成功。女性语言主要体现出以下几个特点：

(1) 理解。理解是心灵的沟通。人天生就有一种心理需求，希望得到别人的理解。而女性比男性更富同情心，更善于体恤别人，因此能满足对方的心理需求。那些能深切理解他人的语言，就能格外打动人。

(2) 温柔。和言细语、谦顺温柔，是女性特有的语言风格，使人备感亲切。有人说："女人不能弱，弱了被人欺；女人不能柔，柔了被人骑。"于是就出现了所谓"泼辣妇"，说话比男人更粗鲁，这其实是舍弃了女性自身的优势。

(3) 含蓄。女性与异性交往很含蓄，常常不直接陈述交谈目的，而是转弯抹角，正话反说，要么就寓意象征、委婉迂回。从某种意义上说，这些特征正是女性语言诱人的地方。

(4) 多情。多情是女性的语言特点。饱含感情色彩的语言，在社交中，能唤起对方的情感，使双方产生情感上的共振，最终使双方关系更加亲密。

男性喜欢女性的温柔，女性喜欢男性的阳刚，这是自然之情，也是男女相互吸引的地方。在大方自然、光明磊落地与异性交往的过程中，口语表达可充分发挥属于自己性别的语言特色，自然展现自己的语言风采，的确能产生震撼人心的巨大魅力，深深吸引对方。

男女交往距离产生美感

距离是影响男女交往的重要因素，也是衡量男女间关系亲密程度的重要标志，但距离与亲密感、美感的关系并非完全一致。男人和女人相距遥远，互不认识，亲密感和美感都无从产生；男人和女人近在咫尺，相互认识，但彼此没有交流，没有吸引，形同路人，也谈不上美感和亲密；倘若男女两性过于亲近，一切都变得袒露无余，那也就只剩亲密而难得到美感了。所以，就审美心理而言，男女间的神秘色彩所形成的一种美感，只有在两性之间保持一定的审美距离时才会产生。

随着现代社会的发展，男女间交往的范围越来越大，频率越来越快。同在一个工作间里，朝夕相处，日久生情，容易影响婚姻的质量。“雷池”一步越不得，作为职业先生和职业小姐，须把握好以下几点：

(1) 控制心理距离。常言道，同性相斥，异性相吸。男女间要缩减心理上的相容性，增加排斥性。不能拿自己爱人的短处比对方的长处。

(2) 控制情感距离。只将情感限定在“友谊”这一小圈子里，只作为一般朋友相处。不可让情感的滔滔洪水冲破理智的大堤。

(3) 控制话语距离。将工作当作话语的主旋律，工作以外的话题只能蜻蜓点水、浅尝辄止，不可漫无边际、肆意扩大。尤其不能让对方帮你了断你在家庭生活和社会生活中所遇到的一些私事。

(4) 控制偶像距离。千万不可将同一办公室里的他当作自己的偶像，加以崇拜。多想想对方的缺点和不足，切忌将对方完美化、神圣化。

控制好以上几种距离，当不会“这山还望那山高”，使一潭静水的夫妻生活掀起意外的惊涛骇浪。如果对对方竟产生了类似于“一日不见，如隔三秋”的小女子式的依恋，就是一个不容忽视的危险信号了。这需要你立即采取切实有效的防范措施，防患于未然。

异性交往讲话的四大妙术

要想与异性交往默契，需要融心理、社交、口才等知识技巧于一体。如果把沟通作为一种技巧，那么充分了解沟通对象的特点则是必不可少的。有一个事实也许是谁也不会否认的，那就是这个世界上有差不多一半的人和你的性别相同，而另一半的人，则属于你的“异性”一类了。有人说：妇女能顶半边天。也就是说，这个“天”有一半的男人和一半的女人。而作为每个人的沟通对象，也有一半的男人和一半的女人，或者说你的沟通对象有一半的同性和一半的异性。因此，在沟通中，理解异性的能力是极为必要的。

在异性交往中，女子向男子主动地抛砖引玉，男子会很热情地报以爽朗的谈锋。生活是在做圆周运动，可我们作为圆周运动上的一个分子，每天都在发展自己。青年男女，要想与异性交往默契，的确需要融心理、社交、口才等知识技巧于一体的“综艺大观”。然而与刚认识的异性交往，那份羞怯、那份紧张、那份局促、那份失措，简直让人惶惶不可终日似的，连挤两句应酬话也生涩，平日的伶牙俐齿、妙语连珠也不知躲到哪里去了。与异性交往何苦这么如临大敌？既然我们的生活无法回避与异性交往，那么共同探讨一些异性交往妙术，也许能使我们面对千姿百态的异性交往时应付自如。

妙术之一：抛砖引玉。在许多社交场合，我们常常发现，当男女被介绍相识后，大多数女子，除了可爱的矜持之外，都练就有保持沉默的功夫，将这首先开口讲话的“活儿”奉献给男子去做。一般情况下，这态度和这礼仪是不大好的。女子由于生理和心理的敏感、细腻、脆弱等特点，在交往的范围和接触点上都显得比较隐秘、谨慎，是不可随意横冲直撞的。任何一位社交经验不太丰富的男子往往会被这种情形难倒，话在嘴边口难开。而女子若主动与男子攀谈，那情形就迥然不同了。因为男子的生活环境一般比女子辽阔，加之男子汉多是粗放型，注定要接受人生的摔摔打打、磕磕碰碰，于任何事情都不那么小家子气，因此向男子提出谈话的题材就比较随意广泛，除了人格和自尊之外，偶有什么伤筋动骨的不恭之话题或言词，作为一个现代男子汉，应该是洒脱地淡然一笑了之。

阿刚到一家公司找经理洽谈生意，接待他的是经理秘书汪小姐。她告诉阿刚，经理正在处理一件棘手的事情。于是大家一阵社交辞令后，沉默了。阿刚很想通过汪小姐了解一些经理处事的作风、策略和习惯，可是面对汪小姐那矜持娴雅的气质、敏锐灵动的杏眼，欲言又止——他害怕汪小姐误解他搜异猎艳。正在阿刚为彼此谈话搁浅发窘时，汪小姐金口抛出玉言：“先生，贵公司在本地相当有名气，想必是拥有一批像您这样的精兵强将吧?”“哪里，哪里！我只不过是马前卒，是老板给了我一片任意飞翔的天空。我们公司……我们老板 ……”

阿刚见汪小姐出语谦逊，语言严谨，果非等闲之辈，便借此滔滔不绝地为汪小姐做“现场直播”广告，树立公司形象，汪小姐的抛砖引玉之功“玩”得相当地道。她在彼此刚见面谈话就难以为继之时，及时用夸赞的语气，以阿刚的公司为主题，以他的老板重用人才为素材提出话题，借以引发阿刚的谈锋。可想而知，与此话题相关联的范围之广、内容之丰富，能不让他俩谈得轰轰烈烈天昏地暗吗？

妙术之二：引发兴趣。有这么一对恋人，那位男孩喋喋不休地谈论着公司的事，而那位女孩除了从她亲热地握着男孩的手可以看出他们的热烈感情外，神态完全是一副无精打采索然无味状。一对热恋着的情侣，本应有着千言万语难诉衷肠的沸腾情景，就因为彼此谈话的内容不是双方感兴趣的话题而话不投机冷冷清清。所以，聪明的人，在与异性谈话时，恰到好处地选择那些生活中趣事作话题，既可以消除彼此之间的距离，更容易产生共鸣，增加亲切成分。比如选择一些比较轻松的故事、校园生活的诗情画意等。这些话题不但可以一下子就激起彼此的谈话兴趣，而且话题的外延广、内涵深，不至于大家刚唠了两句就没词了。

有一次，某君家里来客，是妻子阿智的两位女同学，妻子在厨房里尽“马大嫂”（买、洗、烧）之责，由此君在外坐陪。毕竟是第一次见面，她俩免不了忸怩起来。此君赶紧调侃道：“早就听阿智讲二位大小姐的烹调手艺很够品位的，今儿个你俩就给阿智搞个技术鉴定，免得她骄傲的尾巴招摇过市，我很没面子的哦！”两位小姐抢着自谦起来：“哪里呀，对烹调我们都没有研究，只是一些雕虫小技，远比不上阿智姐的手艺地道。哪日赏光，我们献献丑哇！”也许是此君选择的话题正是她俩引以为豪的“拳头产品”，激发了谈话源头；也许是此君诙谐的调侃，活跃了谈话氛围；也许是她俩受了此君的赞美，洋洋得意之际消除了生疏感，反正此君与她们围绕着“食”谈得如火如荼，以致在厨房正操作的阿智也忙里偷闲过来搞个“小插曲”。短短的饭前交谈已使他们形同故旧、无拘无束。

妙术之三：捕捉暗示。和异性交谈，要比你和同性谈话加倍地留心才是。因为你对他（她）所知甚少，加之性别的缘故，彼此之间的话题就显得特别谨慎敏感，所以你不得不重视任何可以得到的线索和暗示。如果你够精明，你可以他（她）的声调、眼神、着眼点以及他（她）与别人谈话的神情态度等细节捕捉某种暗示性的话题线索。

炜正暗恋着酒店公关小姐玲。可是，玲以往见到他时的满面春风已吹落得无影无踪，迎接他的是玲的神情倦怠、郁郁寡欢。炜不明真情，不敢造次，只好用“大众情话”道：“嗨！大小姐依然阳光灿烂，真是一天一个崭新的气象呀！”“唉，什么灿烂啦！崭新啦！生活还是依然做圆周运动。”玲沉默片刻后，显得无精打彩地敷衍着炜。“是呀，生活是在做圆周运动，可我们作为圆周运动上的一个分子，每天都在发展自己呀！瞧你，昨天春光明媚活泼浪漫，今天秋色深沉处变不惊。佩服！佩服！”“佩服什么呀，你别美化我啦，我正为无故遭到总经理训斥，好生难过哩……”显然，玲被炜的细心体贴所感动，终于敞开心扉与炜畅谈起来。

炜运用常规社交手法与玲交谈，没能唤起她热烈的反应，反而抛给她一句颓唐沮丧的话，是有意让他吃“闭门羹”？其实，这是一句暗示性很强的话，玲今天对谈笑风生的“好”话题不感兴趣，她关心的是该如何走出“雨季”。炜敏锐地捕捉了暗示，不仅把她的活泼浪漫美化为春光明媚，而且把她的沮丧神情、凄凉“天气”美化为深沉的秋色，并佩服她遇到生活波折处变不惊，从而打开了两人心灵的通途。

妙术之四：善用激将。异性交往中，往往也会遇到一些不喜欢运用自己脑筋的女子。当男子首先向她说话时，她惜语如金似的仅用“是”与“不是”作答，无论你如何发问，她总是简单作答。遇上有一定社会经验的异性，还会锲而不舍、耐着性子继续进攻下去。他相信，时间能慢慢地使陌生者变得亲切起来，甚至引出她最有兴趣的话题，逐步改变“话不投机”的局面。

阿祥因为做一篇市场调查报告，需要找微机操作员文姝小姐查看有关资料，可看见文小姐那满脸修女神情，心虚发慌了。稍定后，阿祥与她攀谈起来："文小姐每天倒挺忙的啊！""对！""你操作微机如此熟练有些资历了吧？""不长！"……几个回合下来，文姝不但始终斩钉截铁般吝啬作答，而且脸上一直未解冻。于是阿祥转变谈话策略，"听办公室主任讲，我们单位有两个天使最驰名，你猜是谁？""不知道！"文姝依然简单作答。"好，我告诉你，一个公关天使阿凤，另一个就是小姐你呀！"阿祥放慢谈话速度说。"他们叫我什么天使？"阿祥见文姝的玉容终于活跃起来，故意顿了顿说："叫你冷艳天使啊！""简直胡说八道，阿祥你看我像不像？其实……"文姝的话匣子终于被打开了。

阿祥面对冷若冰霜的文姝，在交谈接近僵局无聊的情况下，抓住文姝的"冷艳"这个弱点，假借第三者的谈话进行出击，这就造成了文姝内心尊严的一个致命伤。她为了维护自尊连珠炮似的向阿祥辩驳，并表明自己的热情、温柔和善良，从而在彼此的谈话中形成了一个和谐、愉快的回流。

第二节　谈情说爱的语言技巧

初恋女性如何说话

所谓男友，是爱情尚未确定、需要加深了解的男人。既然男友不是爱情成熟的恋人，那么和男友应该怎样相处呢？且提出几点来说明。

（1）当他在人家面前或单独对你赞美时，你应该微笑表示谢意。这是最含蓄也是最有礼貌的。

（2）他在人家面前或单独对你谈天说地，所谈的话，忽然触及你的弱点，不管他有意无意，你应不以为然，场面便很轻松。这样既不得罪于人，也不令人难过，人家会觉得你很有度量，很有修养。假若你看出男友是故意的，那么，以后尽可能避免和他见面与出游；如果他言出无心，那么他会忏悔，他对你的宽宏大量，也会敬重不已。

（3）如果他高谈阔论说大话，你不可助长其气焰，也不可揭穿他，最好以欣赏的态度听之。更重要的是，你要让对方知道，你愿意听他说话。

（4）如果他约会逾时，甚至失约，后来见面，不要加以责备，而是婉转地问他逾时失约的缘故比较好。若一字不提，他以为你不当一回事；若表示不高兴或加以责备，则令他难过。

（5）如果他请你上餐馆吃饭，请你点菜。当时只有你们两人，没有他人，如你不点，他会觉得难办；如你点价钱最便宜的，他会不安。因此，你还是点一个中等的，问他喜欢不喜欢，然后请他再点一个，他一定高兴。

（6）他指着百货公司或时装店，说要送礼物给你。你不愿意接受，不妨说"妈不许我接受男友的礼物"，这样比较委婉。

（7）步行途中，他牵你的手，甚至揽着你的腰，你虽爱他，但怕被人看见，于是你轻轻笑道："人家看见不好意思。"或说："我们也许有一天要这样，却不是现在，暂时把手放下吧！"这样他易信服。

（8）你对他认识尚浅，爱情未定，他求吻，你不妨说："待我们认识较深的时候吧！"

（9）晚上，他送你回家，到了门口，你最好说："谢谢你，再见！"

男孩子在天性上，一般是比较沉默寡言的，他们并不怎样擅长用语言将他们的感受说出来，而且他们要进行社交活动时，会感觉非常不舒服，浑身不自在，这点你要了解。因此，打开话匣子的任务，就不能完全寄予在他们身上，而是在你的身上了。

与女性相处的秘诀

女人有女人的天性。要与女性很好地相处，在很大程度上，需要多了解女性的心理。如此才能在爱的乐园里纵情放歌。现介绍几种与女性相处的秘诀：

1. 打破常规

如果你遇到的是一位优秀的女性，你千万不要对她进行赞美，因为你的溢美之词可能只不过是在重复别的男人曾对她说过的话。对她而言，她已烦得时常感觉自己像个留声机了。你绝对不能再对她显而易见的优点，诸如美貌啊、才情啊、业绩啊大肆恭维，在社交场合你应适当对其实施冷落，但也不能令她难堪。你可躲在暗处，冷静对其观察，相信凡是人都有软弱或不足之处。然后对症下药，哪怕把言辞说得略有冷嘲热讽也无妨，因为这些话是她从小到大从未听到过的，相信她会有一种震动的感觉。而你也就因此在她的芳心上留下了不浅的印迹。

2. 沉默微笑

在一个出色但你又比较陌生的女性面前，你可能会情不自禁地想表现自己，此时你一定要记住：言多必失。当心一不留神露出了你的软肋。但你也不能完全信服沉默是金，如此你便彻底地消失了。你要以尽可能少的话语和尽可能多的微笑来打动她。适当的沉默加稍多的微笑，可以说是一件利器。此时你所说的话可真称得上是字字珠玑了。

3. 自然而然

在社交场合，女性最讨厌的男人有两种：一种是不合群的，这类男人常常是毫无兴致与别人交谈；而另一种人则喜欢绕舌，不顾别人感觉而一味表现自己。比较受欢迎的做法是自然、轻松、亲切地与女性交往，不令女性反感或尴尬。这种亲切自然的交往方式会使女性对你解除警戒而不设防，为你的交往大开方便之门。

4. 大胆进攻

如果你是一个富于勇气的男人，同时你又不太相信爱情的产生与否是由时间的长短决定的，你不妨以此法一试。假设你遇到了一位你认为比较优秀的女性，而你又生怕错失良机，想在较短的时间内让你们的关系上一个台阶的话，那么你可选择一个合适的机会。比如，在与她外出过马路时，可用手轻轻托住她的肘弯，穿行于车水马龙之间，使她产生一种安全感。相信从此以后你会缩短你们之间的距离。

5. 心理暗示

换句话说，此法便是说白话以争取主动。女性一般都是被动的，习惯于依赖。你可根据具体情况，借机多拿主意，把自己当作是她唯一的男朋友。与她在一起时，可时时以“我们”称谓。女人是很讲究感情的，时常会生活在幻想之中，你的所作所为会使她产生一种错觉，以为自己真的和你成了“我们”。

6. 别出心裁

女人往往会认为自己是独一无二的，同时她也希望自己所钟爱的男人也是独一无二的，因为两个独一无二的人所碰撞出来的可能便是“天下无敌”了。你现在所需要做的一切就是要别出心裁，独具一格，以此来证明你的独一无二和她的独一无二。比如，当大家都在以赠送钻戒给自己的女友为时尚时，你却赞美她那一双毫无修饰的纤纤素手，说这双手如果戴上了钻戒是被玷污了，也就是说多一分或少一分都将破坏这双手的美感。诸如此类，不一而足。反正是你要说要做一些与众不同的事，来显示你的鹤立鸡群。

妙语赢得男性的喜爱

有人说，在爱情面前，男人较之女人要更脆弱一些。这话虽然有些偏激，但也不是完全没有根据。在现实生活中，男人作为家庭或者说未来家庭的保护神，除了承受着社会、家庭、爱情等方面的压力，还要不时迎接自尊给他们带来的挑战。因此，当我们看到一个男人不管不顾的时候，就是他最脆弱的时候。这种脆弱不同于女人的柔弱，但一样需要关怀和爱护。所以有位哲人说过这样的一句话："好女人会在男人的脚步声中跳舞。"话中之意，浅显又深刻。

1. 翩翩起舞

请你想一下，下面举出的言语之中，你到底对他使用了多少？

"我爱你！"

"我毕生只爱你一个人。"

"我依偎在你身旁，就已感觉到无上的幸福了。"

"对于我来说，你就是一切，什么东西也换不了你。"

"你是一个非常了不起的人。"

"我深知你的内心，我无时无刻不在关心你。"

"你是我的小太阳。"

"只要能够与你生活在一起，我就感到心满意足了。"

2. 绕过烦忧

每个人的生活环境都不同，即使是情侣，也会有意见不一致的时候和习惯上的差异，这是应该想到的，而且必须正视且不能佯装看不见。只要是谈话，就会有分歧和不一致，若能在分歧的地方加以细心体谅，谈话就会生动活泼了。如果谈话时意见不一致，那就赶快扩大范围，或转换言谈话题，这样彼此仍会获得快乐的。否则，一直围绕着分歧的话题打转只会徒增烦恼。

3. 真实谎言

为了爱情而制造的谎言，往往会收到很好的效果，尤其是恋爱中的男女之间，谎言的作用好像润滑油一样，表达着爱的真实。有效的谎言有很多种：“上次跟你见面回去后，我又独自在公园里徘徊，虽然时间已经很晚了，可是我却没有一点儿倦意。我觉得那天的夜色，好美，好静！”这种谎言，是属于那种略带神秘性的谎言。

“每次和你约会时，总是在衣柜里翻半天，老觉得每件衣服都不好看，真觉得自己有点发神经了……”这种谎言，是一种俏皮、可爱的谎言。更深远的意思已经在无言中流露出来了，对方必定会为你所动。

有的女性很会为自己的男友着想，担心对方的经济能力不够，因此，在约会的时候说：“不知道怎么回事，我对出租车有畏惧感。”“每次坐在高级餐厅或咖啡厅时，我总觉得浑身不自在，觉得那种地方过于庄严，不适合我。说起来，我还是喜欢坐在阳台上欣赏夜色，吃自己煮的面，这样没有拘束感。”若对方没有充裕的经济能力，听到这些话，一定会为女方的温存体贴而感动。

4. 彬彬有礼

赠送礼物有其意想不到的价值，对男人更是如此。

如果女性赠男性围巾，可先自己围着再交给他。由于围巾里留着你的芳香，更能使他觉得你朦胧的情意。又如，要赠送威士忌时，先放在自己的房间里，然后若无其事地邀请他来，说：“在这个房间内，有一样我要送你的东西，你猜猜它是什么呢？”然后在交给礼物时，不能只说“给你”。如果是圣诞礼物，带一句“今年以来，你给了我非常快乐的日子，谢谢你”；如果是围巾等礼物，附加一句“你常穿橘色的衣服，所以选这条青白格子相间带花纹的围巾送给你。”只此一句，就会让他飘飘欲仙似的高兴起来。

5. 收发自如

常有人吵架吵得毫无意义，信口说："我非常讨厌你！不想再见你了！早知你是这样，去死就好了。""如果你这么说，那出去呀！马上！"这样的话随便说出，可能造成无法挽回的局面。在你吵架时，希望你能冷静，并能把握吵架的主动权，收发自如。首先不能一口气抓住对方的全部缺点，只能说三分之二，若超过的话，那就该打住。最不能忘记的一件事是，即使吵了架，也不要妨碍二人继续相处下去。人与人之间难免有意见上的分歧，对此应当承认，而不能一味地掩饰。在吵架的尾声，一定要有"这不是白费时间的吵架，而会增加我们之间的感情"的感觉，如此才能制造出吵架的高潮，这是很重要的。

抓住时机表述衷情

柳青姑娘交上了一位胆怯、寡言的男朋友，他的名字叫夏雨。他常去找她，很想接近她，但又没有勇气向她求爱。柳青喜欢他的诚实，但又清楚地知道他的弱点。

一个月牙儿当空的夜晚，万籁俱寂，他和她在小河边的柳树下坐着。为了打破僵局，柳青想法子给他一个亲近的机会。

柳青说："有人说，男子的手臂的长等于女子的腰围。你相信不?"

夏雨说："你要不要找根绳子来比比看?"

"谁要你找绳子了?"柳青生气地责怪。

"你不是要量腰围吗?"夏雨不解地问。

这位夏雨，也确实太老实巴交了，连姑娘示爱的话都听不出来。难怪姑娘会扫兴了。

谈恋爱，自然首先是在"谈"上。生活中有的人谈恋爱一谈即成，有的人谈恋爱却屡屡告吹。对于后者来说，原因固然很多，但是，没有在恰当的时候用恰当的方式表达自己的感情，恐怕也常是恋爱失败的原因之一。

谈情说爱是滋养爱情的融合剂，只有在“谈”中，爱才会变得愈加浓郁香醇，才会散发出清新浪漫的气息。“谈”得好了才能达到喜结良缘的目的；“谈”得不好，就只能桥归桥、路归路了。可见，说话技巧的高低在恋爱交往中，有着举足轻重的作用。

那么，什么是恰当的时候和恰当的方式呢？

1. 准确地了解对方的心意

就恰当的时候而言，关键在于要正确判断和了解对方的心意，做到知己知彼，掌握火候，不失时机。为此，建议你在求爱之前，不妨对下列几点做一番回顾：

（1）你们俩在一起时，他（她）是否表示出愉快、舒畅以及乐意与你共叙衷曲？

（2）当有其他女友与你一道和他同时接触的情况下，他是否主动接近你，并对你格外关注？

（3）当你向他谈起自己的理想、志趣及对生活的看法时，他（她）是否感兴趣，并引起共鸣？

（4）当你主动与他（她）接近时，他（她）的态度是否热情、积极，没有表现出冷淡、回避和敷衍的情绪？

（5）对你的思想、品行、学识、情趣，他（她）是不是衷心赞许？

如果上述几条的答案，基本上属于“否”，那就说明你向他（她）求爱的条件还不成熟，不宜操之过急；如果答案基本上是属于“是”，那就表明时机已接近成熟，可以试一试了。

2. 采取恰当的方式

（1）投书问路

表白爱情的简单易行且保密效果最好的方法就是写信。你可以在信中尽你的才智一吐心曲。但要注意，这是“问路”信，千万不能洋洋洒洒、倾尽衷肠，或通篇充满“我爱你”之类赤裸裸的直白。这样做即便不引起对方厌恶，也会对你没有好感。所以，问路信以幽默含蓄为美。

（2）大胆约会

你可约对方去听音乐、看电影、散步、溜冰、跳舞。这类邀请既文明、亲切、自然，又富于生活情趣。如果你常对对方特别邀请，自然会使对方领略到心心相印的特殊感情。

（3）托人说“情”

如果你感到很害羞，难以启齿，那就用这种旧式的、正统的且能避免难堪的表白方式。你可委托信得过的亲朋好友，将自己的爱的信息准确地传递给对方。这个人不仅可以起到介绍情况、穿针引线的作用，而且还具有一定的担保作用。

（4）暗示心曲

你可以向对方赠送一些小礼品来暗示爱情。这个礼品的选择一定要巧妙，既寓意深长，又富有浪漫色彩。这样，对方既不会感到唐突，又能从中体会到你那颗怦然跳动的心。

这种小礼品很多，如一束淡蓝色的“勿忘我”绢花，两颗“此物最相思”的红豆，等等。

约会中的谈话原则

当你对一个异性心旌摇动时，你的内心也许正在酝酿一次甜蜜的约会。而在有些人的观念中，主动约会的一方会有失身价，今后在恋爱过程中会被动。这样的想法是既幼稚又有害的。男女双方，都可以主动提出约会。尤其是男方，在这方面更应表现出一种主动的精神和姿态。不过，提出约会时，应注意以下方面：

（1）无论是用电话、书信，还是口头等方式约对方会面，都不能以命令或生硬的口吻和态度，“逼迫”对方同意，而应以温和的或商量的口气，协商行事。

(2) 选择时间和地点时，要充分考虑对方的赴约方便，最好是在商量时，让对方提出意见，以她的方案为主。如果对方提不出具体意见，则可以提出自己的想法，经对方同意后再做决定。

(3) 约会的时间、地点一经确定，没有十分特殊的情况，双方都不能失约，不能迟到，更不可不事先通知对方，便单方面改变时间地点。这样做既不礼貌，也会使对方久等失望而产生不满情绪和误会。

(4) 因交通不便或交通工具出了故障或其他客观原因而迟到的一方，应主动向对方表示歉意，并说明原因，请对方谅解。同时，先到的一方，对于对方因无法解决的困难而失约或迟到，也应予以充分的体谅和安慰。不可表示怒意，更不可使性子，一句话不说便丢下对方扬长而去，这样做的结果，即使不是吹灯散伙，也会在双方心中留下阴影。尽可能预先把困难想得周全一些，并在时间上留有余地，不可限得过死，以免因意外情况而无法准点赴约。如果约会是去看电影或戏剧、体育比赛等，则双方都应提前到达，不可延误。一方延误，既使对方等得焦急不安，又会因进场较晚而影响他人，显得缺少礼貌。

第一次约会，态度和所谈的内容也应注意。一般来讲，有以下原则必须遵守。

(1) 真诚、坦率。对对方希望了解的情况和提出的几点问题，如实地介绍和回答。有一说一，有二说二，既不能有意隐瞒，更不能说谎欺骗。

(2) 无论是谁主动提出约会，无论是谁在追求谁，在约会谈话时，都不可表现出洋洋得意之态，或以开玩笑的方式贬人褒己。要尊重对方，谦虚礼貌。在实在谈不下去、想尽早离开时，也应先征得对方同意，不可以任何方式不辞而别。

(3) 交谈的内容尽可能广泛些，除了解对方的一些基本情况，还可找一些题目，交换看法，从中试探对方的观念、水平、兴趣，以及对生活、对人生、对艺术等的态度与鉴赏能力。第一次交谈，最好不直接问及对方的家庭财产以及对方以往的恋爱史等。

（4）考虑到各人性格上的差异，不可要求对方第一次见面时便滔滔不绝，同时，自己也不可毫不观察对方的反应，而大唱独角戏。要善于掌握分寸，善于寻找题目，善于诱发对方谈话的兴趣。

第三节　恋爱中的特殊语言表达

含蓄地表达爱情

爱情是一首诗。美吗？倾吐无遗，可能索然无味；朦胧含蓄，可能醉人心脾。

爱情美表现为恋爱方式的含蓄美。

含蓄，表面平静，内在激烈；表面质朴，内在丰富，真正的爱情正是这样。

爱情中的含蓄美是贯穿于恋爱生活的全过程的。具体说来不外乎包括表达时的深沉和显露时的适度两个方面。

1. 表达时的深沉

爱情的表达方式，大致有表情、语言、行为、文字、信物等五种，这似乎是古往今来大同小异的。然而在表达时外露还是含蓄、疯狂还是冷静、轻佻还是深沉，却因人而异了，有时甚至是大相径庭的。

在求爱阶段，无论是通过交谈、书信还是由别人转告，向对方表示爱慕之情，都要态度自然、诚恳，姿态要温文尔雅，语言要恰如其分，行为举止要端庄检点，不能矫揉造作、装腔作势、污言秽语，甚至咄咄逼人，更不能下跪发誓或闪电式拥抱……否则就可能适得其反。

有一男青年与他的女友才会面两次，就心血来潮，写了一封二十页的情书，开头便是“我最最亲爱的……”整封信都热得发烫，让姑娘读了脸红肉麻。姑娘透过这洋溢着过分热情的字里行间，觉得这小伙子不够庄重，太轻浮，于是给恋爱划上了休止符。

其实，你在爱情的阶梯上走到了第几级，就应表达什么样的情感，切不可肆无忌惮地胡诌一通。即便是将成为亲密的伴侣，也最好用含蓄而耐人寻味的词句来表达自己的爱情。轻佻的字眼，是感情浅薄、愚昧无知的表现，大抵为感情深沉的恋人所不许所无法接受。因为以含蓄为美，半含半露为贵，中国人自有中国人的审美习惯。记得有一首含蓄的情歌写道：“不写情词不写诗，一方素帕寄心知，心知接了颠倒看，横也丝来竖也丝，这般心思有谁知?”感情热烈而又深沉，读来余味无穷。

如果对方已心心相印，相互倾慕，真诚相爱，那么，一个含情脉脉的眼神，一句巧妙得体的话就胜过一万句“我爱你”之类的空话了。当一方爱上了另一方并深知另一方也爱自己，但又怯于表达时，宜采用戏剧性的方式，寓爱情的表露于戏剧性的变化中。马克思和燕妮相爱已久，但谁也没有先说出那令人心颤的三个字。一天黄昏，马克思和燕妮同坐在河畔的草坪上谈心，马克思凝视着燕妮轻声说：“燕妮，我已经找到爱人了！”说着把一只精制的小匣子递过去。燕妮打开小匣子，恍然大悟，原来匣子里是一面小镜子，镜子里映着燕妮那微微泛红的脸蛋。这一戏剧性的变化，既含蓄又不虚假，从中可领受到更深沉的魅力。

2. 显露时的适度

男女双方恋爱的过程，其实就是各自向对方显露优点、才华、能力的过程。

恋人间的谈情说爱，在注意对方的心境和交谈场合等前提下，应把握好时机和选择好话题。第一次约会，男性应主动寻找使对方感兴趣的话开口，尽早结束冷场局面。谈兴被引起后应把大片的“空白”留给对方去“开垦”、“填补”。双方交谈的话题不能宽泛无边，也不能过于狭窄。赞美对方要恰如其分，妥贴对方的爱意；言过其实，只会引对方厌烦，甚至导致不欢而散。

有的人与对方刚见过一两次面，就把自己的家底和盘托出，对方一下就被镇住了：见多识广、才华横溢、能力非凡、智慧超群，真是打着灯笼也没处找的意中人。可是当他们爱情的体验逐步加深时，却再也无法向对方提供美好的珍品了，老是重复最初见面时显露过的一切。重复，单调的重复，优点也就成了缺憾，于是对方不满了，厌倦了，爱之花枯萎了。因此，恋爱中的男女双方向对方显露自己时一定要适度，做到细水长流（当然不是惜话如金做沉默状），要让爱始终像一条隧道，曲折而幽深，给人以永不枯竭的追求兴致，使神圣的爱情永远充满新鲜感。

恋爱中否定与拒绝的艺术

恋爱中，恋人的意见并不都能言听计从地接受，恋人的要求也并不能都满足，如何使用否定和拒绝的艺术呢？

（1）寓否定于模糊语言。含糊其词在恋爱口才中意义非凡。女朋友穿一条裙子，自觉漂亮，在你面前得意地转了一圈后问你：“美吗?”你不仅不认为美，还觉得有点难看，于是你含糊其词地回答：“还好!”只要对方是稍有灵气的女孩，便能体会这句话的真正含义。

（2）寓否定于肯定。你的女友希望你给她买件像样的衣服，于是暗示你：“瞧，人家的衣服多漂亮，是男友送的。”但你觉得本季节她的衣服已经够多了，如果你说“不”，女友会觉得你很小气，怎么拒绝呢？你可以这么说：“的确美，不过我赞赏苏格拉底的一句话‘女性的纯正饰物是美德，不是服装’。”话的表面并未拒绝，但对方绝不会认为你是同意了，问题在不了了之中解决，谁也不会感到难为情。

像这种恋人的要求，你不赞同也不接受，可你的拒绝中就不能有否定词，但对方若能辨出弦外之音，彼此都不会觉得难堪。

(3) 寓否定于感叹。你的生日，她（他）送你一套衣服，你不喜欢，因为它的颜色艳了些。她（他）问："喜欢吗?"你若直截了当地回答："不喜欢，花里胡哨的，像什么样!"她（他）此时一定会觉得很伤心。若是你回答："要是素雅些就更好了，我比较喜欢浅色的。"这话的表面意思仿佛是：你买的也好，不过若素雅些就更好了。但表面肯定的背后是一句否定的意思，只不过说得委婉一些罢了。

(4) 寓否定于商量口气。恋人希望你陪她（他）参加朋友的一次聚会，可你觉得目前不便或不妥。于是你用商量的口气说："现在实在没时间，以后行吗?"显然，恋人此时的邀请，有她（他）特定的意义，若以后还有什么意思呢？可你找到这样的借口，她（他）也实在不好勉强。

(5) 寓否定于玩笑

通过开玩笑的方式来否定，既可以达到目的，又不至于使双方尴尬，是一种很好的否定技巧。譬如，你男朋友邀请你"上门"，你觉得时机尚未成熟，不可盲目造访，这时你可问："有什么好吃的吗?"你的男友会列出几样东西来，于是你可接着说："没好吃的，我不去。"这是巧妙的玩笑，不仅拒绝了对方的请求，还可避免回答"为什么不去"，真可谓一箭双雕。

爱情是美好而甜蜜的，但爱情并不是一帆风顺的。在双方交往的过程中，由于双方的性格不同和对一些事物理解上的偏差，往往会造成许多的摩擦，产生摩擦并不可怕，这也是很正常的事情，舌头哪有不碰牙的呢？这个时候，如果你能想出一些"花言巧语"，定能让你恋人的脸上"多云转晴"。

有一对恋人约会，男方迟到了，女方撅着嘴很不高兴。小伙子见此情景笑了笑，然后不急不忙地走到女方身旁，对她说："我今天有一个重大发现。"姑娘不做声，投来疑惑的眼光。小伙子赶忙上前一步在姑娘身旁小声说："我告诉你一件事，你要保守秘密。我今天发现——你是多么爱我。"小伙子的一句"花言巧语"不但使自己免于被女友追问迟到的原因，而且使得恋人脸上乌云全消，漾起了幸福的微笑。

恋爱中的女孩子，心思异常的敏感，常常因为男友一句不经意的话就浮想联翩，甚至“上纲上线”，自己给自己弄出许多不快来。面对恋人因敏感而产生的、类似庸人自扰的误解，男士应给对方一个有理有据的解释，从而消除对方的误会。

雷是一位事业心很强的男孩子，这个优点倒让他的女友敏十分担忧，老是担心结婚以后，雷只顾及发展自己的事业，而忽略她的存在。经过一段时间的考虑，敏决定试探一下，看看雷的心中，她和事业哪个更重要。在一次闲谈中，敏半开玩笑半认真地说：“雷，为了我，你真的什么都可以放弃吗？包括你的事业？”雷以为敏是跟他开玩笑，就笑着说：“当然不能了，事业对我很重要。”敏一听，脸色一下子就沉了下来，“哼，我就知道，你们男人都是这个样子，都是工作狂，你心里根本就没有我！”雷一听，知道自己刚才说错了话，忙解释道：“敏，你误会了，我不会为了你放弃我的事业，并不等于你在我心里就不重要。同样，为了事业我也不会放弃你的。你是知道的，我这个人事业心强，可你知道吗？我这样的努力工作都是为了能为我们的将来创造更好的环境，如果我不能让你生活得更好，我还有什么资格说‘爱你’呢？我想，你喜欢我的理由也应该有事业心强这一条吧，你希望你未来的丈夫是个毫无追求的懦夫吗？”雷的一番推心置腹、坦率真诚的话语深深打动了敏，此刻她脸上早已荡起了甜蜜的笑容。婚后，雷事业有成，敏成了他的贤内助。

要小性子可以说是女孩子的天性，恋爱中的女孩子更是如此。她们常为男友的言行不符合自己的心意而要性子赌气，挤眼抹泪。其实，她心里并不是真的生男友的气，而是故意生气，看男友是不是会过来哄她，这时候的男士就应该多多迁就。

恋爱是婚姻的前奏曲，当你的恋人脸上出现阴云时，你要“花言巧语”，让他（她）多云转晴，婚姻殿堂的大门也就离你不远了。

斗嘴——增进感情的语言游戏

斗嘴，不是吵嘴，不是口角，天真无邪的斗嘴是“爱的食料”。它具有如下两个特点：

（1）具有目的的模糊性。恋人间斗嘴一般并非要解决什么实质性问题、做出什么重要决定，而仅仅是借助语言外壳的碰撞来激发心灵的碰撞，从而达到两颗心的相知与相通。因而恋人们常常为一句无关紧要的话、一件微不足道的事“斗”得不可开交，局外人很难领会到其中的奥妙与乐趣。

（2）形式的尖锐泼辣。恋人间的斗嘴从形式上看和吵嘴很相似。你有来言我有去语；你奚落我，我挖苦你；毫不相让，“锱铢必较”。但与吵嘴根本不同的是，斗嘴时双方都是以轻松、欢快的态度说出那些尖刻的言词，有了这层感情的保护膜，斗嘴就成了一种只有刺激性、愉悦性却无危险性的软摩擦，成了表现亲密与娇嗔的最好方式。不难想象，当一方说出“起码你比较该死，比较混蛋”时，脸上是带着亲切而顽皮的笑容的。如果换一种冷若冰霜的态度，那么这句话就不再是斗嘴，而变成辱骂了。

正因为斗嘴具有形式上尖锐而实质上柔和的特点，它就比直抒胸臆式的甜言蜜语有了更大地展示情人间真实感情与丰富个性的广阔空间。所以，沐浴爱河的许多青年男女都喜欢进行这种语言游戏，在这种轻松浪漫的游戏中，加深彼此的了解，增进相互的感情，同时也调剂爱情生活，使恋爱季节更加多姿多彩。

同时，斗嘴也是消除恋人间摩擦的一种别致而有效的方式。比如，你和女朋友出外旅游，很不顺利，不是走错路线，就是耽误了食宿，这时候女友就会撅起小嘴抱怨：“哎呀，怎么跟你在一起就老是碰到倒霉的事呢?”面对指责，你可不能跟她动气：“嫌我不好，你另找别人!”这样谁都不好看，还会伤了感情。你不妨跟她斗斗嘴：

——对啦，我们就是夫妻命嘛！

——什么叫夫妻命？夫妻就该倒霉吗？

——夫妻就是要共患难呀！想想看，要不是有你在身边，我一个人哪里应付得了这些？

相信她听到这些话，气自然会消的。

虽然斗嘴是一种有趣的语言游戏，但它和别的游戏一样，有它一定的“规则”，需要恋人们特别注意：

（1）要把握好感情的深浅

谈话有一个总的原则：“浅交不可深言。”这话同样适用于恋爱中。如果双方还处在相互试探、感情朦胧的阶段，要想以斗嘴来加深了解，可以选择一些不涉及双方感情或个人色彩的一般话题，如争一争是住在大城市好还是隐居山林好，斗一斗是“左撇子”聪明还是“右撇子”聪明等，这样双方可以不受拘束，安全系数也大。

（2）最好不要刺伤对方的自尊

恋人间斗嘴，最爱用谐谑的话语来揶揄对方，往往免不了夸张与丑化。但是这种夸张与丑化，也要照顾到对方的自尊，最好不要涉及对方很在乎的生理缺陷或他（她）很敬重的父母，也不要挖苦对方自以为神圣的人和事，否则就有可能自讨没趣，弄得不欢而散。

（3）要留心对方的心境

斗嘴因为是唇枪舌剑的交锋，就需要有一个宽松的环境、充分的心灵愉悦，才能享受它的快乐。因此，斗嘴时要特别注意恋人当时的心境。大家都有这样的体验，心情愉快时，可以随便耍嘴皮、开玩笑。可你的恋人正在为结婚缺钱而愁眉不展时，你却来一句：“你怎么啦？像谁欠你二百吊钱。”你准会受到抱怨：“人家心烦得要死，你还有心逗乐！我找你这个穷光蛋真倒霉透了。”这样，斗嘴的味道就会变得苦涩了。

在言语中多放点蜜

有人说，沐浴在爱河中的人的字典里，没有老套的字眼。任何海誓山盟，如“爱你一生永不移”、“爱你爱到入骨里”的话也可说，不必怕肉麻，除非你并不爱对方。

男女相处，尤其是已经到了接近谈婚论嫁的阶段，甜言蜜语非常有用，你不妨大胆些，在言语间多放点蜜。

与他久别重逢时你可以讲：

“好像在做梦，多么希望永远不要清醒。”

你以充满爱意的眼神望着他：

“总是惦念着你！别的事我一概不想……我的感觉，好像一直跟你在一起。”

这是无法忘怀、时时忆起的心境，只要谈过恋爱的男女，一定有些经验的。除了他以外，任何事都不放在眼中，总是想念着他。上面那句话不用怕羞，可以反复使用。相爱之初，热烈的甜言蜜语绝对不会使人感到厌烦，也许还认为不够呢！

“你喜欢我吗？”你不妨大胆地问他。

“说说看，喜欢到什么程度？”或用这样的语气追问。“请你发誓，永远爱我！”甚至你单刀直入地这样对他撒娇说。

“世界是为我们而存在，对不对？”

“你爱我，我可以抛弃一切！你也是这样？爱就是一切。”

“请你发誓，永远爱我。”

“你不会违背我吧？如果你抛弃我，我只有死！”

还有许多甜蜜的爱语。有很多女性使用这样甜蜜的词句来表达爱意。像这样的言语接二连三地向男性表示“永远不变的纯真爱情”，女性便会沉浸在自我陶醉之中。而男性的反应也会是积极的。可如果他说出：“可以发誓，我永远爱你一人。纵使海枯石烂，爱情也永不变!”男性若能够这么流利地说出来，一定表示他并不重视你，因为他对任何女性都这么说。

普通男性会说：“又来了!”感到畏缩与失望，口中哼哼嗯嗯地无法给予明确的回答，心中还想着其他的事，譬如房子需分期付款。

“对永恒不变的爱无法负责。”事实上，这才是男士的真心话。

当然，在爱情上“我爱你”的言辞用得过多，未免有庸俗之感，倘若你换用“我需要你!”就显得有实际的感觉。“需要”与“爱”所表现的感受，对男性而言，似乎前者胜于后者。

男性在社会活动中，喜欢被人发现自己的存在价值。恰当地运用甜言蜜语，可以使两人之间的爱情温度逐渐升高。然而这样的话只能用两人听得到的声音互相呼应，如果在许多朋友面前得意地大笑，周围的人会感觉很扫兴，还会恶心。

“怎么了?愁眉苦脸的熊猫，明天工作一定会顺利进行，提起精神，振作吧!”

你选用这很开朗的呼唤与安慰。这时他会回答：

“我是愁眉苦脸的熊猫，那么你是花蝴蝶?”

甜蜜的称呼也会在两人之间产生情意的相投。他的心理逐渐恢复开朗，感觉到你赐予的爱情温暖。

但有一点要注意：因为随着时间、环境的变化，人的心理和情感也会随之而变化。男女应根据对方不同年龄特点采取不同的谈话方式。

拜见对方父母时的说话技巧

恋爱中的青年男女走过美丽的恋爱季节，即将步入婚姻的殿堂时，有一关是一定要过的，并且一定要过好，如果这一关过不好的话，很可能会给婚后的生活带来诸多的不愉快，这一关就是双方父母的“审查”。因此，初见对方父母时的说话技巧也是一种特殊的表达方式。

许多人，尤其是现在的年轻人，都觉得恋爱结婚是两个人的事，与其他人没有什么关系。实则不然，别人的意见你可以置之不理，但父母这一关，你是永远也无法回避的。孩子无论长多大，甚至已经为人父母，在他的父母眼里，永远都是孩子。恋爱、结婚是人生中的一件大事，这意味着孩子将组建起自己的家庭，独立生活了，做父母的自然对这些十分关注。他们心中对未来的女婿或儿媳都有自己的标准，但总结起来，无非就是一点，你要让对方的父母感到把他们的女儿或儿子交给你是放心的。倘若过不好对方父母这一关，不能让对方父母感到放心的话，那日后的麻烦就多了。生活中婆媳不和，丈夫在母亲与妻子间受夹板气的事屡见不鲜。所以一定要将这件事充分重视起来，掌握见对方父母时的语言技巧，博得对方父母的喜爱，为将来的婚姻创造和谐的家庭氛围。由于男方父母与女方父母的心态上存在较大的差异，因此准儿媳和准女婿在拜见未来的公婆和岳父母时的语言技巧有所不同，这里分别加以介绍。

1. 拜见男方父母时的语言技巧

在中国人的意识里，婆媳关系是件很让人挠头的事情，生活中我们听到的婆媳关系紧张的事情远比婆媳和睦、关系融洽的多得多。那么准儿媳如何在初次拜见准公婆时留下好印象呢？

（1）注意自己的形象。你一定要以落落大方的形象出现在准公婆的面前，千万不要浓妆艳抹。一般来说，老年人的思想都较为保守，过于时髦的打扮他们接受起来很困难，因此穿着一定要大方、得体。

（2）要懂礼貌。一般而言，首次拜见对方的父母都是事先约好的，也是较为正式的。所以，准公婆心里预先一定是有所准备的，他们会把自己心中的标准在未来的儿媳身上逐一比较，来给双方打分。是否懂礼貌，是打分的第一个标准。双方见面以后，自然是由男方将你介绍给他的父母，这时一定要选择合适的称谓。如果男方父母的年龄比自己父母的年龄大，称为伯父、伯母，反之称为叔叔、婶婶（这一点在会面前就应该有所准备）。女方到男方家做客，自然是客人，作为主人的男方父母招待你是很正常的事情，此时要多使用礼貌用语。比如，准婆婆给你倒水，要说：“谢谢伯母”。在谈话的过程中要使用尊称“您”，这样会让她感到你尊敬老人，懂礼貌。

（3）谈话语调要柔和。在现实生活中，没有哪个老人希望自己的儿子找一个厉害的媳妇的。一则怕儿子在婚后的生活中受欺负，成了“妻管严”；二是怕媳妇太厉害以后难以相处。因此，准儿媳在第一次见准公婆时一定要表现得谦逊有礼，过高的音调和过分的语言都会让准公婆感到很不舒服，因而千万不能给准公婆留下这样的印象。

（4）巧妙夸赞准公婆。人都是喜欢听别人夸奖的，如何夸奖未来的公婆呢？这需要男方的配合，男方一定要将自己父母一生中引以为骄傲的事情告诉女方，也好让女方有的放矢，让准公婆开心。

秀秀到男友小刚家做客，彬彬有礼的秀秀让小刚的父母十分满意。中午，小刚的母亲张罗了一桌好菜，留秀秀吃饭，秀秀推辞不过，就留下来。席间，秀秀对小刚的母亲说：“伯母，您的手艺可真不错，伯父真是好福气。伯母，我要拜您为师，好好学两手。”小刚的母亲乐得合不拢嘴，连声说：“行，行……”秀秀这一句话，既夸赞了小刚的母亲厨艺精湛，又夸小刚父亲有福气，同时又表现出自己的谦虚。小刚的父母听了夸赞心中自然高兴，而且秀秀主动提出要学做饭，这更令小刚的父母高兴，因为儿子的胃以后有了保障，这样的儿媳谁不喜欢呢？

2. 拜见女方父母时的语言技巧

在对待儿女婚姻上，女方父母与男方父母的心态有着很大的不同。女儿是父母的掌上明珠，就要离开父母了，父母未免担心这担心那，总怕自己的宝贝女儿受委屈。因此，他们要求自己未来的女婿，首先必须是个忠诚可靠的男人，说得更直白一些就是不要是个“花心大萝卜”，过不了几天，就把自己的女儿给甩了；其次才是要能干，这样才能给他们的女儿创造好的生活环境，保证女儿一生的幸福。至于说外表、财富，女方父母的在意程度远不如前面两项。男士首先要明白这个道理，再加上些语言技巧，才会给未来的岳父母留下好印象，让他们放心地把女儿交给你。

（1）行为要稳重，语言要得体。有些男士在初见准岳父母时总是显得很紧张，其实这大可不必。如果你见准岳父母时都表现得慌慌张张、手足无措，那么他们怎么可能放心地将女儿交给你呢？你必须表现出一个成熟男人应有的稳重，说出的话不仅要有礼貌，而且要有水平，不说失礼的话，不做失礼的动作。另外，说话一定要大方、直率，扭扭捏捏会给人一种缺乏男子汉气概的感觉。

（2）对事物要有自己的见解。一般来说，准岳父在初次见面时都会考查一下准女婿的见识，看看你是不是有主见。比如，他会问你一些当时社会上的热点话题，这时你千万不能随声附和，要有自己的见解。但要注意的是，陈述自己的观点要把握时间，切记不要长篇大论，口若悬河，那样会给人以不懂礼貌、没有修养的感觉。另外，不要与准岳父发生争论，一旦你们的观点是完全不同或针锋相对的，你也不要与他辩论，要想办法把问题化解。比如，你可以说："您说的也有道理，我以前没有想到这一层……"

（3）适当地表决心。在男方初次拜见未来的岳父母时，女方总是会找些机会，让男方与自己的父母单独相处，这时男方一定要抓住这个机会，向准岳父母表一下决心。但要注意，话不能说得过大过空，要尽量实在些，虽然不能让女方父母对你完全放心，但至少给了他们一份承诺，会让他们感到你还是很有责任感的。

华带着男友江来家里见自己的父母，大家谈得很开心。快到中午了，华说："你们先聊着，我去做饭了。"说完就到厨房去了。江知道这是华给自己一个向她父母表白的机会，于是说道："伯父，伯母，我和华相处这么长时间了，华可能已经向二老讲了我的情况，请二老放心，我会照顾好华的。大富大贵不敢说，但我想我一定会让她幸福的。"几句朴实的话语，打动了华的父母，江也成功地通过了华的父母对他的考查。

第四节 家人之间的说话技巧

夫妻间说话的艺术

年轻的朋友恋爱时，为了取悦对方的欢心，行为、说话都格外注意。婚后，女方有了归宿，男方有了媳妇，有些人就“返璞归真”了。“返璞归真”可以，但相处的艺术不能没有。所谓艺术，不是花招，而是要善待对方，追求的是密切夫妻关系。

若以为好听的话属于婚前的使用范围，那就误解了，甜言蜜语在夫妻之间不是“过去式”，而始终是“现在时”。老夫人哪怕随便来一句：“老头子，你来!”也可以说得情真意切。处于人生青春期的小夫妻，更要用言语时时温暖对方，多说说“我爱你”、“你真好看”、“你今天好精神”、“夫人，你辛苦了，看这段时间我挺忙，你又带孩子又操劳家务，真不容易!”这样的话。这些话说得恰当，肯定会使对方心满意足。但千万别对此不在意，把人家的一份美意退了回去，说什么“别来这假招子!”“你说走嘴了吧？这话是预备给别人说的吧?”“我还不知道你是什么变的？你要是闲得没事，把你换下来的那堆脏衣裳洗洗。”表面听来，这些话都是不领情的，这时也要懂得宽容，可别较真，一旦较真争执起来，融洽的气氛可能被弄得七零八落。

要创造家庭和美、夫妻和睦，当着家里其他人和在外人面前，丈夫与妻子都要多讲对方的长处、优点，对对方的地位、价值充分肯定，这样的婚姻是棒打不散的。有意无意地小瞧对方，踩踏对方，家庭的稳定性就会失去保障。有些嘴巴尖利的妻子，老是位居高台，颐指气使地斥责男人："我瞧见了你就饱了！"把男人贬得一文不值；而有些丈夫也喜欢用"爷们儿"的口气："媳妇儿，怎么还没做好饭?！都他妈累死我了，你干事总是这么慢，找你我这辈子可真他妈倒了霉了！"他妻子的感觉就可想而知了，接下来肯定又免不了一场"战争"。夫妻两人如都用这种方式说话肯定会使争吵不休成了家常便饭。

心理学家认为，人人都需要"心理营养"，这些"心理营养"包括：被爱、被肯定、被理解、被尊重、被赞扬、被关注、被信任、被宽容，等等。

一个身体不缺乏营养的人，身体会强壮起来；而一个心理上营养丰富的人，必然也是心情舒畅、自信和自强的人。一个被理解的人，就不会再抱怨；一个被肯定和得到赞扬的人，会变得自信和更加可爱；一个被关注的人，同样也懂得关心他人和善解人意；而一个被信任、被宽容的人，自然也会信任和宽容他人……

有一对70多岁的老夫妻，他们俩这一辈子从来没红过脸，吵过嘴，听起来真有些让人不敢相信。因为在大家的观念中，夫妻之间哪有一辈子都没有磕磕碰碰的？但老爷子的一席话道出其中缘由：

"本来嘛，两人做夫妻，就是一种缘。我不信佛，可我还是相信人和人之间还是有缘分的。夫妻之间究竟是吵吵闹闹，还是和和美美，我看主要是在'话'上。同样是说话，可以这样说，也可以那样说，你说话难听，我说的比你还难听，这就肯定要吵架了；反过来说，你敬我一尺，我敬你一丈，人心都是肉长的，有话好好说，肯定吵不起来。"

相信缘，珍惜缘分，这也是他们两口子和和美美的法宝。

夫妻间宜用的情爱语言

如果说爱情是夫妻感情的基石，那么充满爱意的情爱语言则是夫妻之间不可缺少的润滑剂。充满爱意的情爱语言是真爱之心与得体语言的最佳结合。夫妻之间的情爱语言虽不如恋人之间语言那样浓烈，但却如陈年老酒，甘甜醇美，回味悠长。

一般来说，夫妻间的情爱语言宜用这样的几种形式：

1. 直抒爱意

当爱情之舟驶入婚姻的港湾之后，轰轰烈烈的爱情归于平淡温馨的家庭生活。夫妻之间虽说不再把“我爱你”之类的词语总挂在嘴边，但也没有必要把这些话束之高阁。在某些时刻，一句深情的“我爱你”会勾起对方的美好回忆，在彼此的心中激起爱的涟漪。这对于加深夫妻感情是大有益处的。

有一对中年夫妻，彼此的工作都很忙，平时交谈的机会不多。可是每逢晚上下班回家或休息日的时候，总要说一些情爱话题。共同看电视剧，看到剧情中男女的恋爱情节时，经常一同回忆他们相恋的时光，说些过去甜蜜的经历。每逢对方的生日和共同的纪念日还举行一些小活动，共度欢乐时光，以此加深夫妻间的感情。

夫妻间直抒爱意并不是多余的，它可以给平淡的生活激起一串串五彩的浪花。但现实生活中却有许多人忽略了这一点，结果感到婚后的日子平淡无奇，少了激情，更有甚者陷入情感危机。其实有时候，一句直抒爱意的“我爱你”，分别时候的一句“我想你”，对你来说可能只是张口之劳，可对对方来说却是备感温馨。所以千万不要吝惜你的甜言蜜语，它会使你的婚姻生活更甜蜜。

2. 充满爱意的幽默

有些人十分幽默，喜欢在家里说些笑话，逗大家开心，创造欢乐的家庭氛围。有的夫妻一走进家门，就把自己的见闻趣事说给爱人听，特别是女性总是把自己以为最有趣的内容拿回来给丈夫听，引出一阵笑声，其中就体现了深深的爱意。

在忙碌的生活中，运用幽默语言调节心情，缓解生活的重负，分担对方的痛苦，更是爱意的语言表现。

有一对夫妻因为一点小事闹别扭了，妻子赌气不吃饭，也不理睬丈夫。丈夫一见，赶紧哄妻子："生气老得快，愁一愁白了头，你想弄个老妻少夫呀?"

妻子被逗得"噗哧"一声笑了。

丈夫又说："这就对了，笑一笑十年少，笑十笑老来俏!"

妻子的怨气顿时烟消云散，娇嗔地说："哼，贫嘴，再说小心我休了你!"可心里却是甜滋滋的。

3. 体贴关爱的话语

充满爱意的语言并不一定都挂上"爱"字，关切、关怀、支持、祝福之类的语言同样可以包含深深的爱意，都是对方乐意听到的。

比如，现在大家平时工作很忙，对家庭的投入相对少了许多。可是一定要记得在爱人生日时送上一份小礼物或一束鲜花，附张小卡片，借机说一些真诚而动听的语言，以表达对爱人支持自己工作的感激之情和祝福之意，爱人听了一定十分感动，幸福之泉在心中流淌。体贴祝福之语能使爱人感到对方更可爱，家庭生活更温馨。

妻子的说话技巧

夫妻之间太熟了，说话的轻重反而不能控制。有些率性的话并无真实的想法，但快语一出也成了驷马难追，说不好就伤了对方的心。

有位女同事，在办公室里开玩笑，说自己的丈夫骨瘦如柴，说他的肋骨屈指可数。不巧的是，她的丈夫刚好从后门进来，听到自己的妻子和同事在议论他的胖瘦，就看到他淡淡地和妻子打了一个招呼，然后从原路返回了。毫无疑问，他们回到家里肯定会有一番争论和不快。

心理学博士说，快嘴快舌往往会伤害夫妻间的深厚感情，特别是精明能干、在家庭中扮演主角的女性，任何情况下都不要肆无忌惮地伤害丈夫的尊严。在家庭生活中，女人如果比丈夫优越，第一不要议论丈夫的身体，其次不要议论丈夫的容貌。女人会嫉妒男人提到比自己漂亮的女人，男人其实也有这样的嫉妒心理。如果女人的单位里有许多靓哥，他们个个比丈夫有型，那么你千万不要在丈夫面前说那些男人的好话，因为男人一般对自己很有信心。但是自己的女人对别的“男人”感兴趣时，男人一般都会很苦恼。

婆媳关系能够处好的家庭很少。但不管女人和婆婆的关系如何，尽量不要在丈夫面前攻击婆婆。一般一个男人听了女人攻击自己母亲的话，就会感到压力，这种压力会大量削减对你的爱，而且你根本看不出来。

女人不要说“我跟了你，没享过一天的福。”大部分已婚男人对夫妻间的感情都十分安心，他希望女人能够长厢厮守。其实，你没有享福，他同样没享福。男人最怕对方埋怨有关索取方面的事，特别是妻子重复地要求“增进感情”时，他们会认为女人是在无理取闹。

女人不要没有主见，一遇上麻烦事就“我不知道怎么做”。男人大都会帮你去做，但它会引起男人的烦躁。所以，女人必须自己判断，对任何事都要敢于负责，才能被男人尊重。

还有男人不喜欢女人有恃无恐，做错事却理直气壮地要求别人原谅，这种情形看似丈夫仍然迁就你，爱着你，但会慢慢降低你在丈夫心目中的威信。

有时候女人要学学撒切尔夫人，在外是个铁娘子，回家要当个好妻子。你再精明，你再能干，也不要把外面扮演的角色带回家。过日子，很实在，零零碎碎，需要慢慢去收拾和调理。

夫妻间的禁忌话语

无所不谈向来被认为是人与人之间关系达到一定境界的表现。这个观点不无道理，尤其是夫妻之间。对方是自己的另一半，双方亲密无间，说起话来，顾忌自然少了许多。但问题往往是正反两个方面的，从另一方面来看，有些话是不能说的，否则，就会有损夫妻间的感情，那么有哪些话不能说呢？

1. 分手话

轻率地和对方说分手，其实心中根本没有分手的意思，无非是想要挟、降服对方。岂不知这是最令人心灰意冷的了。对方在这样的话语面前常会以同样的“分手”话语来回应。一旦你一言我一语，“离婚”成了口头禅，最后只能弄假成真，让双方甩开好不容易牵起的手，分道扬镳了。这虽然逞了一时之强，泄了一时之气，但由此造成的人生挫折，不久就会让你感受到它的苦涩，那时后悔已经来不及了。

2. 挑拨话

有些人喜欢在爱人面前说一些挑拨对方朋友、亲戚、家人之间关系，激起相互间的怨愤情绪的话语，从而达到离间对方与这些人关系的目的。“你那些朋友只是酒肉朋友，在一起吃吃喝喝还行，在紧要的时候只怕就没谁在你的身边了。”“别人的亲戚是靠山，你家的亲戚把我们当靠山。只怕哪一天我们这山被挖空了，就连影子都找不着了。”“嘘——，据说你爹妈有钱着呢，尽贴你妹妹了，他们眼中只有你妹妹，哪有你啊？我看你是白孝顺了，就是感情投资，也有个回报啊。”

爱情、亲情、友情对每个人都十分重要，不可或缺。不管出于何种目的，肆意贬斥亲情、友情，挑拨这些关系，只能让对方大失所望，痛心疾首。久而久之，离间的却是你们之间的关系。

3. 唠叨话

絮絮叨叨，喋喋不休，发泄自己不满情绪，抱怨对方这也不是，那也不是。早上起得早，抱怨你影响了一家人的休息；早上起得迟，又责怨你太懒散、胸无大志，让大好时光在睡梦中白白溜过。这样的唠叨声从早晨起床，一直到熄灯歇息为止。对有些爱唠叨的人，哪怕你再谨小慎微，即使这一天完美无缺，对方也会鸡蛋里面挑骨头。若是你不小心授人以柄，这就可能成为永远的话题，翻来覆去，让你叫苦不迭。即使这样，你还不能冷眼以对，更不能凛然相向，否则无异于火上浇油。

唠叨话在女性身上表现尤甚，所以，作为女性首先要识别自己是否有好唠叨的毛病，然后精简自己的话语，说有意义的、有价值的话。男士就更不应该唠叨没完，否则只会让人感觉你没有男子汉气概。

4. 伤情话

夫妻间的语言深度、幅度，是一般关系所无法比拟的。但也有着相应的“度”。伤情话就是超越了这种“度”的话，从而伤及感情深处。比如，双方争争吵吵本无大碍，但对方动辄说气话、急话、绝话：“今生今世我最大的失败，就是找上了你!”“你这种人天下稀有，我怎么就阴差阳错撞在你的枪口上?”语气之中分明流露出对婚姻的反悔之意和对配偶的嫌恶之情，再大度的人也觉心寒。夫妻双方由争执而争吵，由争吵而争骂，由小骂而大骂，直骂得狗血喷头。从父母、兄弟、姐妹、亲朋好友，一路骂到祖宗八代。这会伤筋动骨，让夫妻感情一落千丈。

婚姻的基础是爱情，爱情是在万般呵护下发展起来的。如果不想让神圣的婚姻毁于一旦，就千万别说伤感情的话。

5. 审问话

有些人猜忌心很重，老是怀疑爱人瞒着自己做了什么对不起自己的事。动辄把对方审问一番：是不是藏私房钱啦，是不是与异性苟且啦，像对待犯人似的，态度相当严厉。如果对方的态度诚恳，老实交代，他会没完没了，穷追不舍；如果对方瞒天过海，他死也不会相信。在这种情况下，花钱必须向对方公开，或在对方“计划经济”下循规蹈矩。交往更要给对方以高度的透明度，尤其是异性交往，更是要小心谨慎，避免招来盘问。因为，一碰到这样的事，对方的想象力让你吃惊，他（她）甚至把细节都勾画出来了，然后凭着想象一路审问下去。“今天为什么回家迟了，与某某在一起比与我在一起开心吧？怪不得天天出去那么爱照镜子哩!”你被对方审问急了，采取不合作态度，于是对方更像得到证明似的：“看看，要不是做贼心虚，怎会这样对待我?”

配偶是自己的另一半不假，但不是自己的私有财产，不要管得太严，要求太苛刻，更不可捕风捉影，胡乱猜忌。

6. 挑剔话

无中生有或理由不足，对对方进行斥责，这也不对那也不合心意，总之，你永远没有对的时候。你本想表现自己，而且表现尚可，你正为此暗暗得意，可对方却肆意向你泼冷水。家里来客人了，你露一手，忙了一桌子菜，可对方却当着客人面说不是咸了，就是淡了，让你十分扫兴。你做对方的后勤部长，把家里搓洗扫擦得一干二净，把一日三餐料理得周周到到，本以为对方会为你而欣慰、得意、自豪，可对方却表现得十分冷淡，甚至对你采取蔑视态度，说你是个小女人（或小男人），胸无大志。

挑剔不是对对方的高要求、高标准，而是一种嫌恶和蔑视。要丢掉挑剔话，关键要学会欣赏对方，善于接纳对方的不足和劣势，多看对方的长处和优势。

7. 揭伤疤的话

旧话重提，把已经愈合的伤疤又揭起来，肆意践踏，让伤口再度流血。当初爆发夫妻战争时，一方曾狠狠地对另一方说：“你今天说的、做的，我记一辈子!”这要是一句气话也就罢了。但他（她）可能真的耿耿于怀，此后一遇不顺就把旧事翻出来，向你发难，进行一场马拉松式的拉锯战。把问题弄得越来越不可收拾，把矛盾弄得越来越尖锐。或许当初双方的磨擦、冲突并无大碍，甚至只是一点小误解，最终让它演变成双方关系的敏感区、火药库，真的是很不应该。

有人常用“从没红过脸”来形容夫妻之间的融洽。其实这是一种夸张。毕竟两个有血有肉的人，没有一点磕碰是不可能的。但有了磨擦，抑或有了“战争”，事后即了，不必再记恨于心。这样才会珠联璧合，相伴相携走一生。

8. 阴阳话

有的人喜欢对别人阴一句阳一句，含沙射影，冷嘲热讽，并且把这种本事也用到伴侣身上。你要是做做家务，他会说：“哎，今天太阳从西边出来了。这可是高射炮打蚊子——大材小用了！”你要是读读书，他会说：“噢，我们家可出人才了，有道是‘知识就是财富’，我们家可要发财了！”你要是帮人打个报告，写个申请什么的，对方故意对读小学三年级的孩子嚷道：“哈哈，你真行啊，这字写得不错嘛，这文章写得也好啊，怪不得人家欣赏你呢！”你要是参加了一个舞会，对方会说：“今天你这般意气风发，好气象，肯定是舞会上最风光的人。有收获吗？啥时候带过来让我一饱眼福！”

说阴阳话，一般是对方有不满、怨愤情绪。但一句使人怒或一句使人笑的话，会使对方感到极其不舒服，进而影响夫妻感情。

9. 揭短话

夫妻双方发生争执是很正常的事，但有的人口不择言，喜欢揭对方短处或对方丑处，甚至当众让对方出洋相，让对方无地自容，从中获得快感，以降服对方。比如，丈夫对妻子说：“女人嘛，做得好不如嫁得好。你不但不会做，就是会做，若不是嫁给我，你今天能活得这么滋润、这么尊贵吗?”或者对对方说：“别以为你拿了大本文凭就了不起了，蒙得了别人，蒙不了我，不就是拿钱买来的吗?”“我那位啊，在别人面前人模人样的，在家里我让他学鸡叫就学鸡叫，我让他学狗爬就学狗爬，熊样！”这样的话太伤人自尊心，但偏有人十分喜欢说，意在取得更优越的地位。

有句话说：只有尊重别人，才能得到别人尊重。你必须尊重对方，多看对方的长处，多肯定对方，夸赞对方的闪光点，这才会赢得对方的尊重和爱戴。

10. 贬损话

口是心非的时候谁都有，不过有些人却喜欢对自己的伴侣也说些口是心非的话，对对方又贬又损，在他的嘴里你总是一无是处。如果别人真的都比你强也就罢了，但你的心里也肯定是不服。有时事实上别人并不及你，至少总体上不及你，而对方偏在局部上做文章。你整天伏案读书写作，妻子则指着别人的丈夫说："看某某又是煮饭，又是洗衣，真是好男人!"她就看不到那人胸无大志、碌碌无为的一面。要真让她做那人妻子，恐怕她又一百个不愿意。但她就这样贬损着你，气歪你的鼻子。你要是在单位混得不咋样，对方会指斥你没出息，不如某某，然后撂你一句："只恨当初瞎了眼，怎么嫁给你了!"如果你在社会上混出了人样儿，对方又这般气你："得意啥呀，瞧人家张某某，权比你大、钱比你多、人比你神气!"你买了件衣服，穿在身上自我感觉良好，对方泼冷水："嗨，真糟蹋了这衣服，穿在别人身上那么好看，在你身上咋就这么难看哩?"

佛家讲"十年修得同船渡，百年修得共枕眠"，茫茫众生之中，两个人走到一起实在是不易，这份情，这份爱要好好珍惜，倍加呵护。

拿破仑的侄子拿破仑三世的婚姻悲剧是世人皆知的，他的婚姻、爱情就葬送在妻子尤琴永无休止的唠叨上。可当初，拿破仑三世爱上这位美人时，曾经是多么自豪啊。在一篇皇家文告中，他说："我已经选上了一位我敬爱的女人，我从没有遇见过这样迷人的女人。"尤琴，这位全世界最漂亮的女人终于成为法国皇后。但是，尤琴致命的弱点毁了她。她在丈夫面前，总是百般挑剔，喋喋不休地批评他，指责他的种种不是，因身边发生的一点小事就絮絮叨叨没完没了。她十分嫉妒，既看不起丈夫，又嫉妒别的女人，每天像中了邪一般人前人后细数丈夫的缺点。终于，拿破仑三世忍受不了妻子的"精神虐待"，逃出家门去和情人幽会……

聪明的妻子不会通过抱怨和唠叨使丈夫难堪和厌烦，相反，她能够使别人注意到丈夫的长处，还能将丈夫的缺点减低到最低的限度。他们称赞自己的丈夫，夸耀丈夫的特长，表扬丈夫的优点。人都有一种倾向，就是依照外界所强加给的性格去生活。假如不断赞美你的丈夫，那么在无意间，他就会表现出超常的磁力。因此，每个妻子对自己丈夫的称赞，都是对丈夫的一种鼓励，这比直接“教训”的言语，更能推动他尽力去把事情做好，对男人来说，也是同样的道理。

每个男人都知道，用奉承的方式可使他的太太愿意做任何事情，而且什么也不顾地去做。他知道，如果他只夸奖她几句，说她家庭管理得如何地好，说她如何地帮助他而不必花他一分钱，她就会把她的每一分钱都赔上了。每一个男人都知道，如果告诉他太太，说她穿上去年的某件衣服将会是多么的美丽可爱，她就会宁愿不买从巴黎进口的最新款式。

每一个太太都知道她丈夫了解这些事情，因为她早已把如何对待她的方式全部告诉了他。但他不愿顺从她的意思，把钱浪费在为她买新衣服、新型豪华轿车上，而不愿意花时间来奉承她一点，不愿意以她所要的方式来对待她。她真不知道该喜欢他呢，还是讨厌他。

因此，如果你要维持家庭生活的幸福快乐，请记住这条规则：要经常赞美你的爱人。

洛杉矶家庭关系学社社长保罗·波皮诺说：“大部分的男人，在寻找太太的时候，不是去找一位能干且会办事的人，而是要找一位诱人而又愿意满足他们的虚荣心、并能够使他们觉得超人一等的人。因此，一个公司或机构的女主管，可能会有人来请她吃饭，但只是一次而已。她很可能会把她所记得的，在大学攻读现代哲学主流专业的时候听到的一点东西搬出来，甚至还坚持要付自己的账。结果呢，以后她就得学着一个人吃饭了。没有上过大学的打字小姐却不相同，当被人请去吃饭的时候，她会以热情的目光注视着她的护花使者，说话带着无限的深情：“现在请你告诉我一些有关你自己的事。”结果，男人们的感受是：“她并不十分美丽，但我从来没有遇到过比她更会说话的人。”

对于女人在打扮美丽和穿着入时方面所花去的心思，男人应该表示出他的赏识。所有的男人，都知道女人非常注意衣着，但也常常会忘记这件事。例如，有一个男人和一个女人，在街上遇到了另一个男人和女人，这位女人很少会看另外一个男人，她通常会注意看另一位女人的衣着怎样。

卡耐基的祖母在98岁的高龄去世了。就在她死前不久，大家给她看了一张她在30多年前所照的照片。她的眼睛已经不太好，看不清楚照片，但她只问了一个问题："我穿的是什么样的衣服？"一位风烛残年的老妇人久病在床，近一世纪的时光已耗尽她的一切精力，她记忆力衰退得那么快，甚至连自己的女儿也认不出来，仍然还想知道在30年前穿的是什么衣服！

男人不会记得他们5年以前穿的是什么西装或衬衣，而且根本就没有记住这些事情的念头。但是女人就不同了。法国上层阶级的男人，对这方面认识相当深刻。他们不但对女人穿戴的衣帽表示赞美，并且在一个晚上不止赞美一次，而是好几次。几千万个法国男人都这么做，一定有他们的道理。

过去，在莫斯科和圣彼得堡娇生惯养的上流社会的男人，表现出来的态度更好。大沙皇时代的俄国，上流社会中有一个习惯，当他们享受了一顿美好的晚餐以后，他们一定要把大师傅请出来，当面加以夸奖。

你为什么不对你太太这样做呢？

说好夫妻间道歉的话

男女间愉快地相处，从恋爱到顺利地订婚、结婚，必须练习两大技巧：道歉与原谅。这两种技巧就像飞鸟的双翼，没有他们，爱的飞鸟就无法飞翔。道歉与原谅是相辅相成的。当一方勇于道歉时，另一方要原谅就很容易；当一方常常心胸宽大地原谅对方时，对方自然愿意诚心地道歉。如果一个男人知道他不会被原谅，道歉对他来说自然是多此一举了。

以下是几点向女友道歉时的建议：

1. 先说你很抱歉

当你先说你很抱歉的时候，表示你愿意开放你的耳朵听她的抱怨。简短地向她说你抱歉的原因，不要做任何解释，越简短效果越好。

2. 认真倾听她的反应

当你说抱歉，表示你关心她的感受，愿意听她表达她的感觉。一旦她表达完了，千万不要想解释或和她争辩。如果她还有更多话要说，就让她说个够，如果没有，就可以采取第三个步骤。我们知道听女人抱怨不是件容易的事，只要你尽力而为就好，毕竟一时的忍耐可以避免几个礼拜的不愉快。当女人心情不好，她希望对方能够了解那种感觉。

3. 用负面形容词进行解释

当你犯错时，请记得用负面形容词描述你所犯的错。以下是几个以负面形容词描述的例子，让我们看看女人会有什么样的感觉。

当你说："很抱歉我迟到了，我真是太不体贴了。"

她会觉得："没错，你真的很不体贴，既然你知道我的感觉，我心里就好过多了。只要不是每次都迟到就好了。你不需要凡事完美，只要你有想到我在等你就好，没什么，我原谅你。"

当你说："很抱歉！你在宴会中受到冷落，都是因为我太不体贴了，这是很糟糕的事。"

她会觉得："对啊，你真是太不体贴了，但是你能够了解就表示你不是真的那么糟糕。我想你并不是故意要在宴会中冷落我的，我愿意原谅你。"

当你说："我很抱歉说了不该说的话，我太容易生气了。"

她会觉得："你太生气了，所以根本听不进我说的话。我想我也有错，至少你是在乎我，所以试着听我说话，我应该原谅你。"

在以上几个例子当中，男人用几个负面形容词：不体贴、容易生气的、糟糕的。女人对于男人用这些形容词来道歉，永远不嫌烦。就像男人听到：谢谢你，很有道理，好主意，感谢你的耐心这些句子，也永远不嫌烦一样。

男人必须使用适当的字眼向女人道歉，才会奏效。而女人在原谅男人时也是有方法的。以下是一些例子：

当他说："很抱歉我迟到了，我实在太不体贴了。"

你应该说："没关系，下次再打电话给我吧！"

当他说："很抱歉你在宴会中受到冷落，都是我太不体贴了，这是很糟糕的事。"

你应该说："没什么，只要知道你不是故意的就好了，我相信你会补偿我的。"

当他说："我很抱歉说了不该说的话，我太容易生气了。"

你应该说："谢谢你，你不需要说这些，你能试着去了解我的想法，我就很感激了。"

当一个女人以上述表达方式原谅对方，可以避免激怒男人，并使他更有责任感、更体贴她的需要。

如果男人的道歉都能得到对方的原谅，他会越变越体贴。

而女人如果能够体会到宽容、原谅的力量，她可以抛开那些使她怨恨的小事，不让这些不满在她心中累积，反而变得更关爱对方。

消除冷战的说话技巧

夫妻间有矛盾，不大吵大闹，又都不想主动认错，时常陷入冷战的局面。可是总是"冷"下去也不是个办法，这时候，某一方一定要首先采取行动打破沉默，这时另一方就会回应，夫妻握手言和，重归于好。一般地，消除冷战的方式有以下几种：

1. 主动认错

如果一方意识到发生矛盾的主要责任在自己方面，就应主动向对方认错，请求谅解。

小郑到外地出差，临时改变航班。妻子按原来的时间去接他，等了很长时间，急得够呛。回家后，才接到电话，知道是计划改变。心是放下了，气却上来了。小郑回家后，妻子一句话也没对他说。小郑知道是自己不好，就赶紧道歉："好了，这事是我不好，以后一定注意。我给你打电话，你已经出发了，是我不对，我赔不是，你就不要生气了。气出个好歹来，可不好，今晚我下厨，算是给你赔罪！"妻子听了，怨气必定烟消云散。

退一步说，即使错误不在自己方面，夫妻之间也要以主动承担责任的高姿态影响对方，带来积极的效果。

2. 直言求和

如果双方的矛盾并不大，只是偶然出现的摩擦，就可以直截了当与对方打招呼，打破沉默。你可以这样说："好了，过去的事就叫它过去吧，不要再生气了。"对方会立即响应，言归于好。

也可以装作把不愉快忘掉了，像什么事也没有发生似的，主动与对方说话，对方顺水推舟，打破沉默。

头天晚上，赵亮和妻子刘娜生气了。第二天早上上班前，赵亮突然对还在生气的妻子问："我的公文包呢？"见丈夫没有记仇，妻子刘娜也不好意思不理睬，应声道："不是在衣柜上吗。"就这样僵局打破了。

3. 幽默和好

如果开个玩笑能打破僵局那将是最佳方式。

小袁和妻子闹别扭，两人冷战了一天，谁都不说话。眼看吃晚饭了，妻子脸上还是阴阴的。为了解除冷战，小袁笑着对妻子说："我说，你看这冷战都结束了十几年了，我们家的冷战是不是也可以松动一下？你看你的脸拉那么长干什么，天有阴晴，月有圆缺，你看外面的月亮都圆了，咱家的月儿也该圆了吧！"妻子听了，脸色立即会多云转晴。

4. 求助中介

如果双方矛盾很大，当面说话担心对方不给面子，也可借助中介传递信息。比如，打电话就是一种。给爱人打电话，既可以认错也可以说明问题和愿望。只要对方接电话就有助于实现沟通，出现和解。还可以借助孩子搭桥。

星期天，爸爸叫小女儿拉上妈妈一起出去玩，还在生气的妈妈不去，女儿不干，十分执拗，硬是把妈妈拉出了家门。就这样一家三口过了一个愉快的假日，回来的时候早把不愉快抛到九霄云外去了。

总之，只要一方能针对矛盾的具体情况，采取相应的沟通方式，巧用言语，就可以很快打破僵局，使家庭生活恢复往日的欢乐与和谐。

父母与孩子沟通有方法

现在，越来越多的父母感到很难跟十几岁的孩子沟通。专家们提出了如下建议，可以帮助父母破除与子女之间的隔阂。

1. 密切亲子关系

要做到良好的沟通，就必须密切亲子关系。下面的亲子关系新处方值得父母们借鉴：

（1）多从孩子角度考虑问题，尽可能地让孩子明白父母始终是关心和接纳他们的。

（2）除了学业成绩外，每个孩子还可以在许多方面发挥潜能和拓宽发展的领域。

（3）由于一个问题有多种解决方案，因此，不要执拗于一种答案而与孩子发生冲突。

（4）父母要不断地提高自己的情商、智商，自我开发各种潜能。放下面子，去倾听各方面的教育经验。

（5）多采用游戏、音乐、活动的方式培养亲子关系。

此外，要密切亲子关系，在父母与子女之间要相互信任。为此，父母要培养孩子的自信心；要正确对待孩子的缺点，帮助孩子改正错误；为孩子提供施展才能的机会；切忌伤害孩子的自尊心、自信心等。

2. 营造聆听气氛

父母要设法让孩子觉得那样做是很自然的。其诀窍就是让家里时时刻刻都有一种聆听的气氛。这样，孩子一旦遇上重要事情，就会来找父母商谈。要达到这个目的，其中一个好方法就是经常抽空陪伴孩子。例如，利用共聚晚餐的机会，留心听孩子说话，让孩子觉得自己受重视。

3. 学习平行交谈

父母用“平行交谈”的方式跟青春期的子女谈话，往往能引起热烈响应。《用心去教养子女》一书作者罗恩塔菲尔提出了“平行交谈”，其意思是父母与子女一面一起做些普通活动，一面交谈，重点放在活动上，而不是谈话的内容，双方也不必互相看着对方。这种非面对面的谈话方式会让父母和孩子都感到轻松自在。父母与孩子的谈话内容，最好是多谈一些如何学会求知识、学会做事、学会共处、学会做人等。在交谈中，还要注意从事情到关系、从事情到感情、从一般到特殊等原则，从而使孩子与父母之间什么话都交谈。

4. 只做孩子的顾问

由于父母提出的意见，即使是好意见，青少年大都不喜欢听。因此，父母应做孩子的顾问、盟友，而不要做经理人。顾问只细心聆听，协助抉择，而不插手干预。心理学家伊丽莎白艾利斯说："父母应该协助子女仔细检讨整件事。青少年往往能自行想到叫人拍案叫绝的解决方法。"

5. 让孩子有自己的空间

"青少年需要感到自己的生活并非完全受父母控制，"所以，父母要让孩子有自己的空间，"父母尤其不可擅自闯入他们的房间。"《跟孩子说话的技巧》一书的作者艾德莉费巴说："很多父母不明白的是，尽管孩子想避开父母，却不希望父母也那样待他们。"

6. 把说的话写下

有些专家建议，父母把不想直接向子女说出或不中听的话写下来。家庭关系顾问迈克尔波普金说："一般人都认为白纸黑字更加可信，而且可以一看再看。""把讲的话写下来，话的分量也会增加。"

7. 不要无所不问

父母提问过多，很难使孩子讲心里话。麦可列拉说："青少年通常不会把很多有关自己的事告诉父母。如果你的孩子也是这样，你应该把孩子告诉你的任何事情都视为礼物，加以珍视。"

教育青少年是个不断要协商的过程，而且不时要重新界定与孩子间的关系，还必须坦率地沟通。父母若能做好上述各点，就可与孩子做到有效沟通。

婆媳之间的说话技巧

在家庭生活中，婆媳关系是一对特殊矛盾。要处理好这对矛盾，儿媳有十分重要的责任。俗话说："一个巴掌拍不响，两个巴掌响叮当。"婆媳关系恶化，双方都有责任，该各打五十大板，但作为儿媳一方的责任是推不掉的。那么怎样才能做个讨人喜欢的儿媳呢？你首先要在说话上下功夫。

1. 诚心尊敬、孝敬婆婆

婆婆是长辈，做儿媳的要从内心尊重婆婆，在言语上关心婆婆。特别是现在有些家庭，儿媳当家，那就更不能把婆婆当成多余的人，在言语中有丝毫的怠慢和不恭。否则不仅对方不能接受，加深矛盾，而且还会引起社会舆论的谴责。

婆婆如果年事已高，身体不好，儿媳在平时说话中更应小心，千万不要说出嫌弃婆婆的话。当然在生活上对婆婆的关心照顾是必不可少的，只要儿媳做得更好些，婆婆就会十分感激，很多的矛盾是可以避免的。

2. 信任和理解婆婆

儿媳应当善解人意，不要凡事都站在自己的立场上，对婆婆的言语产生这样、那样的不当想法，怀疑她的动机。有时候这种猜疑的心理甚至会把婆婆的好心给想歪了，因而造成不良的后果。

莎莎的小姑子小梦拿回来一身新衣服，很漂亮。做儿媳的莎莎看到眼里，心里不高兴，怀疑是婆婆给小姑买的。她认为婆婆偏向女儿，对自己不公。她越想越有气，就在说话时带刺儿。

"唉，还是姑娘亲啊！"为了团结，婆婆上街买回来同样的衣服给儿媳，说："我不能亏待儿媳，一人一身！"后来，莎莎才知道小姑子小梦找了个男朋友，那件衣服是她男朋友给她买的，不是婆婆给买的。这时，她心里一阵自责，同时感激婆婆的宽容。以后，她再不多疑，转而信任婆婆，婆媳关系也密切多了。

试想，如果这时婆婆没有给莎莎买衣服，婆媳之间的误会就会更深。其实婆婆对女儿比对儿媳好些也是人之常情。你也是女儿，对这一点应该理解，不要斤斤计较。

3. 不吹背后风

有些儿媳对婆婆有意见，不是当面提出来，而是到外面说三道四。甚至有的儿媳说话不文明，用指桑骂槐的方式表达自己的意见，这样很容易引起矛盾。而且俗话说："家丑不可外扬。"婆媳不合本就不是什么好事，更不要弄得邻里皆知。正确方式应当是以真诚的态度、善意的动机，把自己的意见当面提出来，大家心平气和地协商解决，最终统一思想，消除分歧，创造和睦的家庭气氛。

4. 嘴要甜

嘴要甜，就是要热情相待，问暖问寒，推心置腹。一些儿媳，跟母亲私房话说不完，在婆婆面前却无话可说。要改变这种气氛，作为晚辈，媳妇应主动亲热，多找话题。

首先，要勤叫"妈"。

儿媳的一声"妈"可暖遍婆婆全身。可有些儿媳偏偏惜"妈"声如金银，轻易不肯叫出口。也有一些儿媳，干脆学孩子的口气，称婆婆为"孩子他奶"。跟婆婆分居的儿媳妇，大多数是去婆家进门叫一声"妈"，出门辞别时说一声"妈，我走了"。仅此两声，似彬彬有礼，但亲热不够，如能把拉家常和称呼交织在一起，气氛就会好得多。这一点，兰就做得很好。她经常这样对婆婆说："这几天怪冷的，妈，您只穿这些太少了，可不要着凉啊！""这么细的针都能穿，妈眼神真好！"

其次，要勤谈话。

街头趣事，社会新闻，电影情节，戏曲唱腔，工作单位，家庭琐事，毛线花色，衣服式样，读报偶感，翻卷感想，无一不可作为话题。社会交际较少、消息闭塞的老年人，尤其是整天围着锅台转的退休的婆婆，都希望知道家门外的一些新鲜事。如能从儿媳妇嘴里获得各种信息，那真是其乐融融！